21世纪素质教育系列教材

文化素质课系列

世界文明史

李世安　孟广林　等　著

中国人民大学出版社

总 序

素质教育的概念，在最初的时候，是针对理工科院校学生缺乏人文知识的训练而提出的。作为一所以社会科学、人文科学、经济和管理科学为主的重点大学，中国人民大学虽然在文史哲等人文学科领域在全国具有优势，但同样存在着学生缺乏自然科学训练而带来的知识结构偏差。为了克服乃至纠正这种偏差，早在20世纪80年代的“教学方案”中，我们就尝试设置了“文化基础教育学群”，包括中国通史、世界通史、自然科学概论、社会科学概论等课程。并且，逐渐由全校性选修课改为指定选修课或必修课。1993年，在中共中央和国务院制定的《中国教育改革和发展纲要》指导下，我校对“教学方案”作了较大的调整，把培养学生的素质和能力作为一项重要目标明确地提出来。在全校范围内，提倡开设中国历史、自然科学概论和当代新兴科学介绍等课程。历史、文学、哲学、美学、科技等课程，逐步构成了具有我校特色的“通识基础课”。中国传统文化概论、当代科学技术概论、社会科学研究方法等，亦分别成为公共必修课。

1999年是我国教育思想和教育制度改革的一个重大转折点。在这一年，《中共中央国务院关于深化教育体制改革全面推进素质教育的决定》发表，加强素质教育，全面提高学生的综合素质，培养适应21世纪需要的合格人才，成为教育界共同努力的目标。同样是在这一年，我校的“教学方案”进行了较大的调整，素质教育系列课程成为全校公共必修课的重要组成部分。按照“教学方案”的规定，作为全校公共必修课的素质教育课，分为自然科学课、人文素质课和艺术教育课三个系列，学生必须分别修满3学分、6学分、3学分。至此，我们关于素质教育的方向已经确定，思路已经明晰。

教材建设是建设好素质教育系列课程的关键。我们在设计素质教育系列课程的同时，便已着手组织相应教材的编写工作。呈现在读者面前的这套人文素质教育教材，正是我们组织编写的素质教育系列课程教材的一部分。

此套丛书是按照《中共中央国务院关于深化教育体制改革全面推进素质教育的决定》的精神而编写的，目的在于根据中国人民大学在文史哲等人文学科具有的优势，克服原有的教学思路和管理体制带来的学生知识结构偏差的弊病，期望通过此套教材，培养学生的人文关怀意识和科学实证精神，提高学生的人文素养和科学素质，使这些学科的知识真正成为学生素质的有机组成部分，培养学生的创新精神和实践能力。此套丛书共有9本书，分为四个部分，即哲学智慧（中国、西方）、文明史（中国、西方）、文学作品选读（中国古代、西方）和大学理科课程（物理、生物、化学）。这样的课程配置，可以使学生既掌握了人文知识的精华，又学习了理科科学缜密的思维方法和严谨的作风。参加这套丛书编写的教师，都是我校相关学科的教学科研骨干。在确定提纲和编写教材的过程中，参编教师、学校教学管理部门和出版社进行了多次研讨，力争使教材体现素质教育精神。

十年树木，百年树人。素质教育是一个长期的过程，大学生文化素质的培养和提高，也是一个需要多方面努力的事情。我们期望通过这套教材的编写和出版能够为此作出贡献。

中国人民大学教材工作委员会

2000年7月

序 言

著名历史学家 A.J. 汤因比（Arnold Josheph Toynbee）（1889～1975）认为，历史研究的基本单位是文明。他的这一论断，指出了学习世界文明史对于了解人类历史发展规律的重要性。到目前为止，虽然人们对文明的界定各不相同，但是基本上都同意这一结论。

日本历史学家村山节、浅井隆在《东西方文明沉思录》一书中更指出，文明是理解自身、走向自身的途径，也是衡量一个社会发达程度的重要尺度。① 世界历史就是在文明的跌宕起伏、此长彼消中不断演进的。在当今经济全球化的时代大背景下，人类文明已经发展到了一个新的阶段。人们在大谈文明的冲突和融合，在担心文明冲突或融合带来的危害。适应时代的发展，开展对人类文明史的研究具有十分重大的现实意义。

人类文明是建立在一定的经济基础之上的，无论是广义的世界文明，还是狭义的世界文明，都不应只强调人类的文化，而应通过对人类政治、经济、社会和文化等各方面的发展的研究去展现人类的文明。因此，研究世界文明的发生、发展、繁荣、消亡、冲突和融合的过程，不能只强调文化史，而要进行全面的考察。

---

① 参见［日］村山节、浅井隆：《东西方文明沉思录》，2 页，北京，中国国际广播出版社，2000。

自从人类社会发端以来，人类文明的演化始终与人类历史的发展具有一致性与同步性。任何一种文明形态，总是包含着“器物”、“制度”与“观念”等主要的文化元素，必然要反映出一定的物质生活方式、政治体制与思想文化及其相互间的有机联系，在一定的历史阶段还必然要打上一定的阶级、等级关系等烙印。尽管人类文明史不能简单地等同于整个历史，但却是其中最能反映人类物质生产实践能力与精神生产实践能力的发展及其成果的重要部分。因此在对文明的考察中，必须将各种文明形态的源流置于历史的大背景中进行梳理、归纳与解析。

数千年来，各个地区、各个民族不同历史时期的社会文明现象林林总总，千差万别。但是各种文明形态都经历了自身的兴衰与更替过程，各主要文明形态之间也存在直接或间接的联系。一部文明史不应当是各种文明模式的简单相加与无序的组合，而应当是一部既展示人类的文化遗产或成果，更彰显人类的物质、精神实践活动能力的演化与发展史。因此，在叙述人类文明史时，尤其应当从各种文明形态及其相互联系中，去揭示其演进更新的历史规律。

基于上述考虑，本书紧紧围绕着人类历史发展的主旋律，将人类文明划分为若干个文明类型来加以叙述，如“古代东方文明”、“西方古典文明”、“中古欧洲的基督教—封建文明”、“中古亚洲的阿拉伯—伊斯兰文明”、“从中古向近代过渡时期的西方文明”、“近代欧洲文明”、“现代西方文明”、“近现代拉丁美洲文明”、“近现代非洲文明”和“近现代亚洲文明”等。而在具体叙述中，在器物技术层面上显示了“农业革命”、“工业革命”和“信息技术革命”等发展线索；在生产方式与政治制度层面上，叙述了奴隶社会、封建社会、资本主义社会和社会主义社会等制度文明的不同概况；而在观念层面上则从不同时期的宇宙观与价值观入手，分析了各个时期人类思想文化的特定内涵与发展趋势。

为了便于读者的学习和理解，本书尽量将某些深奥的学术概念、术语通俗化与简约化，而对重要问题的分析则力求系统化和条理化，努力做到深入浅出，史论结合。作为一部篇幅十分有限的文明史教材，当然不可能将所有文明现象巨细无遗地“和盘托出”，而只能是有所侧重、有所取舍。

本书第一章至第六章由孟广林编写，第七章至第十二章由李世安编写，第十三章由李世安和贾文华编写。全书由李世安统稿。

编者

2002年4月18日

目 录

第一章

人类文明的滥觞

人类文明滥觞于原始社会，它是随着人类的产生、演化而开启的。这是一个极其漫长的历史过程，大约从三四百万年前开始，到大约四五千年前结束。在这一过程中，原始人类为了生存与发展而不断地与大自然抗争。通过各种生产工具的发明与采集、狩猎经验的积累，产生了原始的农业与畜牧业。另一方面，原始人类在改变其生存环境的同时，也不断地改变着人本身，人的体质状况、思维方式与认知能力随着生产实践活动而日益进化，进而组织起氏族部落社会，并开始了文化领域的初始性创造。原始人类的社会文明尽管还十分低下与粗陋，但它毕竟为人类文明史的发展，奠定了第一块基石。

一　远古人类文明的形成

1．远古人类的文明踪迹

人类是文明的创造者与开拓者，也是文明的载体。远古人类的文明踪迹，是随人类作为高级动物与动物界的分离而逐渐显现的。在人类还没有形成之前，整个动物界的生存与组合都处于一种纯自然、纯本能的蛮荒状态，包括智力比较高的灵长类在内的动物界，都只是大自然之“恩赐”的被动接受者与简单索取者，不能用复杂而便捷的语言来进行交流，不可能对自然与自身的问题进行复杂的思考，当然也就不可能进行文明创造。而自人类与动物界分离后，人类逐渐成为自然界的主体，自然界也就成为人类开拓与改造的客体对象；同时，在用自己的意志与力量向自然界挑战的过程中，人类也逐渐联合与成熟起来，在创建出其需要的物质文明与精神文明的同时，也缔造了相应的有机的社会组织结构。因此，人类的形成其实正是人类社会文明萌发的标志，是世界文明史的开端。

在有关人类产生的问题上，世界各个民族的文化传统中有着诸多的神话传说，也有基督教“上帝造人说”那样的宗教信条。数千年来，它们使人类对自身起源的认识一直浸淫在荒诞的迷雾之中。自19世纪初开始，人类理性的迅速进步，自然科学与人文社会科学日益发展，自然界生物由低级向高级演化的理论也随之而产生。19世纪中期，英国著名的生物学家达尔文通过解剖学、胚胎学等方面的材料证明人类与高等动物在身体构造上基本相似，提出了类人猿的某一古代分支产生了人类的论断。这一科学假说的伟大意义在于，它将人类起源问题置放在科学的视野中来加以考量，把人类的远祖看作是纯生物进化的产物，这就有力地瓦解了西方基督教神学传统的“上帝造人说”，从而为人们科学地探讨人类的形成与人类社会文明的酝酿提供了一个极其重要的历史前提。1876年，恩格斯发表了《劳动在从猿到人转变过程中的作用》，将进化论和马克思主义关于人类社会发展规律的学说结合起来，提出了“劳动创造人类”这一著名的科学论断，由此而揭开了人类起源的谜底，也深刻揭示了人类原始社会文明产生、发展的根本原因。

人类学家通过对人类体质与智力的研究，将早期人类的发展划分为早期猿人、晚期猿人、早期智人、晚期智人四个阶段。考古学家则以生产工具的样式、功能为依据，将原始社会划分为旧石器、中石器与新石器三个时代。这两种划分当然没有一致对应的时间序列关系。因为旧石器时代经历的时间更长，达数百万年之久，故考古学家又将旧石器时代细分为早、中、晚三个具体时期，它的早期大体包括了早期猿人与晚期猿人两个阶段，中期则相对于早期智人阶段，其晚期则与晚期智人阶段相对应。这几个阶段的人类化石，在非洲、亚洲、欧洲都有发现。大约从4万年前开始，人类演化成为晚期智人，其代表有中国的山顶洞人与法国的克鲁马农人。在人类形成的前三个阶段中，人类的体质还不同程度地带有猿的某些特征，如头骨较厚，脑容量较小，前额较低，眉峰突出，下巴不明显等。但到了晚期智人阶段，人类的体质开始出现十分显著的变化，在特征上已经与现代人没有什么大的差别，故被称为“新人”。此时，人类不仅能够制造出一些包括复合工具在内的石制工具，还懂得了人工取火的技术，其活动的范围空前扩大，其足迹遍布亚、非、欧三洲。据考古资料证明，大约在5万年前，人类可能越过天然的“大陆桥”——冰冻的白令海峡，从亚洲进入美洲。而澳洲人类化石的最早年代则可以推到3万年前，人类移居澳洲的时间可能要更早一些。随着人类定居的地理环境的差异逐渐扩大，在不同气候及其饮食结构的影响下，人类体质面貌经过长期的遗传与变异，逐渐在肤色、毛发、鼻唇、身材以及生活习惯、风俗等方面显示出明显的不同，由此而导致了人种的划分，最终形成黄色、白色、黑色、棕色这四大人种。人种的划分，并非是天然有之的，它是不同的自然地理环境对最初的人类长期影响的结果；人种之间在肤色、体质上固然存在着某些差异，但这并不意味着他们有人种优劣之分。后来西方的一些人类学者、民族学家常常以人种的差别来鼓吹种族主义、沙文主义的谬论，这是唯心主义的、反科学的。

在从早期猿人向“新人”演进的漫长历程中，人类在体质上与意识上逐渐与动物区别开来，逐渐能够直立行走，手足分工，而且前额隆起，顶骨高耸，嘴巴后缩，有了下巴，整个头部由倾斜变成了垂直状况。随着思考活动的增多，其大脑的容量已增至1 400毫升。这样，人成为“万物之灵”，开始了人类最初文明的创造过程。这一过程产生了人类文明的初始形态——“石器文明”，其所留下的诸多生产工具、武器与器皿的雕刻、图画、装饰品虽然原始粗陋，但却朴素直观地“记录”了人类最初的物质生产生活实践活动与精神生产实践活动，朦胧地反映了当时人们的生产样式、生活方式与心态、思维，也从一个侧面体现了他们的价值观念与审美情趣。正是“石器文明”为人类日后的“文字文明”奠定了基础。

在人类的“石器文明”中，旧石器时代占据了绝大多数时间，经历了从250万年到1万年前的漫长岁月。在旧石器时代，人类留下的文明轨迹十分微弱，人们所使用的打制石器固然十分粗糙，但这表明，原始人类在生活中开始不满足于像其他动物那样简单地利用某种天然的器物去获取食物，而是根据需要来制作工具去获取生活资料，人类的意志与欲望开始主动地作用于自然界，由此而与动物界产生了明显的分野。接着，在日常的简单生活过程中，人类逐渐摸索出人工取火的方法，用火来熟食、照明、抵御寒冷和野兽，由此而不断提高了人的体质，促进了人类的进化。同时，人类也因用火而大大地拓展了自己的活动空间，有力地突破了自然气候的限制，将其足迹延伸至地球主要大陆的各个角落。正是为人类所支配的自然之火，进一步引导着人类从动物界中迅速地走出来，创造出惟一属于人类自己的社会文明。到了旧石器时代晚期，人类所打制的石器有了第二次加工与较为固定的类型，工具形状更加美观，而用狭长的石叶制作的工具占有很大的比例。用此种技术可以制造种类更多的工具与武器。装有木柄的石斧、石刀、石铲等复合工具在此时也较多地出现。此时，骨角器也产生，其中有鱼叉、鱼钩、骨针等。当然，这个时期工具制造技术的产生与革新，从根本上讲，还远远不能将人类从动物界中彻底分离出来，人类采集现成天然食品的生活方式还没有发生本质的变化，他们与动物一样实际上仍然是大自然恩赐的被动接受者，过着简单的“采集经济”与“狩猎经济”生活。然而，这样的进步，极大地推动人类的生产观念、劳动技能与思维能力迅速提高，并开始构建出与动物界的“自然王国”截然不同的社会文明。

作为人类最初社会文明的一大标志，人类的有机群体组织也开始形成，并不断地向有序化与结构化的方向演进。起初，刚脱离动物界的人类仍然与动物一样，过着小范围的群居生活。在婚姻形式上处于不分血缘辈分的杂乱交配状态。随着文明意识的萌发，人类逐渐摒弃了这一陋习，进入到“血缘家族”的组织状态，将婚姻限制在族内同一辈分的成员之间，实行族内群婚。随后，为了扩大家族之间的联系与协作，又进一步实行族外婚，采取本族成员与外族成员通婚的族外群婚的形式，由此而进入到氏族社会。由于实行的是族外群婚，人们是只知其母而不知其父，世系只能是按母系计算。此外，在当时的“采集经济”中，妇女占有重要地位。因此，氏族组织就表现为母系氏族公社。人类社会形态的诞生，表明人类完全摆脱了动物界的那种无秩序的混乱状态或低下简单的群居状态，开始以一套固定的社会制度、机构与明确的社会行为规范来调节和化解社会成员之间的矛盾与冲突，来沟通各社会成员之间的交流与联系。

2. 农业的诞生与人类社会文明的确立

远古人类开始栽培农作物与饲养家畜的崭新的劳动实践活动，意味着农业的产生。由此引起了人类最初社会文明的一次巨大飞跃。

农业的诞生直接源于生产工具制作的革新。大约在距今 1 万年前左右，人类的工具逐渐精致化，出现了打制的细石器与弓箭，人与自然资源之间的“天然”差距加速缩小，能够更便捷而安全地获取野兽肉类食品并进行较复杂的加工。接着，随着劳动实践的发展，人类又向新石器时代过渡，制造出磨制石器，工具的器形更加准确合用，刃口更为锋利。同时，陶器也被发明。这些变化，有力地促进了“农业革命”的发生。

新石器时代早期，人们在长期的“采集经济”活动中，通过无数次观察与记忆而熟悉了某些植物的生长习性，慢慢地学会了栽培以获得更多的收成，由此而逐渐积累新的生产经验，开始了原始的农业生产，并形成了世界上最早的三大农业中心区——西亚、东亚与中南美洲。考古发现证明，西亚是世界上最早的农业发源地，这里的居民培育了大麦、小麦、豌豆、扁豆等农作物。东亚、南亚是早期农业的又一个重要的发源地，中国的黄河中游与长江中下游出现了粟、水稻等农作物的种植，印度次大陆北部也培育出水稻。而在中南美洲的墨西哥、秘鲁、玻利维亚等地区，则培育出玉米、马铃薯、豆类等。当时的人类从事农业生产的条件十分简陋，他们使用木棒、木锄、石犁等，基本上采取刀耕火种的粗放型作业。与此同时，随着弓箭的发明与广泛应用，人类在“狩猎经济”中获取的野兽数量迅速增加。人们将一时食用不了的兽类圈养起来，从中逐渐发现了动物的自然繁殖规律，原始畜牧业应运而生。在西亚地区，出现了绵羊与山羊等，土耳其地区与中国饲养了猪与狗，美洲则驯养了驼马与驼羊。在农业革命中，新诞生的农、牧业形成了双向互动的影响。农业的产生，为饲养更多的牲畜提供了条件；而畜牧业的成长，则为农业的发展提供了充足的肥源与畜力。

其一，农业的诞生为人类社会文明的确立奠定了坚实的基础。在原来的“采集经济”和“狩猎经济”中，人类只是大自然恩赐的被动的接受者与简单的索取者，衣食来源受到严重的限制。农业诞生后，人类逐渐成为大自然资源的主动开发者，在稳定的农业与畜牧业生产中获得了稳定的、较充裕的生活资料来源。这样，人类开始定居下来，逐渐形成村落与城镇；人口数量的繁衍也由此而急剧增长，分布的区域空前扩展，社会分工与产品交换也相继出现。其二，农业的诞生有力地推动了人类文明的升华。与“采集经济”和“狩猎经济”时代完全依赖自然资源的天然供给不同，新兴的农、牧业产品的数量与质量是与人们生产实践活动的数量与质量成正比的。随着生产投入的不断加大，生产经验和农业技术的逐渐积累与改进，人类所获得的剩余产品也就日益增加。这样，人类就不再满足于把维系作为物种的人类的生存、繁衍当做其最终目的，而是在积累物质财富的基础上，不断地培植和发挥自身的物质实践活动和精神实践活动能力，不断地进行文明的创造和刷新。剩余产品的积累和集中，产生了前所未有的物质文明，这又使得一批人能够脱离物质生产领域而从事脑力劳动，进行精神文明的创造。其三，农业的诞生直接促成了科学知识的萌发。与原来那种松散而无序的采集和狩猎活动不同，农业劳动乃至畜牧业活动都由一整套较为固定而规范的生产过程组成，必须遵循四季气候的变化和农作物以及牲畜的生长习性而进行。因此，这一新的生产实践活动必然要使人类逐渐了解有关农作物及牲畜的生长规律和与之联系密切的天文气象方面的自然信息，这使得人类开始将周围的自然界作为一个周期性变化的统一整体而不是无数个独立的事物、现象来看待。这种整体性的视野与探求统一性的渴望，包含着科学诞生与发展的强大动力。正是在这样的情况下，天文历法接踵产生，而数学、医学、药物学、植物学、动物学、生理学的知识也随之而逐渐增长。其四，农业的诞生推动了重要器物的创造发明。农业生产是一项比较复杂的生产系统工程，它的推进必然要引发诸如兴修水利、建筑、运输、金属农具制造等生产实践活动，由此必然要引起连锁反应，促使人们去进行相关器物生产技术的发明创造。例如，制陶业由于储藏粮食与烧炒食物的需要而产生发展。而在制陶过程中，人类更进一步掌握了烧制材料的技能，增加了对土质与矿物性能的了解，从而为金属冶炼技术的发明准备了条件。纺织业源于人类原来的编织藤萝竹条的实践，而随着农、牧业的出现，适宜于纺织的麻、蚕丝、羊毛等材料逐渐增多，简单的纺织工具也就应运而生，并由此引发机械制造技术的萌发。由于大牲畜的驯养与役使，轮车也被制造出来。有了各种机械，人类征服自然的能力大大增强。其五，农业的诞生最终促成了社会阶级、等级结构的分野与更高层次的社会制度的诞生。一方面，农业特别是灌溉农业，常常依赖于水利灌溉系统工程的兴修，需要较大规模的社会协作，这就将各个闭塞、分散的社会组织单元较密切地联系起来；另一方面，农业生活必然导致人类的定居生活更加稳定，由此而使原来以血缘关系为基础的民族公社更加牢固。这样，在农业产生与发展的许多地区，一个稳定而巨大的社会结构开始建立起来。在此情况下，随着农业生产剩余产品的不断积累，这个社会结构中的成员之间必然会产生贫富分化，从而导致剥削压迫的出现，不同的社会等级与阶级也就产生了，进而导致了具有管理社会生产生活与调节社会成员之间冲突的职能的国家政治制度的问世。

随着农业的不断发展，人类的两大生产生活方式的轮廓日显清晰，最终导致了“农耕世界”与“游牧世界”的重大分野。在欧亚大陆的大河流域以及丘陵、沿海地带，以农业为主的固定的农业社会逐渐形成。而在欧亚大陆的草原、高原地带，则是以畜牧业为主的流动的游牧社会。在相当长的时期内，这两大社会文明模式之间不乏和平的经济、文化交流，但更多的则是相互之间的纷争。由于农业社会文明的发展层次较高，速度较快，众多的游牧民族为掠取社会财富与人口，利用其流动性强的优势不断地同农业社会的民族进行大规模的战争。农业社会的民族，也不断地采取措施来加强防御与反击。在长期的“挑战”与“回应”的过程中，“游牧文明”与“农耕文明”既相互冲突，也相互融合，由此而加快了自身的进一步发展。

总之，正是通过“农业革命”，人类不仅最终能够从动物界中彻底分离出来，而且也告别了此前的那种粗野蛮荒的状态，真正开始了社会文明的演进历程。

3. 氏族社会文明的兴衰

农业的发展，导致了人口的迅速增长与族系的不断繁衍，促使氏族社会文明繁荣起来。与当时社会经济水平和社会成员需要相适应，氏族社会形成了特有的经济制度、政治制度、价值观念与伦理行为方式，并创造了特有的宗教形式与文化艺术。

氏族社会的第一个组织形式是母系氏族公社。公社成员世系的计算以母系为依据，族长常由成年女性担任；公社实行土地公有制，人们共同劳动，产品大体平均分配，氏族成员只拥有少量的生活用品、武器与工具等；氏族议事会是决定本族一切重大事务的机构，公社首领由族人在氏族议事会上公开选举，并且随时可被该会议罢免。氏族成员有着十分浓烈的群体认同感与责任感，必须互相友爱、援助与保护，在族人受到外族人的伤害时，要帮助报仇，此即所谓的血亲复仇。氏族社会文明的这种原始公有、民主与平等的制度，本是人类社会生产力十分低下的产物，但却被后来阶级社会的许多思想家称为人类历史上的“黄金时代”，视之为最理想的社会文明模式而加以颂扬，并以它为蓝本来勾勒出诸多“乌托邦”的蓝图。

氏族社会文明的衰落始于从新石器末期开始的金石并用时代。在这一时代中，人类除了使用磨制石器外，还学会了金属冶炼锻造技术。先是炼成了质地柔软的红铜（纯铜），后来又逐渐掌握了冶炼铜与锡的合金——青铜的技术。青铜的熔点比纯铜低，硬度却比纯铜高，更易于锻制成各种器物。故而在很长的时期内，青铜成了人类制造各种工具、器皿与武器的重要材料。西亚的两河流域与南亚的印度河流域大概是最早使用青铜的地区，据估计约在公元前3000年。其次是埃及与中国，大约在公元前2000年左右。此后经历了一段时间的摸索，人类又逐渐掌握了需要较高温度才能进行的冶铁技术。两河流域北部的居民最先发明了冶铁技术，后来欧洲、非洲、亚洲等地则学会或自己发明了冶铁技术，人类在工具使用上又从金石并用时代进入到铁器时代。

金属器具特别是铁器的使用，在推动人类社会文明的方面意义重大。第一，金属工具远比石器锋利、坚固得多，它的使用，使人类有了征服自然的更有力的武器。从此，人类利用它们将大片的莽原、沼泽、森林开垦为肥沃的耕地，诸多的水利设施也相应地修建起来，各种手工业与新兴的金属冶炼加工业也得到迅速成长，并显示出专门化的发展态势。在此情况下，人类的社会生产实践活动发生了其早期历史上的三次社会大分工。首先是农业与畜牧业的分工。这一分工实际上发端在农业革命时期，自然环境的差异使得人类在其居住区域内或侧重于农业，或侧重于畜牧业，也就要进行产品交换。随着金属工具的广泛使用，农业和畜牧业生产开始快速发展，产品的交换日益增多与频繁，从而促成了两者之间的分离，这就是第一次社会大分工。在西亚的伊朗高原与中亚草原地带，形成了许多游牧部落，而在亚欧大陆与北非的许多大河流域，则成为农业发达的地区。这一态势的发展，最终导致了“农耕世界”与“游牧世界”两大社会文明模式。其次是农业与手工业的分离。金属器具的推广，在推动农业不断发展的同时，也促使手工业工具得以改进。生产技术进一步提高，生产工序日趋复杂，必须由专门的人员相互协作，从事生产，由此而导致了农业与手工业的分离，这是第二次社会大分工。紧接着，在前两次分工基础上，产品的交换也逐渐发展起来。随着交换产品种类的日益增多与交换规模的不断扩大，专门从事交换的人员与行业也应运而生，商人阶层与商业活动出现了。由此而产生了第三次社会大分工。第二，金属武器特别是铁制武器的出现，极大地强化了武器的杀伤力，再配之以大型驮畜的参战，其威力更加显著。这样，就使得部落、种族之间为拓展生存空间与掠夺人口、财富的征服战争，以更大的规模、更激烈的程度进行。在当时人类各个初始性文明单元还处于相互闭塞、隔绝的情况下，这类战争在沟通它们之间的交流与融合方面发挥了重要作用。在生产力提高、剩余产品增加与贫富分化的情况下，战争还加速了社会等级与阶级的产生和社会政治统治权威的形成过程。第三，金属劳动工具的普遍推广，促使农业劳动生产率快速提高，剩余产品的数量急剧增加，加深了社会成员的分化，从而为私有制与阶级社会的产生提供了历史温床。从这三方面看，金石并用时代特别是随之而起的铜器时代与铁器时代，的确是人类文明史成长阶段中的关键时代，它们加速了人类告别氏族社会文明而进入阶级社会文明的步伐。不过，由于各个地区的生产生活环境的差异，人类文明的这一变迁时序并非是同步的，有的发生在青铜时代，而有的则发生在铁器时代。

在人类氏族社会文明的这一变革轨迹中，私有制与阶级的产生、父权制的崛起、军事民主制的出现与国家的兴起是几个十分醒目的路标。随着农业革命与金属器具发明所带来的社会生产力的迅速发展，氏族社会制度渐趋衰落。

由于产品交换的腐蚀作用，更由于剩余产品的增多，使得剥削成为可能，一些氏族族长或首领逐渐成为私家拥有土地、畜群的部落显贵，蜕变为富有的阶层。随之，他们开始将战俘与掠来的外族人口变为为自己无偿劳动的奴隶。随着部落之间战争的不断增加与部落权贵对氏族公共财产的侵夺，大多数普通氏族成员日益贫困，有的甚至沦为债务奴隶。私有制的产生发展，导致氏族成员贫富分化与贵贱差别日益扩大，最终形成了奴隶主与奴隶两大阶级和相应的贵族与平民之间的等级之分，由此而逐渐瓦解了氏族的经济制度、价值观念与道德标准。与此相应，氏族社会的原始民主制度开始向军事民主制转变，部落军事首领逐渐拥有较大的决断权力。随着部落之间战争的增多，军事首领的权势日趋膨胀，并最终突破了氏族原始民主政治传统的限制，从选举转为世袭并开始称王，建立起作为新的社会管理机构与阶级压迫工具的国家，氏族社会文明也就被新兴的奴隶制文明所取代。

二 人类最初的文化成果

1. 原始文字的产生及其类型

从动物界分离出来后特别是在氏族社会文明时期，人类的心智活动与思维能力随着日常的生产生活实践而不断发展，开始为满足自己的需要而尝试进行文化创造。他们的文化成果虽然还显得幼稚与粗陋，却开启了人类文化史的先河，鲜明地展示了人类远古文明发育与演化的历史轨迹。

原始的文字是当时人们记录其语言的特殊符号，是传达其感情与思想的重要载体。文字的产生，不仅在人类与动物界之间构筑起又一道重要的分水岭，而且成为日后人类文明不断演进的驱动器。

史料与考古学的成果表明，人类最初使用的文字一般都源于结绳记事和楔刻记事。在古代埃及、波斯与秘鲁等地区，结绳记事十分盛行。大约到了新石器时代，图画文字开始大量出现。这类文字介之于图画与文字之间，十分形象与直观，它的产生使文字演化过程又进了一步。后来，在图画文字的基础上产生了象形文字，即用一定物体的形象符号来表示一定意义的文字，并且有一定的读音，是一种真正的文字。它的进一步发展，就产生了表音文字。在此类文字中，物体的形象逐渐被定型化了的符号所代替，还与一定的读音相联系。在公元前2000年后半期，腓尼基人在埃及象形文字的基础上，创造了包括有22个字母在内的拼音文字系统；而两河流域的苏美尔人，则在图画文字的基础上，发明了一种楔形文字，后来又为拼音文字所代替。古印度在公元前3000年已经产生了文字，约有400个象形符号与音节符号并存，后来在此基础上形成了梵文字母。文字的诞生，为人类的经济、文化交流提供了便捷的纽带，也为人类文化成果的积淀提供了传递工具，由此而促进人类社会文明持久而长足地发展。

2. 原始宗教观念的起源

原始社会时期的人类，知识水平与思维能力都十分低下，对人自身与周围的自然界都不可能有一个比较理性的认知。借助于粗陋的工具而与大自然抗争的人类，对千变万化的自然现象难以作出正确的解释，而往往认为这些现象之所以发生，是由于存在着一个超自然的神灵世界。由于生产力的发展，人们思想复杂化，在头脑中有了“神”和“灵魂”等概念，宗教观念也随之产生。人类要获得生存与好运，就应当求得神灵的庇护与恩赐。正是在这种对神灵的崇拜与敬奉状态中，宗教观念逐渐酝酿。另一方面，相信人的灵魂不灭也是宗教观念的一大渊源。不少考古材料证明，原始人类的墓葬中，死者躯体的朝向、简单的殉葬品——矿石粉、石块、兽骨等以及它们安放的位置与形状，都与灵魂不灭观念有关。

原始人类最早崇拜的是自然神灵，有一种“万物有灵”的倾向，认为自然万物中都有神灵，把一些巨大的自然灾害如地震、洪水、火山爆发或一些特殊的自然现象如月食、日食等视为神灵意志的产物，由此将各种自然物当做神灵崇拜，包括日月星辰、风雨雷电、山川水火、草木禽兽等，对象十分广泛。

信奉万物有灵是远古人类普遍具有的宗教心态，在人类还受到自然力的强大制约下，这种心态反映了他们对神灵广泛庇护的寄托。大约从旧石器时代晚期开始，为了强化社会成员对本群体的认同感与归属感，维系群体的生存与发展，在“万物有灵”认识的基础上，产生了氏族社会的宗教一图腾崇拜。“图腾”一词来自于北美印第安人的方言 Totem，意思是“他的亲族”或“他的朋友”。当时的人们认为自己的氏族同氏族用以命名的动物、植物或山川等之间有着密切而特殊的血缘关系，因而将其视为本氏族的图腾。对于被本氏族看作是图腾的某种动物或植物，一般是禁止食用的。世界各地氏族的传说和遗物或多或少留下了图腾崇拜的痕迹。如古埃及将神鹰看作是其图腾和惟一的保护神，古罗马人则把狼等动物作为自己的图腾，在中国古代，图腾则主要表现为龙，而在美洲印第安人那里就表现为羽蛇等动物。

图腾的产生与母系氏族公社的组织结构有相当密切的关系。由于其时基本的生产单位与生活单位是以血缘关系为纽带的，氏族内的人们便将其居住和游猎区域中的某种动植物与其自身的血缘联系起来。同时，当时的人们对两性结合与生育的关系不甚了解，受母权制的影响，自然会推测其女性先祖是感受某动物图腾之灵而生育的。因此，许多氏族都盛行他们的族人最初都是由人与动物交媾而繁衍的传说。也有一种说法认为：图腾崇拜是原始人类低下的经济生活水平的产物。当时大多数作为图腾的动植物，都是人们赖以生存的食物资源。为了保障有限的生活资源不枯竭，人们就以图腾崇拜的方式来约束社会成员。故祈求繁殖某种动植物是许多民族图腾崇拜的主要仪式之一。这样的解释或许有助于说明图腾崇拜的经济原因。

原始宗教观念在原始巫术、生殖器崇拜、祖先崇拜中也有不同的反映。这些崇拜也都体现了当时的人类对人自身与自然界认识的严重局限。

3. 文化艺术的幼芽

从动物界分离出来后，人类的审美情趣也随着其物质生产生活实践而开始逐渐萌发，尤以绘画艺术最为突出。原始人类的绘画艺术起源于旧石器时代晚期，分布在欧洲与亚洲的不少地区。西班牙的阿尔塔米拉洞与法国的拉斯科克斯洞中的壁画，是被发现的欧洲最早的史前洞窟壁画的典型。在前一个洞窟中，有长达14米、并且有着红、黑、黄、暗红四种颜色的动物壁画，上面绘有30多头野牛、野马、野猪、野鹿等动物，显得栩栩如生，精巧有力。这一壁画是克鲁马农人狩猎实践的产物，画中以表现大型动物为主题，很少点缀其他东西，这说明壁画的创作实际上并没有鲜明的审美取向，而是以现实的生活需要为其旨趣。但由于积累了丰富的狩猎经验，对动物的体貌与各种动态的观察十分仔细，因此才画得生动逼真。拉斯科克斯洞的壁画，也显示了这些特征。此外，在其他许多地区，原始人类创造的岩画、陶画以及石雕等都有较多的分布。

原始乐舞在劳动生活中也渐渐产生。在集体劳动中，原始人类有时需要身体的动作一致化，由此而逐渐对劳动号子的顿挫抑扬与姿态的俯仰聚合产生了美的感受，原始乐舞也就酝酿起来。同时，人们逐渐学会了用动物的骨骼以及石木等制作了原始乐器，并模仿各种动物的姿态来进行群体性舞蹈。在节日庆典、宗教活动时，或在大型的狩猎活动、对外战争前后，他们都要进行舞蹈，其内容有表现战场场面的，也有表现劳动场面的。这些舞蹈中有北美的熊舞、非洲的野兔舞、澳洲的袋鼠舞等。这类舞蹈后来逐渐延续下来，在今天一些民族的乐舞艺术中，仍然保持着原始舞蹈的某些遗风。

原始艺术的幼芽十分的简单与粗糙，并且常常与宗教崇拜纠缠在一起，但它们朴实直观、生动形象，集中地反映了当时人类的精神特质与智慧水平，开启了人类文化艺术的历史源头。

思　考　题

1. 为什么说远古人类的形成标志着世界文明史的滥觞？

2. 试述人类“石器文明”的概况。

3. 农业的诞生对人类文明的确立与发展有何重大意义？

4. 简述氏族社会文明的基本特征。

5. 为什么说金属工具的使用是人类文明发展的重要标志？

6. 简述文字的发明及其对人类文明的推动作用。

7. 阐述原始宗教观念的主要表现及其文化内涵。

8. 阐述远古人类艺术的起源及其表现。

第二章

古代东方文明

“古代东方文明”是世界文明史中的一个特定概念，以区别于古希腊、罗马时期的西方古典文明。不过，这一概念其实并不精确。从空间上看，“古代东方文明”的历史地理范围大致在北非、西亚、南亚、东亚的几个主要的文明区域，同时也包括小亚的部分地区；而从时间上看，一般都着眼于将其置于上古时代的奴隶制社会来加以考察，但南亚、东亚地区的近代以前的社会文明也常常被归属于这一范畴。

与西方古典文明一样，古代东方文明也是人类奴隶制社会文明的一大组成部分。它在物质与精神生产领域所取得的巨大成就，有力地推动了人类文明史的发展进程。

一　古代东方文明的基本特征

在古代东方，实际上并不存在一个统一的社会文明发展模式。古埃及文明、两河流域文明、小亚文明、波斯文明、印度文明等诸种文明类型的酝酿和发展都各有特色，体现了人类文明起源的多元性。不过，在古代东方的埃及、两河流域与印度诸社会文明类型中，却始终显现出一些共同的基本特征。

“早熟”的灌溉农业是古代东方社会经济的一大特色。古代东方文明大多发源于大河流域。尼罗河、两河（底格里斯河与幼发拉底河）、印度河与恒河的中下游所形成的冲积平原，便于居住在当地的古代人类克服当时社会生产力所固有的许多局限，使用简陋的生产工具进行耕作。国家对大规模水利工程的兴修与维护，则为农业的发展提供了基本保证。“早熟”的灌溉农业不仅促进了社会经济的繁荣与城市工商业的兴起，而且直接为国家政治体制的建立与文化领域的创造奠定了物质基础。

建立在“早熟”灌溉农业之根基上的古代东方国家，一般都实行君主中央集权制的统治。它经历了一个从“多元”向“大一统”政治格局的演进历程。大规模水利工程的兴修，需要充分组织人力、物力，有效地调配各种社会资源，由此而促使国家公共权力逐渐集中在中央政府，官僚政府机构比较发达。农业发达所积累的物质财富，也为数量众多的国家官吏与军队的组建、国家领土的防御与对外军事扩张，提供了必要的物质供给。由此，在古代东方，从分散的城邦逐渐向统一的王国再向大一统的帝国的演进，就构成了大多数东方国家政治史的基本特征。与此相应，东方国家的宗教观念，也从“多神”崇拜向“一神”教信仰过渡与转变，便于君主为其政治权威披上“神授”的宗教光环，实行政教合一的专制统治。

农耕民族与游牧民族的冲突十分频繁与激烈，由此而导致社会文明的不断裂变、整合与发展，则是古代东方文明的又一重要特征。特殊的地理环境，使得两河流域、印度等地区的农耕民族，不断受到居住在中亚草原与波斯高原的游牧民族的大规模袭击。在征服与反征服的斗争中，农耕文化与游牧文化通过反复的碰撞与融合，为古代东方社会文明注入了新的文化内涵与强大的发展张力。

古代东方文明的社会等级结构与奴隶制也有着其明显的特点。在古代东方，社会成员的贵庶尊卑之分比较明显。君主被视为神的代表或后裔，笼罩着神秘的宗教光环，处于至高无上的权威地位。其下大大小小的贵族，也分别享有不同的身份与地位。处于下层的农业劳动者与工商业者虽然在法律上被看做是自由民，但并无多少国家公民应享有的政治权利。处于社会最底层的是奴隶。奴隶来源广泛，既有战争中所得的俘虏，也有因贫困而沦落的自由民，其中的债务奴占有相当的比重；奴隶既被用于大规模的公共工程的兴修与农业生产领域，也被用于工商业活动与家务劳动；由于家族血缘关系与社会等级结构的影响，奴隶常常有自己的家室与少量财产，有的还可租种主人的土地，向主人交租，或向主人贷款做生意。债务奴在还清债之后，还可以恢复自由民的身份。森严的社会等级结构与富有“弹性”的奴隶制，在相当的程度上赋予了古代东方文明以潜在的“文化惰性”，制约着它的发展演进。

古代东方文明的文化成果也富有特色。与农业社会的生产生活实践密切关联，数学、天文学、医学等自然科学发达。而国家公共职能的强大与君主的专制集权，又导致了以宏大辉煌的帝王陵墓、宫殿为表现形式的建筑、雕刻艺术的繁荣；频繁的大河泛滥与民族冲突的场景，则为文学创作提供了特有的素材，产生了一些撼动人心的英雄史诗。

二 古埃及文明

1. 古埃及国家的君主集权统治

埃及是著名的文明古国之一。“埃及”一词的来源众说不一。一般认为是古埃及名城孟斐斯的希腊语名称，意即黑色。埃及人自称其为 kemet，也是黑色的意思，用以指当地居民的肤色、尼罗河水及其流域土地的色泽。古埃及也是人类古文明的发祥地之一。从南向北贯穿于其间的尼罗河，孕育了以发达的灌溉农业为特色的古埃及文明，埃及由此被人们称之为“尼罗河的赠礼”。古埃及的地理环境相对闭塞，很少受到游牧民族大规模的侵袭，故其居民始终属于一个民族，历史上以其语言系统所属把古埃及人称之为哈姆族，这也使得古埃及文化传统在当时世代传承而少有变异。

埃及文明是东方“早熟”农业文明的典型。早在公元前4000年，古埃及国家就逐渐形成。其最初的国家雏形是称之为“诺姆”的州，一个“诺姆”以较大的城镇为中心，联结周围农村地区而形成。当时大约有42个州，其中有22个州在上埃及，其余的20个州散布在尼罗河三角洲，构成了下埃及。这些州实际上是早期的奴隶制国家，州长相当于一个国王，由新兴的奴隶主贵族担任，被称之为“阿德西—米尔”，意思是河渠的管理者。州长职务世袭，拥有行政、司法与宗教大权。各州都有自己的保护神，这些神大多是由原先的氏族部落神转化而来，如公牛神、鹰神、狼神、太阳神、蝎神、鳄鱼神等。其时各州之间为争夺土地、水源与奴隶而不断展开兼并战争，并逐渐实现了政治统一。大约在公元前3100年，上埃及的国王美尼斯征服了下埃及，建立了统一的王国，创建了古埃及历史上的第一个王朝。

古埃及的编年史家曾经将自第一王朝至公元前525年波斯帝国征服埃及为止这一段时期的历史分为26个王朝，再加上波斯统治时期的5个王朝，共计31个王朝。而后来的史家又将这些王朝划分为早期王国、古王国、中王国、新王国几个时期。

在古王国时期，埃及国王以孟斐斯为都城，建立了典型的东方君主专制主义的政治统治。大约从公元前2000年起，原意为“宫殿”的“法老”成为国王的尊称。法老改变了“众神同尊”的传统宗教信仰，尊奉太阳神为全国最高的神灵，并自称为太阳神之子，为其权威披上了“王权神授”的神圣外衣。法老在中央设宰相辅佐，其下又有大法官、大祭司、灌溉大臣、掌玺大臣等文武官吏。对地方则任命州长来进行统治。全国的行政、财政、司法、军事与宗教大权，都由法老政府垄断。由法老的专制集权所控制的埃及统一国家曾几经兴衰，到了新王国时期进一步强化。当时的著名法老图特摩斯三世通过大规模的对外军事征服，建立了一个规模较大的帝国，其版图北邻小亚细亚，南达尼罗河第四瀑布，并迫使两河流域等地的统治者向其称臣纳贡。这一局面维持了两个世纪之久。

“王权神授”的理论是古埃及法老专制制度的精神支柱，也是其政教合一统治的历史特征。然而，由于在推行对太阳神的崇拜过程中形成的祭司阶层逐渐强大，古埃及王权的发展实际上也曾受到过祭司神权的扼制。早在阶级社会产生之前，古埃及虽然流行的是多神崇拜，但却普遍崇奉太阳神。太阳神在各地的称呼不同，如在赫利奥波利斯被称之为“赖”神，而在底比斯则被称之为“阿蒙”神。到了古王国时期，随着法老中央专制集权的建立，处于统治中心地位的“赖”神被奉为最高的神灵。法老自称为太阳神——“赖”神之子，甚至自称是“赖”神的化身。而到了中王国时期，由于底比斯统一埃及，太阳神——“阿蒙”神则被视为全王国最高的神灵，它与“赖”神合称为“阿蒙—赖”神。作为宗教特权阶层的祭司集团，极力鼓吹“王权神授”的理论，支持王权发展，但随着其权力与财富的不断增加，他们又力图控制王权，甚至欲取而代之。这一统治集团内部矛盾的激化，终于导致了法老阿蒙霍捷普四世（公元前1379～前1362年在位）的宗教改革。为了摆脱“阿蒙”神庙祭司集团的羁勒，阿蒙霍捷普四世重新推出对“赖”神的崇拜，以对抗对“阿蒙”神的崇拜。他还在底比斯为“赖”神修建庞大的神庙，自称是“赖”神的最高祭司，进而宣布只许信奉宇宙间惟一的太阳神“阿吞”，废除对“阿蒙”神的崇拜，没收“阿蒙”神庙的财产，去掉一切建筑物上的“阿蒙”字样。同时，他还将首都从底比斯迁到埃及中部的阿马尔那，将其改名为“埃赫塔吞”，意思是“阿吞的视界”；法老自己也改名为“埃赫那吞”，意为“阿吞的光辉”。这样，新的太阳神“阿吞”就被奉为整个王国最高的宗教神灵，其形象是一轮光辉四射击的红日。

阿蒙霍捷普四世的宗教改革，因“阿蒙”神庙祭司集团势力的强大而未能成功，他死后旧的宗教信仰又得以复辟。然而，由于这次改革在人类文明史上首倡一神教崇拜的思想，因而具有重要的意义。它的理论与实践，有助于人类突破地区与民族的传统观念、习俗的狭隘局限，超越那些保留了原始图腾残余的多神崇拜，去构建出一种更高文明层次的宗教文化。它对犹太教乃至更往后的基督教与伊斯兰教都产生了深远的影响。

2. 古埃及人的经济生活与等级结构

以水利为命脉的农业经济在古埃及十分发达。自从中王国时期开始，大型水利灌溉工程多有兴修，还发明了一种叫“沙杜夫”的汲水灌溉装置，用来浇灌河谷高处的田地。在法雍地区，政府更组织挖掘了一个人工湖——莫伊利斯湖，并且开凿了一条运河，将它与尼罗河沟通起来，使此地的8 000多公顷的沼泽地变为良田。尽管当时还没有发明铁器，但水利实施的兴修与管理，仍使古埃及农业发达，盛产小麦、大麦、小米、蔬菜、水果、亚麻与棉花。生产工具有铜制的镰、锄、犁等，生产技术也不断提高，在新王国时期还较多地实行田地轮作制。

古埃及手工业与商业的成长也比较快。在中王国时，随着青铜冶炼技术与工具的广泛应用，金工、木工、造船、制陶、制革、玻璃制造、建筑、纺织等手工部门发展起来，商业也因此而发展起来。在国内以尼罗河为主干交通线的航运网，为城乡之间的产品交换带来了便利。在外贸上，特别是到了新王国时期，随着疆土的扩大，埃及人与南边的努比亚和北边的叙利亚、巴勒斯坦、巴比伦乃至希腊的克里特岛都有商业交往，主要输出小麦、麻布、优质陶器等，进口的货物大多是金、银制品与象牙、木材、香料、马匹乃至奴隶。

古埃及是一个具有严格的社会身份与等级制度的社会。王族、神庙祭司与贵族都属于奴隶主阶级。古埃及实行的是土地国有制，不过全国的土地虽然在理论上属于法老，但大部分被赐予神庙祭司、贵族与大臣、官僚，故大部分土地实际上仍然是私有。这些土地与王室的田庄或让奴隶耕种，或者租给农民。工匠与农民一般来说属于自由民阶层，但对神庙与贵族有着比较牢固的人身依附关系，并要向国家交税与服各种劳役。而处在最下层的则是奴隶，其来源有债务奴，但更多的是来自战俘奴。在中王国时期，书吏与商人开始兴起。书吏精通文墨，通过为官府或贵族服务而为人重视。商人则因具有雄厚的财礼而有一定的社会地位。

3. 古埃及的文化遗产

(1) 象形文字、纸草与文学创作

在早熟的农业文明所奠定的基础上，古埃及人展开了卓越的文化创造活动，留下了丰厚的文化遗产。

早在国家形成之初，古埃及人就发明了图形文字。到了古王国时期，在此基础上又创造了成熟的象形文字。这一文字体系有较为完全的形声与会意功能，但在运用时，一个词要用好几个字符，字符的象形书写也有严格的规范。不过，由于有了表音符号，埃及的象形文字随着社会的发展也逐渐简化，向字母文字过渡，音符渐渐固定在数十个的范围内。大约到了中王国初期则限定在24个，实际上是24个辅音字母。这一文字体系后来还成为腓尼基字母的重要来源之一。古埃及的象形文字在数千年的使用过程中也几经变化。在“第一中间时期”曾经演化出一种祭司体，为祭司阶层所用；到了后埃及时期，随着商业发展与书写商业文书的需要，又演化出一种世俗体，为世俗生活所用。原来的象形文字书写不论竖向、横向，从左到右、从右到左皆可，而这两种新字体则无论横向或纵向，都只能从右到左。到了罗马人统治时期，埃及人对文字又进行了一番改造，他们利用希腊字母来书写他们的语言，但从象形文字中改造出7个字来补充语气，这套文字又被称之为科普特文字。从此，象形文字因为复杂难用而逐渐被人们遗忘。1824年，著名的法国学者商博良经过艰苦深入的研究，出版了《象形文字概论》一书，对古埃及的象形文字进行了成功的释读，才使得它与古埃及文明重新展现于世。古埃及人的书写材料也别具一格。他们通过反复的摸索，学会了用纸草、芦管笔和用植物浆液制作的墨水来书写文字。纸草是生长在尼罗河三角洲等地的沼泽地带的一种类似于芦苇的植物。古埃及人将纸草心从纵面劈成小条，然后将它们并排铺放在光滑的木版上，加以压平，再放在太阳下晒干，就成为长长的黄色纸页。他们再把纸草粘成一个长条，卷成纸卷，就成了供书写的纸草。纸草的使用不仅在当时的埃及流行，而且后来还不断外传，一度成为希腊、罗马乃至中世纪初期的主要书写材料。正是在纸草上，古埃及人留下了不少文学作品，包括诗歌、训示、小说、神话、格言、祈祷文、箴言、传记、战记等等。此外，在庙墙、墓壁、石棺、石碑、雕像、岩面与陶器上的许多铭刻，刀法古朴，字形规整，且有重要的文学价值，反映了当时的社会与宗教生活。

(2) 太阳历、医学与数学

古埃及人的自然科学成就以天文历法、医学与数学最为突出。大河灌溉农业的生产需要与天文学的产生密切关联。古埃及人按照尼罗河水的涨落与农作物的生长规律，把一年划分为泛滥季、耕种季与收获季3个季节，每季4个月，每月30天，岁末加上5天宗教节日，一年就为365天。这是人类历史上的第一部太阳历，它与地球围绕太阳一周的回归历的误差仅1/4天，而古埃及人已经知道这种误差，由官方做临时调整。这一发明对后世影响很大，后来的罗马朱利亚历以及我们现在通用的公历，都起源于这种历法。此外，古埃及的祭司为了占卜吉凶而常常观测天象，由此而对天体的星座有了较多的了解，制作了星座图与星位表。到了新王国时期，古埃及人已经知道 43 个星座。在医学上，古埃及人对木乃伊的制作显示出他们在解剖学、化学等方面具有丰富知识。他们初步认识了心脏与血液循环的关系以及对大脑的作用，并对内、外、妇、牙、眼诸科有了区分。不过，当时的医学常常与巫术纠缠在一起，受到宗教迷信的限制。在数学方面，古埃及人创立了 10 进位记数制，并且已经掌握了加减乘除的四则运算，能够解一次方程，会计算三角形、矩形、梯形与圆的面积，算出圆周率为 3.1605。

（3）金字塔

古埃及的建筑艺术集中体现在金字塔的建造上。金字塔是法老的陵墓，其底座为正方形，四面呈四个相等的三角形。因每一面都形似汉字的“金”字而得名。而古埃及人则称金字塔为“庇里穆斯”，即“高”的意思。

古埃及人认为，人死后其灵魂在另一个世界继续生活。金字塔的建造，正是这种“灵魂不灭”之宗教观念的产物。在当时，法老死后都要将其尸体作防腐处理而制作成“木乃伊”，安放在人形棺中，置于金字塔内。这样做有其特殊宗教信仰含义，即确保法老在死后其灵魂有一个载体与归属，以便在阴间继续生活。另一方面，金字塔还具有显著的政治文化象征意义。修建金字塔，也是为了宣扬法老至高无上的宗教神权与世俗专制统治的权力。庞大威严的金字塔向世人展示，作为专制君主的法老，其神圣权威并没有因其肉体的死亡而消失，他在冥界仍然统治着人们的灵魂。金字塔的塔形逐级向上，顶端呈现出尖锥形，则显示法老借此而深入天国与太阳神合一。

在众多的金字塔中，第四王朝法老齐阿普斯（胡夫）的陵墓是最为典型的一座。这座金字塔高达 146 米，塔基每边长 230 米，整个金字塔用了 230 万块大石块建成，每块石头大约重 2.5 吨。在建筑时采取了叠砌法，不用泥灰而只是靠石块自身的压力来垒砌，缝隙弥合得相当紧密。它的内部结构也比较复杂，其中有三个墓室，并且有石砌的通道将它们连接起来，墓室内还装饰有不少精致的雕刻、绘画等艺术品。齐阿普斯的继承人哈佛拉的金字塔也相当壮观，它有 143.5 米高，塔基每边长 215.5 米，而且在其附近有一座用整块天然巨石雕刻成的狮身人面像，希腊人称之为“斯芬克斯”。该像高 20 米，长 57 米，据说是根据哈佛拉的面形雕塑的，以象征法老的威严。

金字塔也是古埃及科学技术与物质文明的见证。当时尚无铁器，还处在铜石并用时代，只能用较为简陋的铜、石工具在较远的地方开采石块。石料的运送与起降，则需要相应的机械，涉及不少力学原理。金字塔的外部形状与内部构造的设计也很复杂，没有比较精确的数学计算知识是难以完成的。此外，这类工程的修建需要大量的人力与物力，仅参加修建齐阿普斯金字塔的民工就达 10 万人左右，整个工程花费了 30 年才完成。而要在一个地方集中 10 万人劳动，就必须解决好组织管理、食物供应、卫生防疫等一系列的问题。显然，如果缺乏较有力的技术支持与牢固的物质基础，金字塔的建造是不可能的。

三　古代西亚文明

1．民族冲突与西亚古国的政治变迁

古代西亚是人类文明的重要发祥地和文明区域之一。这一地区既有大河冲积平原，也有高原、丘陵，且呈现出向四周开放的状态。特殊地理环境所导致的民族构成及其生活方式的多样化与民族关系的复杂化，构成了西亚古国政治变迁的社会土壤。

西亚的地理范围从东向西依次是伊朗高原、两河流域、小亚细亚，再往南则是巴勒斯坦、阿拉伯半岛等地。两河流域主要是指幼发拉底河与底格里斯河中下游地区，它又称美索不达米亚（希腊语的意思是指两河之间的土地）。两河流域居于古代西亚的中心，是西亚最重要的一条走廊。这一地区分为南北两部分。它的北部为亚述，南部为巴比伦尼亚。巴比伦尼亚也分为南北两部分，北部为阿卡德，南部称为苏美尔。两河流域的民族分布十分复杂。与尼罗河相比，“两河”的流程较短，水量也不确定，水害在下游形成大片的沼泽。故两河流域虽然也有发达的灌溉农业，但要比埃及逊色。此外，因两河流域地处东西方交通的中间地带，商业也就远比埃及繁荣，并对当地的经济结构与社会生活产生较大的影响。小亚细亚则不同，其大部分地区是高原与山区，雨量稀少，只有山间小河流的冲积平原与地中海东岸的沿海小平原适宜种植，农业不甚发达，但商品经济与对外殖民却相当活跃。

从整体上看，西亚又处于东西方交通的重要地带，周边并没有沙漠或特殊地形的阻隔，便于古代民族的迁徙与交往，因此这里的民族成分十分复杂。除了独特的苏美尔人以外，西亚的居民从语言上大致可以分为三类。其一是属于闪—含语系塞姆语族的民族，他们在两河流域的有阿卡德人、阿摩利人、亚述人与迦勒底人等，而在小亚细亚一带的有腓尼基人、迦南人、犹太人（以色列人）等。其二是属于印欧语系所属诸语族的伊朗人、赫梯人。其三是一些与上述两大语系并无关系的民族，他们中有库提人、胡里特人等。这些民族的社会发展程度参差不

齐，彼此之间的生产生活方式与民族习性也不尽相同。他们的相互接触与渗透，特别是两河流域农耕世界与北边、西边的中亚草原与伊朗高原的游牧世界的激烈冲突与反复融合，赋予了西亚古文明以鲜明的特征。因此，西亚古文明不仅在发端上与内涵上具有“多元”的特色，而且在发展演进上也呈现出迂回递进的曲折路径。

古代西亚的国家众多。自从告别了原始社会后，古代西亚的各民族都在内部阶级对立与外部民族冲突的基础上，先后建立起自己的国家与王朝。大规模的民族迁徙与冲突，使得古代西亚国家的政治变迁始终体现了民族变替与王朝更迭的历史图景。因此，古代西亚的政治史既是“大一统”的与“多中心”的，也存在着相互之间的因果作用与承传关系。

尽管古代西亚国家的政治变迁十分复杂，但在西亚文明中心地带的两河流域，却有着比较清晰的历史轨迹。从城邦、王国到帝国的不断演进，从一个侧面反映了古代两河流域“大一统”政治格局的发展脉络。大约在公元前3000年左右，在这一地区的苏美尔人等建立了数十个奴隶制城邦小国。而在经历了一段动荡纷争的局面后，两河流域又出现了阿摩利人建立的巴比伦王国。巴比伦王国的著名国王汉谟拉比（约在公元前1792～前1750年在位）统治时期，再度统一了两河流域，并建立了中央专制集权制度。此外，他还颁布了世界上第一部比较完备的成文法典——《汉谟拉比法典》。古巴比伦王国在公元前689年被亚述所灭。亚述国家以铁器普遍使用为动力，在发展农业的同时，还组建了强大军队对外扩张，到了公元前7世纪中期，亚述已成为一个地跨亚、非的大帝国。公元前605年，迦勒底人所建的新巴比伦王国又灭掉亚述，但它很快又在公元前538年被崛起于伊朗高原的波斯所灭。波斯王国在大流士一世（公元前522～前484年在位）当政后，又在军事征服的基础上建立了人类历史上第一个横跨欧、亚、非三洲的大帝国，并实行君主中央专制集权制度。在公元前5世纪前期，波斯在与希腊的战争中失败，势力渐衰，到公元前330年被马其顿—希腊联军所灭。

小亚细亚各民族的政治史进程与两河流域不尽相同。从公元前15世纪开始，由城邦联盟组成的赫梯国家开始向外扩张，占据了叙利亚的大部分地区。但由于没有形成统一的王国，自公元前13世纪末开始，赫梯国家就在来自西北的“海上民族”的进犯下衰落，最终瓦解。而在地中海东岸北部的狭长沿海地带腓尼基，则始终保持着“城邦政治”的特征。大约公元前20世纪初，腓尼基出现一些由贵族长老会议控制的城市国家，比较重要的有乌加里特、毕布勒、西顿与推罗等，它们曾一度处于埃及、赫梯的统治之下。在腓尼基南面的巴勒斯坦，则经历了从城邦发端的以色列王国与南方的犹太王国的兴衰历程。

从城邦到王国再向帝国发展，虽然不是古代西亚每个民族所都要经历的过程，但确是这一地区政治史演进的一个主要的必然趋势。最初的国家采取城邦的形式，有利于原始部落联盟的转化，也只有小国寡民，划界创制才比较容易。但城邦势单力薄，且带有原始军事民主制的浓厚残余，必须向更广泛、更有力的政治统治单位转化才容易生存，而城邦之间的利益冲突与兼并战争，则将这种转化的需要变为现实，王国也就建立起来。当然，能否实现这样的转化，还受其所处的政治地缘与经济样式的制约。沿海的城邦往往走海外殖民的道路来开拓生存空间，来摆脱城邦之间冲突的困扰；而以商业活动与种植经济作物为主的城邦，其公民常常具有相对自由的个性与较为平等的政治要求，也就不会寻求君主政治的道路。沿海的腓尼基城邦就是这样。而在以两河流域为中心的以灌溉农业为主的城邦，则必然要让位于统一的王国。当这一类城邦扩大了领土范围、建立了王国并形成了政治集权体制时，兼并战争并没有消失，战争开始在较大的政治单元之间进行。由于王国集中了城邦难以征调的大量的人力物力资源，兼并战争的规模与程度也就更加宏大激烈，向更远的地缘与民族的范围拓展，庞大的帝国也就应运而生。但是，在这样的过程中形成的帝国，实际上都只是以武力征服为基础而建立的松散的军事—行政联合体。尽管这些帝国采取了不少旨在维护统治的措施，但在它们的境内，各地区、各民族的生产样式、生活习惯并不一致，也没有牢固、统一的精神文化纽带，因此帝国的存在与发展缺乏坚实的基础，最终只会在各种社会矛盾的激化下衰落，被另外兴起的民族政权取而代之。亚述帝国、波斯帝国的兴衰就是有力的证明。

2. 多样性的地域经济与独具特色的奴隶制

古代西亚分为各有特色的地理区域，而生活在这些区域中的各族人民，在社会发展层次与生产生活样式上都不尽一致，周边游牧部落又不断迁入与融合在这些区域之中。因此，多样性的地域经济也就构成了西亚古文明的主要内容之一。

两河流域的灌溉农业十分发达，在社会经济中占据主导地位。历代王朝都注重在这一地区兴修水利灌溉工程，为农业发展提供了保证。这里盛产大麦、双粒小麦、芝麻、豆类、椰枣等。而在地中海东岸狭长的沿海地带，农业生产主要表现为经济作物的种植，这里生产葡萄、橄榄、椰枣等。小亚细亚的畜牧业也起源较早，有山羊、绵羊、牛与驴等。在伊朗高原、小亚细亚东部山区的游牧民族中畜牧业比较发达，而在两河流域，畜牧业则附属于农业，成为家庭副业的重要组成部分。

特殊的地理环境，使西亚的商品经济较早发端与兴盛。早在苏美尔城邦时代，两河流域就有了手工业生产与商品交换，用作交换媒介的金银货币也随之出现。到了古巴比伦王国时，制陶、纺织、冶金、制革、造船、制砖、建筑等行业发展起来，进出口的商品有谷物、油类、椰枣、织物、皮革、陶器、金、银、木料、盐、香料、染料等。波斯帝国建立后，广袤的领土，发达的驿道网，为商业发展提供了良好的环境。大流士一世在位时，更推行币制改革，制定了全国统一的货币，将铸造金币的权力收归国家，各行省可造银币，各自治城市只能发行铜币。这一措施，有力地促进了商品的流通。因此，波斯帝国与埃及、中亚、印度等地的贸易往来都比较频繁，境内的巴比伦、苏撒等不少城市十分繁荣。

在古代西亚，腓尼基各城邦的商品经济尤为发达。在公元前11世纪至公元前9世纪期间，由于腓尼基各城邦巩固了自己的政治独立地位，其传统的工商业活动在殖民扩张浪潮的推动下更是迅速发展，走在东方各国的前列。它们把本地所产的葡萄酒、橄榄油、紫红染料、玻璃器皿以及毛麻织物运销于远近地区，还采购转售各地的特色商品与珍奇货物，如黎巴嫩的雪松，小亚细亚的铁，塞浦路斯的铜，非洲的黄金与象牙，埃及的工艺品，巴比伦的青铜器皿等。绝大多数腓尼基城邦后来虽然被亚述、新巴比伦、波斯等国家征服，但由于它们在航海与经商事业中占有无可替代的优势，经济势力雄厚，因此能够拥有一定程度的自治地位。

古代西亚的商品经济对社会生活产生了重要影响。在灌溉农业比较发达的两河流域，广泛的商品生产与商品交换活动不仅加速了原始社会的解体与国家产生的过程，而且加深了社会各阶层的贫富分化，导致了债务奴隶制的形成与发展，引起的贵族、祭司与广大自由民、奴隶之间尖锐的阶级矛盾。在两河流域，一般说来，不仅王室与神庙中大量使用奴隶，而且贵族乃至普通的自由民都拥有数量不等的奴隶。奴隶分为公有与私有两种。奴隶被用于农业、手工业生产、大型公共工程兴修与商业活动等。不过，与西方的古典奴隶制不同，这里的奴隶制显得要“温和”一些。奴隶常常有自己的家庭和产业，能够赎身，并可出席法庭作证。对债务奴隶受奴役的年限有时还作了限制。奴隶有时甚至还可以独立地租佃土地，开办手工作坊，经营商业，甚至开设钱庄放高利贷。独具特色的西亚奴隶制从根本上讲并没有改变奴隶的社会地位与待遇，但它毕竟或多或少地为奴隶的生产生活提供了一些有利的空间，从而有力地促进了古代西亚物质文明与精神文明的发展。

3．从“多神”崇拜向“一神”教信仰的过渡

在古代西亚，由于地域环境与民族构成的复杂，宗教信仰也显示出多样性的

特征，不过，总的趋势是从“多神”教向“一神”教演进。

在两河流域，无论是在城邦时代，还是在王国或帝国统治时期，宗教在国家政治与社会生活中都占据着重要地位。各地不仅修有庞大的神庙，而且有一个势力显赫的祭司阶层。这一阶层中实际上也有尊卑贵贱之分。在古巴比伦，祭司就分为30个等级。上层祭司掌握了宗教大权，可以支配神庙的财产。神庙往往占有大量的土地，并且经营工商业。然而，古代两河流域的宗教尚属于比较原始的信仰层次。大概由于氏族、部落传统残余还比较浓厚，城邦国家的多元特征，外来游牧民族的不断入侵，这一地区一直盛行的是多神崇拜。每个地区、城市都有自己的神。这些神灵保存有动物图腾崇拜的残余与半动物半拟人的神灵形象，具有比较完整的创世神话传说。在苏美尔人那里，每个城邦都有自己的守护神，且相互斗争，但都崇奉一些地位更高的神。在诸神中，“苍天神”安努居于首位。其次，还有“世界神”恩利勒，“水神”伊亚，“战争、爱情与丰收之神”伊踏娜，“农业和春天之神”杜木兹等。不过，苏美尔人对灵魂的结局较为悲观，尚无死后能幸福生活的观念。他们的主要崇拜内容为向神奉献祭品与进行祈祷仪式，乞求神谕，但也盛行占卜与法术。苏美尔诸神谱系对日后两河流域的宗教产生了深远的影响。在古巴比伦王国时期，仍然继承了苏美尔诸神谱系及宗教观念与仪式，但却将巴比伦的地方神马尔都克升格为诸神之首。据载，该神是苏美尔“水神”伊亚之子，他杀死了原始怪物提阿马特，保护了年长的诸神，并且以提阿马特的躯体创造出宇宙万物和人类。其他众神为了感谢马尔都克，在巴比伦城为他建造了神殿。实际上，他之所以升格为最高神，正是巴比伦王国取得政治统一的局面所决定的。后来的亚述人也大量地继承了苏美尔人的宗教信仰与礼仪，但却将战神阿舒尔视为主神。阿舒尔原为亚述的部族神与亚述城市阿舒尔的地方神，随着亚述帝国的建立与发展，他逐渐取代了巴比伦主神马尔都克的地位，被认为是创造了世界与人类的神，也被看做是亚述帝国和军队的保护者。

在小亚细亚，腓尼基人同样信奉的是多神崇拜。腓尼基人虽然基本上继承了迦南人的宗教，但由于航海与商业的发展，他们与其他民族交往甚密，也就多受其他宗教的影响，从而使得其宗教更显示出兼收并蓄的特点。腓尼基人的神被称为“摩洛”，但此神在各城邦的名称并不一样，例如在推罗被叫做麦勒卡特，而在西顿则叫做爱希慕恩。此神源于迦南人的农业丰产之神，但在此时则被腓尼基人增加了城邦与民族守护神的内涵，而且被视为航海术的传授者。此外，前迦南人的丰产神厄勒及其妻子阿瑟拉，则被改成威严的太阳神和端庄的月亮神。与此同时，男女祭司开始了独身与守贞的禁欲生活，祭祀礼仪渐趋隆重。

多神教信仰虽然在西亚长期盛行，但仍然改变不了一神教产生发展的历史趋势，这表现在琐罗亚斯德教与犹太教的产生与传播上。

琐罗亚斯德教是大约在公元前6世纪在波斯东部产生的宗教，因其创建者琐罗亚斯德而得名，以后又在波斯各地流行。该教以《波斯古经》为经典，主张善恶二元论，认为火、光明、清净、创造、生是善端，而黑暗、恶浊、不净、破坏、死是恶端。善端的最高神是阿胡拉·玛兹达，即智慧或主宰之神；恶端的最高神是安格拉·曼纽，即凶神。这两个神为争夺最高地位而展开斗争，但光明之神终将获胜，世界将从黑暗势力的控制中拯救出来。该教还认为人有自由选择的意志，也有决定自己命运之权。人死后玛兹达神要根据他生前的言行来进行末日审判，或将其送上天堂，或投入地狱。因此，人们应当从善避恶，以"善"来规范自己的思想言行。琐罗亚斯德教还反对多神崇拜与牲畜献祭乃至巫术。该宗教曾经被大流士一世在波斯帝国推广过，但最终仍然只是在波斯高原流行了较长的一段时期。

犹太教是以色列犹太人创立的宗教。原先希伯来人信奉的是多神教，其中耶和华是诸神中的主神。大卫王建立统一国家后，为适应政治统一的需要，将耶和华神的地位进一步提高。大约在公元前6世纪左右，沦为新巴比伦王国之囚虏的一批犹太人酝酿着新的宗教思想。以西节为首的犹太祭司开始竭力宣扬：耶和华神是宇宙间的惟一真神，是犹太人的"救世主"，他将帮助犹太人复国，建立一个祭司宗教权力与贵族政治权力合一的统一的神权政体国家。在波斯灭掉新巴比伦王国后，犹太人重返耶路撒冷，建立了神权政体国家，重修被毁坏的神庙与宫殿。与此相应，犹太教也就形成。犹太教的主要经典是圣经中的《旧约全书》，大约自公元前6世纪始，经过了近五六百年的时间才陆续编定而成。这部经典虽然以叙述犹太教的教义为主，但却包含了有关政治、经济、法律、文艺、伦理乃至自然科学方面的丰富知识，是一部内容十分广泛的古代文献，有着极其重要的历史文化价值。此书共39卷，其中宣扬耶和华神——上帝是宇宙惟一的真神，是世界万物与人类的创造者，也是以色列犹太人的保佑者；声称以色列犹太人是上帝特选的子民，将会得到上帝的拯救；要人们真诚地敬奉上帝，服从神职人员的教诲，弃恶从善。在传播的过程中，犹太教还排除其他一切神灵，严禁偶像崇拜，规定自己的宗教节日，另开纪元，使用犹太教历即希伯来历。

琐罗亚斯德教和犹太教都要求以一神教取代多神教，以神人分离的纯洁理念来取代神人合一、神兽混杂的信仰，要求将人们的宗教信仰建立在更加超越人间现世和更有伦理意义的原则上；同时排除献祭与巫术等，规范宗教礼仪。这些都标志着人类的精神文明开始摆脱原始宗教信仰的束缚及其杂乱无章的仪式的摆布，向一个新的宗教文明层次升华。

4．古代西亚的文化成果

(1) 楔形文字、拼音文字与史诗

文字的创造在古代西亚具有相当重要的地位。早在公元前4000年代后期，苏美尔人就在图形文字的基础上创造了楔形文字。他们用黏土制作的半干的泥版作为书写材料，用削尖了的芦苇秆、木棍、兽骨作为笔，写好后用火烘干，便成为泥版文书。由于在泥版上书写不便，起笔重而印痕较深，抽出来时留下的印痕比较狭细，看起来像木楔子一样，每个文字符号都是由竖的、横的和斜的楔形笔画组合起来，故被称之为楔形文字。载有这种文字的泥版文书易碎而笨重，但它既不怕虫蛀与腐烂，也无火烧之虑，故考古学家在两河流域发掘出的这种泥版文书就有数十万块之多。楔形文字的符号数目共有约600多个，常规的则只有300个。它们大体可以分为表意、表音与部首三大类，其语法结构十分复杂。到了公元前1500年左右，楔形文字逐渐在西亚各国通用。不过巴比伦人、亚述人、迦勒底人与波斯人等在使用这种文字的时候，都根据各自的要求对其加以改造，总的趋势是逐渐简化。经阿拉米人最后到波斯人时，楔形文字更接近字母文字。楔形文字的表达十分深奥，直到19世纪中叶，借助于英国学者罗林生对波斯国王留下的《贝希斯顿铭文》的研究，古代西亚的楔形文字才逐渐被解读出来。

腓尼基字母的发明，更是西亚文字史上的伟大创造。大约在公元前2000年代中期，基于商业与殖民活动的需要，腓尼基商人发明了拼音文字。通过多年的演进，最后形成了22个字母，全部用来表示辅音，没有元音，但却因其简易而迅速传播，对当时盛行楔形文字的两河流域与其后的希腊、罗马的文字创造都产生了深远影响。

古代西亚产生了许多传说、寓言、神话、诗歌，这些作品虽然多以歌颂神灵、英雄与君主为题材，但它们从一个侧面反映了当时人们的生存状态、道德境界与理想追求。在苏美尔城邦时代盛行有关洪水的民间传说，后来犹太人把它编成有关挪亚方舟的故事而记入《旧约圣经》。两河流域的著名的《吉尔伽美什》史诗，是一部世界最早的史诗。它共有3 000行，分别被刻写在数十块泥版上，是经过历代人民口头相传再经过文人的加工锤炼而成的。史诗把乌鲁克的国王吉尔伽美什描绘成一个智慧、勇敢的神话英雄，颂扬了他战胜女神的爱情诱惑并杀死残害百姓的牛精的壮举。

(2) 太阴历与数学

古代西亚的科技以天文学与数学最为发达。农业生产需要比较准确的历法，而历法的制定则与对天象的观察密切相关。苏美尔人根据月亮的盈亏制定了太阴历，即把两次新月出现的间隔期作为一个月，每月29天或30天，一年划分为

12个月，全年共 354 天。与太阳历相对照所差的 11 天，则设置闰月来加以调整。在古巴比伦时期，人们已经能区别行星与恒星，其给行星所取的名字一直保留至今。他们还能够预测到日食与月食的出现，其所制定的太阴历，将一个月分为 4 周，每周 7 天，由 7 个星神分别主管一天，这就是今天一个星期为 7 天的来历。此外，西亚的数学知识也逐渐增长。巴比伦人已经掌握了四则运算，分数、二次方程等方面的运算，知道了商高定理。他们测定的圆周率为 3，也能计算不规则多边形的面积与一些角锥体的体积。他们还有十进位计算法和六十进位计算法。

(3) 神庙、都城与王宫的建筑

在两河流域，苏美尔与巴比伦的神庙雄伟壮观且富有特色。这种神庙是城市中重要的建筑物，用土坯筑成一层层的台基，而在最上层建有一座小神庙。新巴比伦王朝的都城更是两河流域建筑成就的典型。它的城墙长约 13 公里，每隔 44 米就有一座防御塔楼。城墙共有 3 道，最厚的近 8 米，最薄的也有 3 米多，十分牢固，其间还有壕沟等。城中还有著名的伊斯特门，城门有两层，高达 12 米，两旁有塔楼拱卫，塔楼与门墙上都镶嵌了蓝青色的琉璃砖，上面刻有许多座怪兽浮雕。此外，城中王宫的“空中花园”更是奇特壮观，它实际上是一座用泥土、石块、砖头、铅板垒叠起来的高达 25 米的大土台，上面种满了各种奇花异草，远远望去只见一片花木，故称之为“空中花园”，被誉为世界古代七大奇观之一。公元前 8 世纪建成的亚述王宫也以规模宏大而著称。这座宫殿建在高大的石基上，它有 210 间大厅、30 个庭院，其间装饰有许多怪兽的雕像。王宫内的图书馆保存了大约 20 000 块泥版文书，是十分珍贵的史料。

四　古代印度—佛教文明

1. 雅利安人的入侵与古印度文明的酝酿

(1) 雅利安人的入侵与“吠陀时代”

古代印度并不是一个统一的政治实体，而是一个用来表示南亚次大陆的一个历史地理名称。它的地理范围北边、西北边抵达喜马拉雅山与兴都库什山，东、西、南三面为印度洋环绕。印度河与恒河贯穿其北部，为古印度农业文明的发源提供了适宜的环境。中部横亘着温德亚山脉，其南边为德干高原，沿海散布着一些小平原，适宜农耕。地理环境的影响，使得南方印度始终保持着小邦分立、自成一统的状态，而北部则曾经数次出现帝国政治统一的局面。而周边比较封闭的环境，也使得印度文明史的发展进程处于相对停滞的特征。不过，印度尚可以通过海路与东亚和西亚交往，由此而得以与其他文明有着一定的联系。其西北部的一些山口接通中亚草原地带，成为古代游牧民族向次大陆南方迁的通道，这又使得印度的农耕文明不断受到外来游牧文明的挑战与冲击。印度最早的居民是达罗毗荼人，后来雅利安人、突厥人、波斯人等许多民族从西北部入侵到这里，为印度古代文明史打上了十分复杂的烙印。

古印度文明的酝酿，是在雅利安人大规模入侵与征服的环境中逐渐展开的。在此之前，印度河流域曾经产生过比较发达的“哈拉帕文明”，有了农牧业与工商业，还建立了哈拉帕与摩亨佐·达罗等城市国家。然而，土著的“哈拉帕文明”并没有持续发展下去。随着雅利安人从西北入侵印度，古印度文明又开始了新的酝酿进程。雅利安人原来大概居住在中亚或高加索一带，过着半牧半农的生活，其社会尚处于原始军事民主制时代。他们虽然是属于印欧语系的民族，但却没有产生文字。大约在公元前1500年至公元前600年这一段时期，雅利安人演绎了进入印度并从征服者转变为统治者的历史。记载这段历史的主要文献是婆罗门教的吠陀经，故在印度史上，从公元前1500年至公元前1000年被称为“早期吠陀时代”，从公元前1000年至公元前600年则被称为“后期吠陀时代”。

在“早期吠陀时代”的初期，雅利安人仍然沿袭传统的生产生活方式，以畜牧业为生，没有农业与工商业活动和城市生活。然而，随着时间的推移，他们逐渐被印度河流域的先进文明所同化，熟悉了农业生产，产生了金属制造等手工部门。与此相应，私有制萌发，氏族公社开始解体。到了“后期吠陀时代”，雅利安人已逐渐扩散并定居在恒河流域，铁制工具与耕牛普遍使用，社会经济进一步发展奴隶制国家日趋形成。

（2）种姓制度

在“后期吠陀时代”，随着雅利安人奴隶制国家的建立，相应的社会等级结构与宗教思想信仰逐渐形成，这就是种姓制与婆罗门教。种姓即是指特定的社会等级，在当时称为“瓦尔拉”，原意为颜色、品质。最初“瓦尔拉”仅是指不同的人种与民族集团，雅利安人入侵时就曾把被征服的当地居民称之为“达萨人”并统称为“达萨瓦尔拉”；而将自己称之为“雅利安瓦尔拉”，后来随着奴隶不断增多与雅利安人内部富贵贫贱分化的出现，“达萨”就成为奴隶的专有名词，“瓦尔拉”则用来特指社会等级。在当时，印度出现了四大“瓦尔拉”即四大种姓，而婆罗门教的经典则为它们的划分蒙上了一层浓厚的“神意”面纱。《梨俱吠陀》就宣称：最初的人祖布鲁沙被诸神用作祭祀牺牲时，其口转化为婆罗门，其两手被制成罗奢尼亚（后又称之为刹帝利），其两腿变成吠舍，其两脚则化为首陀罗。神让布鲁沙身体部位从高到低的转化，赋予了各等级的“瓦尔拉”上下贵贱之分的严格意义。而日益形成的雅利安国家，则用政治权力将这一等级制度在社会上强制推行。在这一制度中，婆罗门成为第一个等级，处于十分显贵的地位。婆罗门最初由主管宗教祭祀的氏族贵族组成，日后又成为婆罗门教的祭司集团。他们不仅垄断了国家的宗教神权，支配着社会思想文化领域，而且还直接参与王国政治，作为国王的顾问，以占卜、念咒语等行为来影响国王的思想与言行。他们还拥有大量的土地和奴隶，过着奢侈的剥削生活。此外，他们经常接受国王和贵族的布施，聚敛了大量的社会财富。第二等级为罗奢尼亚或刹帝利。这是一个由王族和军事行政贵族组成的显贵等级。虽然当时的婆罗门教经典常常强调这一等级应当听从婆罗门的指导，社会观念也多认为其地位应当在婆罗门之下，但由于他们掌握了王国的统治大权，拥有更多的土地与财富，实际上他们享有同样显贵的地位，而且并非完全按照婆罗门的旨意行事。作为第三个等级的吠舍，原来由雅利安人中一般的农村公社成员组成，日后则包括了从事农牧业、工商业的广大下层民众，基本上属于自由民阶层，但在当时特定的社会环境中，他们只有向统治者交税服役的义务，却难以享受到政治权利，因为在吠陀后期，原先名叫萨米提的民众大会已经流于形式并且逐渐退出历史舞台。其时，这一等级的分化相当严重。其中的一些人以生产经营与高利贷致富；而其中的许多人，由于战争、灾荒与繁重的赋税而濒于破产，甚至沦为奴隶。不过，吠舍在当时仍然有一定的社会地位。按照婆罗门的说教，婆罗门、刹帝利和吠舍这三个等级都属于高级种姓，其死后灵魂可以投胎而再度为人，故被称为“再生族”。因此，吠舍也可以参加婆罗门主持的宗教祭祀和听讲经典教义。第四个等级则是首陀罗，他们处于社会的最底层。按照婆罗门的说法，他们属于低级种姓，是“一生族”，死后其灵魂即散灭,不可投胎再度为人。他们最初是由被征服的土著居民组成，后来也包括因各种原由而破产沉沦的雅利安人。这个阶层完全丧失了各种经济、政治、宗教与法律权利，处于不受保护、受人歧视的卑贱地位。他们除了从事各种生产劳动以外，还从事当时被人视为低贱的职业，深受统治阶级的压迫剥削。在当时，各种姓的职业必须世袭，此外还必须实行“内婚”制，不同的等级不得通婚。

(3) 婆罗门教

婆罗门教起源于雅利安人的原始自然崇拜。在侵入印度后，雅利安人仍然信奉其原有的神灵，其中主要有战神与雷电神因陀罗、天神梵伦那、太阳神弥陀罗等。随着阶级分化的加深和国家的形成，雅利安人的诸神崇拜逐渐被赋予了新的内涵，婆罗门教应运而生。由此战神与雷电神因陀罗也是国王和贵族的保护神，天神梵伦那则兼管司法审判，同时，婆罗门教在诸神崇拜之上又塑造出一个梵天婆罗摩（即大梵天)，宣称“大梵天”是创造和掌管宇宙的最高神灵，是万事万物的最高主宰，也是世界上惟一真实的存在。而被梵天创造出来的一切事物现象都是虚幻的与最终必然是要消失的。这样，在改造原始宗教崇拜的基础上树立了梵天作为统摄宇宙万物之最高神灵的地位。为了替人间的种姓制度辩护，婆罗门教还将原始的万物有灵与灵魂转移的观念，改造成为其所谓灵魂投胎转世的“业力轮回”说，宣称人死后灵魂不灭，转世投胎而重新为人，这是每个人都要经历的“轮回”；人的现世的地位和景况，都是由前生“造业”的好坏来决定的，前世之因，造就了后世之果，行善为德者来世得享富贵，而行邪为恶者来世就要受苦受罪，这一切都是因果报应所致。婆罗门教把各种姓之间的等级不平等与阶级压迫剥削多说成是人们前世行为的结果，为之笼罩上一层神秘的宗教光环。从此出发，它要求人们尊法行善，把自己的命运与前途放在虚无缥缈的来世。这实际上要各等级的人们安分守己，严格地遵循等级秩序；要底层的人民服从统治，甘愿接受压迫剥削，以维护奴隶主阶级的经济、政治特权与国家统治。婆罗门教的经典有《梨俱吠陀》、《沙摩吠陀》、《耶柔吠陀》、《阿达婆吠陀》等四部经典。此外，还有解释吠陀的《梵书》、《奥义书》、《森林书》等，这些文献不仅充满各种神秘的宗教学说，而且字义深奥晦涩，只有婆罗门的祭司僧侣才能够解读，由此而保证了他们对经典解释权的垄断与玩弄。此外，婆罗门教还实施烦琐的宗教礼仪与各种祭祀，甚至还实行残酷的人祭，这些都使得它成为奴隶主阶级的统治工具。

2．佛教的兴起及其流变

（1）佛教产生的社会背景

佛教是发端于印度但却流播于整个东亚的世界三大宗教之一。“佛”系“佛陀”的简称，为古印度的梵文Buddha的音译，也译成“佛陀”、“浮陀”、“浮屠”等。所谓“佛陀”，就是“觉者”、“智者”的意思，即是指对宇宙、人生的深奥谛理能够洞察与深刻了悟的人。“佛陀”后来成为古印度宗教革新家释迦牟尼的专称，由他创立的宗教就被称为佛教。

佛教是古代印度社会历史发展变动的产物。从公元前8世纪左右奴隶制国家产生起，各个王国之间的争霸战争连绵不断，先后持续了百余年之久。到了公元前6世纪初，次大陆北部经过兼并重组而形成了10多个较大的国家，比较重要的有摩揭陀、鸯伽、迦尸、居萨罗等，印度的历史进入了所谓的“列国时代”，一直持续到公元前4世纪末。

“列国时代”是印度历史上的一个大变动、大震荡的时代。此时，社会经济进一步发展，工商业趋于兴旺，以王舍城、华氏城为代表的一批繁荣城市兴起。各国之间的兼并战争十分激烈，从分裂割据走向政治统一的历史趋势益发明朗。

地处恒河中游的摩揭陀王国在瓶沙王（公元前 543～前 491 年在位）父子执政时经过多年的战争，在恒河流域建立了一个统一国家。经济的发展与不断的战争，加速了社会各个阶层的分化与诸社会矛盾的尖锐。刹帝利通过战争而掠夺了大量土地与财富，政治权威进一步强化；吠舍中的一部分依靠工商业活动而积累起较强的经济实力，但其中不少人也因为兵役与负债而破产；首陀罗的地位则日益下降与恶化。在此情况下，刹帝利与发家的吠舍对婆罗门的地位与特权十分不满，而广大下层人民与奴隶的反抗更是不断涌现。一系列剧烈的社会大分化、大震荡与大变动在意识形态领域中激起了强烈的反响，产生了各种观点的交锋与论战，而在这一“百家争鸣”的浓厚思想氛围中，诞生了一些反对婆罗门教的新宗教思潮，产生了所谓的“六师外道”与“六十二见”，它们虽然各异其说，互有争论，但都注重宇宙与人生的探讨，在业报轮回的看法上，在对解脱方式的寻求上，都有不少趋同之处，这就为佛教的兴起铺垫了深厚的思想文化土壤。

（2）佛教的产生与教义

佛教的创始人释迦牟尼，本名悉达多，姓乔达摩（公元前 563～前 483 年）。释迦牟尼是他成道后所获得的尊称，意为“释迦族的圣人”。他属于刹帝利种姓，是古印度北部迦毗罗卫国净饭王的王子。29 岁出家修行，7 年成佛即“觉悟者”，此后又四处传教 40 多年，使佛教逐渐传播开来。

与当时的各种教派或思潮一样，佛教也力图对宇宙万象何以成立、人生何以存在、现世之痛苦磨难何以解脱、人最后归宿何处等方面的问题进行探讨与诠释。佛教认为，宇宙与人生都是时刻变幻、刹那生灭的现象。人的生老病死都是暂存的，可以通过克服内心的欲望而得以解脱。以此为理论轴心，佛教提出了著名的“四谛”（Catursatya）说。谛，有真实不虚之义，用以表明所说乃真正的、确切的道理，它包括苦、集、灭、道这四谛内容，其核心是宣扬整个世界与全部人生都充满着痛苦磨难，是一无边之苦海。

苦谛是佛教的首位真理。基于其特有的价值判断，佛教认定人的世俗世界充满苦难。“苦”有“三苦”与“八苦”等说法。三苦：苦苦，即寒热饥渴引起之苦；坏苦即是指荣华富贵不能持久之苦；行苦即是说人世言行、生活环境变化无常之苦。而八苦则是指生苦、老苦、病苦、死苦、爱别离（被迫与所爱分离）苦、求不得（物质、精神得不到满足）苦、怨憎会（不得不与其所憎在一起）

苦、五阴盛苦[①]。

在苦谛中，佛教的说教聚焦于人的精神上的期待得不到满足的心理状态，并不以肉体或物质为苦因，而以精神上的主观为苦因。这就为其开设的解脱“药方”提供了依据。

集谛又称“习谛”，是指“明”造成痛苦的原因或依据。佛教谓“集”有聚合义。意思是说，由于自心的“无明”愚昧，渴望无穷爱欲的满足，产生错误的行动（因惑造业），各种烦恼（苦）便由之而来（依业受报）。现在的苦果是过去的惑业所生，未来的苦果是现在的惑业所生，二者互为因果，循环无已，导致苦无尽头。

灭谛就是讲造成人间诸“苦”的一切原因可以断灭。“苦”由惑业招感而生，彻底破除惑业，廓清心中的各种欲念，就能进入“无苦”的“涅槃”[②]的最高理想境界，即是说进入“寂灭”了一切烦恼和“圆满”了一切“清净功德”、超脱于生死轮回的状态。

道谛就是说明能通向苦灭解脱、入于涅槃境界的修道方法。要破除惑业，使不生果报，进入“涅槃”而达到完全的精神解脱，就需要修“道”，对“谛”理有正确的理解与实践的方法。此即要践履所谓的“八正道”：正见（正确观点），指要正确认识和把握“四谛”等佛教教义。正思（正确思维），指远离邪妄贪欲，保持对“四谛”等佛教教义的正确思考。正语（正确语言）：指修口业，不虚言，不搬弄是非，不出恶言废语等。正业（正确行为）：指不偷盗、不奸淫，保持身心善良高尚。正命（正确生活），在生活中严守佛教的戒律与规定。正勤（正确努力），指按照正确的修道方式勤勉悟谛养性，不断精进。正念（正确理想），指远离私欲妄念，保持对佛教谛理的信仰。正定（正确禅思），指身心专于一境，摆脱一切杂念，潜心修行。

早期佛教的这些基本教义，在以后的发展中曾经被概括为所谓的“三法印”，成为佛教的三条基本原则，它可用来识别经典的真伪，有如印鉴之用。其一是“诸行无常”，这是说世界一切都不是永恒的，而是生灭变化的，人生也总是处于生老病死的变化之中。其二是“诸法无我”，认为一切都是刹那生灭、因缘和合。

---

① 也称为五取蕴苦。“蕴”是指“集合”、“聚积”之义。佛教认为人生本不是一个自我实体，仅仅是五种东西集合而成：色蕴（组成身体的物质）；受蕴（感官产生的各种感情）；想蕴（意象作用）；行蕴（意志活动等）；识蕴（意识）。

② “涅槃”原有“吹熄”或“剪灭”烦恼之意，其中包含着“宁静”、“快乐”的意蕴，可意译为“灭度”、“圆寂”等。据认为，修行到了此境界，人就解脱了所有的情欲、烦恼与生死轮回，进入极乐的“彼岸世界”。

因此，一切存在都没有固有的本性，即没有常一主宰的实体。人也必须去欲除念，达到“无我”的思想状态，才能解脱。其三是“涅槃寂静”。人生活的最终目的是追求一种绝对安静的、神秘的精神状态——“涅槃”境界，它与现实世界相对立。在此“涅槃”中，人彻底摆脱了外在事物的牵累，也摈弃了主观的感受，从现世苦难中超越出来，寻找到了空寂恒久的归宿。

佛教的宇宙本体论，是一种唯心主义的世界观，立足于这一观点上的人生社会论，则是一种蒙昧、禁欲主义的主张。它把宇宙与社会看作是虚幻无常的事物，将人生的现世苦难视为人自身欲念、渴求的结果，要人克己窒欲，到“彼岸世界”中去寻找人生的慰藉与超脱。这样的说教，无疑在很大程度上抹杀了当时的阶级压迫与剥削，弱化了下层民众的反抗精神。

另一方面，当时的佛教教义包含了某种“种姓平等”的思想。佛教的轮回转世说与婆罗门教相近，但它不承认婆罗门教的神能完全主宰人的命运的说教，不承认婆罗门的经典、祭司和祭祀有拯救人的作用，从而否定了婆罗门教的神圣权威。佛教还主张“四姓平等”，主要表现为业报轮回的平等，不管高级种姓还是低级种姓，都可以根据自身的业报参加轮回。修了善业的低级种姓之人可以在来世生于富贵人家，修了恶业的高级种姓之人则会在来世生于贫贱人家。佛教还主张在出家修行的僧伽内部实行平等，凡是出家者，无论种姓高低，都是“沙门释迦弟子”，无贵贱之分；而在僧伽中，也是不问门第，只注重修业的精进程度，以决定其地位的高低。不过，佛教总是将刹帝利排放在第一位，也并不主张取消种姓，对社会中的不平等现实基本上是认可的。

(3) 佛教的发展与传播

早期佛教的问世，对古代印度社会产生了重大影响。它提高了刹帝利、吠舍两个奴隶主阶层地位，推动了王权的加强和社会经济的发展。佛教“四姓平等”的主张，对最高等级的门婆罗奴隶主贵族无疑是有力的否定，由此而受到其他三个种姓的支持。特别是将刹帝利作为四种姓之首，给予婆罗门贵族等级的种姓血统论及其作为最高等级所享有的政治与经济特权以沉重的打击，有力地促进了王权的巩固。这也使得佛教不断得到王权的支持与商人的馈赠而逐渐发展。

早在佛陀在世时，为了传播教义，开始建立僧伽制度，让僧侣进行有组织的修行生活。释迦牟尼为僧伽制定了戒律，同时还规定了云游乞食、犯过忏悔等制度。除了僧伽外，还有在家的信徒，称居士，并逐渐取消了不准女性出家的限制。有关的戒律，有为出家者与居士共同遵守的“五戒”（即不杀生，不偷盗，不邪淫，不妄语，不饮酒）和“八戒”（即“五戒”再加上不用豪华床座，不事涂抹打扮及歌舞视听，不吃非时食）；也有专门为僧、尼制定的戒律，名目繁多，如比丘戒有250条，比丘尼戒更多达348条。这些措施，加强了佛教徒内部的向心力与认同感，为佛教的发展与传播创造了条件。

佛教徒“结集”和佛经“三藏”的形成，则是佛教发展过程中的大事。记载佛教教义的有关经籍十分庞杂浩繁，统称“三藏”（即佛经、佛律、佛论），它们是释迦牟尼死后，经过多次会诵编纂、研讨与辩论而逐渐形成的。据说佛陀在世时的说教，未有文字记载，其后他的诸弟子为将其遗法传世，集会各诵所闻，相互引证纠谬，共同审定甄别，予以统一，集结编辑，作为“正法”的依据。这一活动即是所谓的“结集”，实际上就是讨论佛典的宗教集会。

“经”的梵语原义是线，谓能以贯穿花束不使散失。因佛陀所说教理很多，遂借此为喻，意谓把它们串起来。佛教徒把初次会诵出的教理部分称为《阿含经》。但它的形成，实际并非一次会诵的结果。最早的内容，包括佛陀的教说和其生活的记录以及对佛说的注释。其后由于传承和地区上的不同，记述佛典所使用的语言有别，乃分成巴利语系和梵语系，在内容上也略有差别。“律藏”则是规定教团道德生活的文献，其中的不少戒规十分严密系统。“论藏”又被译为阿毗达磨，意译为“论”，即对经、律二藏的论述与注解。佛教分成部派以后，一些派别依本部所传的经、律加以分类、注释，形成专门“论藏”著作。

在发展流播的过程中，佛教僧伽内部逐渐产生分裂。这一现象从大约公元前370年起到大乘佛教开始滥觞的公元150年为止，总共经历了500年左右，被称之为“部派佛教时期”。在这期间，佛教先是分裂成上座与大众两部，后又逐渐形成最后的所谓“十八部”，但实际数量却要多得多。与此相应，戒律与教义上的不同观点日益显现，争论纷纭。其中所产生的一些新思想与新理论，对大乘佛教的兴起有着直接影响。

佛教的迅速流播始于摩揭陀王国孔雀王朝的阿育王（约公元前273～前236年在位）统治时期。阿育王为印度佛教史上最著名的护法王，他通过征服几乎将整个印度半岛都纳入自己的统治范围，建立了中央专制集权的政治体制。为了培植其王权统治的精神支柱，他大力提倡佛教。据传，他初不信佛，在征服羯陵迦后，因对战争残酷杀戮感到痛悔，遂虔信皈依佛法。他宣扬“法”（达摩）的思想和佛理，在各地刊刻属于布告勒令的性质的饬文于石柱之上，向民众训诫应循守佛教伦理道德，实践“法”的要求。为了施行法律和宣扬佛教，他规定每5年巡回国内一次。他还设置了正法大官，专管道德及慈善事业，兼为地方官讲习正法，并保护一切宗教。他本人身体力行，受戒为僧，并花费大量钱财对寺庙广予恩赐，建造了许多佛塔。相传他建立了84 000座寺塔，有名的鸡园寺即创立于此。

在公元前235年，阿育王在华氏城还举行了佛教史上有名的第三次大集结，召集高僧千人编撰整理了经、律、论三藏经典。此次结集之后，阿育王派出了许多使团和大批宣教师，前往各地布教，足迹不仅抵达南印度，更北至喜马拉雅山南麓之尼泊尔，东入缅甸、暹罗等地，南向渡海入于锡兰，西北出阿富汗至中亚，并经波斯而抵地中海东岸，且远达非洲及于埃及。在他即位时，佛教流布大抵限于恒河两岸，后经有计划的传播，佛教逐渐在许多地区植根。一般认为，佛教的传播从此分成南北两路：北传经西域入于中国，渐次至于朝鲜、日本、越南；南路独盛于锡兰，后来缅甸、泰国、柬埔寨、老挝等国家的佛教亦属南传。这样，佛教就成为影响巨大的世界性宗教。

（4）大乘佛教的兴起

大乘佛教是公元前1世纪兴起的一个颇有影响的新教派。“乘”的意思为“舟车”、“道路”、“乘载”。这一教派将自己称为“大乘”，比喻其能实现普渡众生的“大业”，而把原有的部派佛教贬称为是“小业”、“小道”的“小乘”。

一般认为，大乘佛教的兴起与大月氏人建立的贵霜帝国的弘扬有着密切的关系。大月氏人公元前2世纪初居于中国西部敦煌和祁连山之间，因受中国北方匈奴势力的压迫，约于公元前2世纪初向西南方移动，迁至阿姆河，并征服了当地的大夏国，控制了整个阿姆河与锡尔河流域。我国汉代张骞于公元前128年出使西域，曾经到过这里。这时大月氏的辖境分成5个部分（称五部翎侯），贵霜是其中之一。公元25年，贵霜翎侯丘就却打败其他四翎侯，形成为统一的奴隶制国家。他进而侵安息，取高附（今喀布尔），灭濮达。丘就却之子阎膏珍继位，进一步向次大陆进发，势力达到了恒河流域上游。此时正是我国东汉班超征服西域的时代，东西方文化交流的通道被打开，为佛教东渐创造了条件。至迦腻色迦王（约公元130～150年在位）统治时代，国势达到顶点，首都早已由中亚迁到富楼沙（今巴基斯坦）。他继承前王的政策，对外与希腊、罗马、中国及亚洲其他一些国家多有交往，对内则发展生产，促进科学文化事业。在此期间，印度的奴隶占有制已趋衰落，封建制开始萌发。大乘佛教就是在这一时期阶级矛盾与民族矛盾日益尖锐的背景下产生的。

迦腻色迦王本不信佛，还可能是袄教徒。因他的王朝以异族入主，为缓和与印度民族的矛盾，自然要充分利用当地的宗教，贵霜遂成为佛教的中心。大约在公元1世纪末2世纪初，他召开了佛教的第四次结集，马鸣等许多著名的佛教学者、僧侣出席，会议结束了一些部派的纷争，促进了大乘佛教的问世。马鸣《大乘起信论》倡举大乘佛教之要领，是大乘教的重要经典，但有人考证，它为后人托名所作。

佛教发展到部派时期，由于教法、教义的解释逐渐保守与僵化，失去了原始时期的活力，脱离了社会现实生活需要，成为训诂烦琐的学问宗教。大众部中的自由派要打破部派佛教的形式化，使原始佛教的宗教信仰适应时代潮流，乃掀起复兴运动，直接促进了大乘佛教思想的兴起。大乘佛教兴起之后，保守的部派佛教被贬称为小乘。大乘、小乘的主要区别主要有几个方面。

在理论上，小乘一般主张"我空法有"，即不承认主体（"我"）的实在性，但在分析物质世界（"法"）时，却没有完全摈除客体世界的存在。肯定"法"是真实的，也就是否定由五蕴所组成的"人我"的存在，而承认五蕴本身即"法我"的实在性。或者说，依据诸法要素而产生的人或世界虽不得永存，但其构成的要素却是实在的。大乘则极力纠正小乘的这一不彻底的唯心主义观点，不承认任何固定的实体观念。针对小乘所主张的"法"的实有，大乘提出"我法皆空"，把"人我"和"法我"一起加以否定，即认为一切事物都不过是互相依存的种种表现，根本没有固定的实体，这就完全否定了客观物质世界的存在，更为彻底地走向唯心主义。

在宗教修持实践方面，大乘与小乘也有诸多的分歧。在崇拜佛祖上，小乘初期只是把释迦牟尼看作是教祖和导师，将其当做僧众中的一员，主张佛在僧数。而大乘则把佛陀完全神化，提出佛有二身、三身以至十身的说法，进行偶像崇拜。在对待经典的态度上，小乘一般比较忠于佛说，但墨守陈论，学风较保守，且不承认大乘的经典。而大乘则承认小乘的经典，但以此为基础而作了进一步发挥。在修持的目标上，小乘认为佛陀成定正果乃是累世修行的产物，一般人现世修行无法达到，因而把达到涅槃境地的阿罗汉当做追求的目标，且以出家为必要条件，需经长期修行始能证得此一果位。大乘则认为阿罗汉果位不够高级，坚持应修佛果，遂把经常不断地在通向佛陀的道路上精进不已的菩萨① 当做理想的对象，深加崇仰。它还认为人人皆有佛性，皆可成佛，且不以出家修行为必要条件，认为在家也可以修持得到佛果。此外，小乘主张自度，即通过修道使个人断绝苦因而得度，是以解脱自己为中心，故重视自觉。大乘则主张兼度，即不仅自度，还要度他人，乃以解脱他人为中心，重视他觉。在修持方法上，大乘主张在小乘的修三学（戒、定、慧）、"八正道"之外，还要同时兼修"六度"，即布施、净戒、忍辱、精进、静虑（禅定）、智慧（般若），认为这些也是人摆脱现世苦难

---

① 菩萨是菩提萨棰的简称，意译为"觉有情"。指修持"六度"，上求菩提（成道），下化众生，于未来成就佛果的修行者。按照大乘的说法，菩萨大慈大悲，为了"普度众生"而常常以身世警醒与感化众人，在众人未得到救度之前，绝对不自己先人涅槃。

与生死轮回而进入极乐“彼岸”的法门。

大乘形成后，与小乘“分庭抗礼”，两派出现了并行发展的态势，出现了许多宗派。在公元5世纪至6世纪两百年间，印度佛教达到了它的全盛期。从公元7世纪开始，大乘佛教与婆罗门教、印度教乃至一些民间信仰逐渐合流，形成了大乘密教。密教的一些宗派在演化的过程中，逐渐背离了佛教的原旨，或追求世俗的快乐，或滥用原始的诅咒术，丧失了应有的宗教活力。到了12世纪、13世纪，受入侵的中亚伊斯兰教封建王公的宗教镇压政策的摧毁，佛教终于在印度完全崩溃。

3. 古印度的文化创造

(1) 梵文、吠陀经与史诗

古印度流行的主要是梵文字母体系。梵文是印欧语系中的一支，它和古波文、希腊文、拉丁文都有共通之处。梵文是由被称之为婆罗谜文的字母文字演变而来。婆罗谜文字的起源现已无从可考，到了公元3世纪，人们将此种文字说成是婆罗摩（即梵天神）创造的，故名。婆罗谜在各地的流行中与当地的方言逐渐融合起来，产生了不少变体，梵文就是一种以旁遮普东部方言书写的吠陀经文为基础，经过语法修辞学者的提炼而形成的，此后成为印度古典文学语言或梵文的雅语，其他方言则成为梵文的俗语。随着梵文的产生，有关的文法书和字典开始出现。公元前3世纪初，印度著名的学者波尼尼就编写过一部有关梵文的《文法》，并附有20 000个词根的词汇，还将文字规则归结为4 000个诗句。到了公元7世纪，梵文的字母体系最终完善地确立，其字母共有47个符号，其中元音14个，辅音33个，字母的次序按元音、辅音、发音部位与音的长短依次排列。梵文也是印度的宗教语言，最早的吠陀经文和佛教的经典都是由梵文写成。当时的印度人通常用桦树皮和棕榈叶作为书写材料。他们将树皮和树叶在阳光下晒干，切成长条并加以压平，然后用芦苇秆做笔，用灯烟或炭制的墨水来写作。此外，他们还以竹木、布等为“纸张”进行写作。

古印度最早的文学作品是婆罗门教的经典吠陀，在四部吠陀中，《梨俱吠陀》是对神的赞歌，大约在公元前1500年左右编成。在此后的数百年中，又相继出现了三部吠陀。《沙摩吠陀》是用作祭祀的歌集，《耶柔吠陀》则是祈祷词的汇编，《阿达婆吠陀》是驱邪治病的咒语集。吠陀虽然是婆罗门教宗教经典的汇编，但它们却包含了许多古代的历史传说、社会道德规范与生活习俗，其中还有不少具有很高文学价值的故事与诗歌。《梨俱吠陀》就有诗歌1 028首，这些诗既有歌颂天神因陀罗的英雄壮举的，也有颂扬大自然、针砭社会丑恶与抒发个人内心情感的，由此可见带有浓厚宗教色彩的吠陀有着重要的史料价值和文学价值。

史诗《摩诃婆罗多》被认为是世界上最长的诗歌，它的基本内容在公元前5世纪就已形成，后又经过加工润色，到公元前后才编定成书。这部著名的史诗共有18篇，10万颂（1颂为两行诗，每行16个音）。此诗中的“摩诃”是梵语“伟大”的音译，而“婆罗多”则是印度古代传说中的有名的国王，他的后代为婆罗多族。这部史诗通过对婆罗多族中俱卢与般度两大部落首领之间的“王位”争夺的记叙，有力地揭示了奴隶制国家的形成过程，形象地反映了古代的政治、军事和社会生活以及雅利安人进入次大陆后向东扩展的情景。全诗贯穿了数百个颇有鲜明性格的人物形象与大约200个故事，穿插了大量的神话传说、政治法律与哲学宗教之类内容的训导和格言，犹如一部包罗万象的百科全书。此外，诗中所叙述的内容情节曲折，脉络清晰，语言丰富而生动，是世界文学宝库中的一颗璀璨夺目的明珠。另一部史诗《罗摩衍那》大约成书于公元2世纪，全诗7篇，共24 000颂。其题目的梵语意思是“罗摩的游历”，主要叙述了乔萨罗王国之王子——英雄罗摩在继承王位中所经历的艰难曲折与磨难，歌颂了罗摩的高贵品德和英勇抗暴精神。这部史诗深刻地揭示了奴隶制国家在形成之初统治集团内部的王位之争，形象地反映了雅利安人向南扩展的历史情况，所塑造的人物形象饱满、栩栩如生，具有很高的文学价值。

(2) 太阴历与数字发明

在科技上，古印度的天文学、数学成就最为显著。在天文学上，古代的印度人民为了有效地进行农、牧业生产，注意观察天体现象的变化，逐渐积累起丰富的天文历法知识。早在吠陀时代，他们就已经测定了月亮的盈亏，后来又能识别除了日、月以外的水、金、火、土、木这五大行星，划分了28个星座，编制了天体图。他们根据月亮的盈亏而制定的太阴历相当精确：1年划分为12个月，每月30天，每5年1闰加上第13个月，并已经有了季节的划分，知道了夏至、冬至、春分和秋分等重要节气。在数学上，印度人发明了用10个数字符号（1、2、3、4、5、6、7、8、9、0）表示不同的数目，其原理是同一个数字因其所占位置的不同而表示个、十、百、千、万等，如果在某一位上没有数字，就在该位上用0。数字发明对后来数学的发展影响深远。除此之外，当时的印度人还知道了加、减、乘、除、开方和求立方根的方法，并且能解2次不定式方程，已经能准确地算出圆周率为3.1416，并有了三角学上的正弦表。

(3) 佛教艺术

古代印度的佛教艺术成就显著地表现在建筑雕刻上。现存的阿育王所建立的一些刊刻有诏令的石柱，从一个侧面反映了古印度建筑艺术的水平。这些以整块岩石雕刻的石柱有的高达15米以上，重达50吨，柱顶雕镂得相当精致华丽。阿育王时还建立了许多石塔，以藏佛舍利。其所建的桑奇大佛塔保留至今，是印度著名的圣迹，该塔形状如覆钵，顶立伞盖，并配有牌坊形的大门，其柱、梁上都刻有关于佛教传说的浮雕，并饰有药叉女神与狮、象等兽类的形象，堪称集古印度佛塔建筑艺术之大成。

石窟艺术是古印度建筑雕刻艺术的一大宝库，它的开凿始于阿育王，到了公元1世纪和2世纪，其规模逐渐扩大，雕饰增多，还出现了壁画。最为典型的是在公元2世纪至7世纪之间开凿的阿旃陀石窟，现存有29个窟，其中既有表现佛祖释迦牟尼种种表情的雕像，也有表现佛祖生平故事与印度古代人民以及宫廷生活的壁画，还有不少动物壁画，都显得栩栩如生，堪称世界艺术瑰宝。

贵霜帝国时期，佛教艺术在外来文化的影响下又有了新的发展。此时，波斯文化特别是希腊文化的东传，逐渐与印度文化发生了碰撞与融合，在此基础上于公元前1世纪酝酿出新的佛教艺术风格。它形成于犍陀罗（位于今巴基斯坦的白沙瓦及其毗连的阿富汗东部一带）地区，故被称为“犍陀罗艺术”。又因带有希腊文化的痕迹，它也被称为“希腊式佛教艺术”。它的最主要的艺术成就是佛像的雕造。在印度，对佛陀形象的早期塑画，仅仅采用象征手法来表示，如需出现佛的本人形象时，往往以脚印、莲花宝座、菩提树、佛塔等比喻。受希腊艺术的影响，此时所雕的佛像多刚健丰盈，富有表情，低级神灵与世俗人物的雕像更接近现实。此时的佛像有立像和坐像，在颜面与服饰上都类似希腊、罗马人，佛像大多面容慈祥，眉目清秀，体型修长（立像），面容、姿态与衣着的雕刻非常稳健而细腻。此时的佛塔建筑也有较大改观，一些佛塔寺院的建筑物都装饰着富丽堂皇的石雕和彩绘图像。犍陀罗艺术在公元5世纪受恹哒人的入侵和破坏而日益衰微，但它传播到中亚地区和中国后，对中国的新疆、敦煌、云冈的佛教雕刻与石窟艺术影响巨大。

思　考　题

1．略述古代东方文明的基本特征。

2．古埃及法老政教合一的专制政治传统有哪些表现？

3．试列举古埃及文明的主要文化遗产。

4．扼要分析古代西亚国家政治变迁的脉络与宗教信仰的演化趋势。

5．古代西亚对人类有何重要文化贡献？

6. 简论古代印度种姓制度的内容及其影响。

7. 试析佛教崛起与流播的基本原因。

8. 古印度的文化成就主要反映在哪些方面?

第三章

西方古典文明

“古典”为拉丁文 classicus 的意译，为“典范”、“典型”的意思。而西方古典文明，特指西方古代奴隶制社会文明，以区别于古代东方文明。西方古典文明包括希腊文明与罗马文明两大部分。希腊文明的根芽可以追溯到公元前 2000 年至公元前 1200 年期间出现的“爱琴文明”，大约到了公元前 5 世纪而达到繁荣，百余年后随着奴隶制“城邦”危机的加深而开始衰落，但于公元前 4 世纪中期开始的“希腊化时代”仍延续甚至一度发展。罗马文明大约在公元前 8 世纪至公元前 7 世纪就开始酝酿，到了公元前后“共和时代”与“帝国时代”的交替时期发展到高峰，在公元 3 世纪开始，随着奴隶制帝国的衰亡而终止。

一　希腊古典文明

1．古希腊城邦的“多中心”格局与海外殖民

古希腊文明是西方古典文明的典型。在外向、开放的海洋地理环境中产生的古希腊城邦的“多中心”格局与海外殖民，为古希腊文明的酝酿与发展，提供了一个肥沃而深厚的社会温床。

古希腊的海洋地理环境以爱琴海为中心，包括希腊半岛、爱琴海诸岛乃至小

亚细亚半岛的西部沿海地带。这一地区海陆交错，山岭重叠，爱琴海中的岛屿星罗棋布，总数达到480多个。与东方大河流域“沃野千里”的景色相异，希腊半岛多系贫瘠山地，夏季炎热干旱，没有较大的河流。但这里海岸线曲折，良港甚多，又盛产橄榄、葡萄等果品和大理石、陶土、金、银、铜等矿产。因此，古希腊农业不发达，却有着发展工商业的优越条件。在古希腊，最早的土著居民是皮拉斯齐人。大约在公元前2000年左右，属于印欧语系的游牧民族阿卡亚人、爱奥尼亚人、伊奥尼亚人等相继迁移到此，占据了不同的地区。大约到了公元前12世纪，北部的多利亚人又不断南侵，来到半岛定居。这些民族都自称是神明希伦（Hellen）的后代，即希腊人。他们大致有相同的语言、宗教与风俗，其长期的相互交流与融合，正是希腊文明酝酿的重要基础。在希腊文中，希腊意即希伦人居住的地方。

受地理环境的影响，古希腊人素以善于航海而著称，被称之为“海上居民”、“海上民族”。神秘浩瀚的大海与十分频繁的航海活动，既激起人们探求与开拓大自然的强烈欲望，陶冶其对外冒险扩张的民族性格，也使得他们能够不断地进行海外商业与殖民，与北非与西亚的文明圈进行广泛的文化交流。正是在这样的历史背景中，古希腊的政治文明史始终没有像古代东方大河流域的文明区那样形成“大一统”的君主专制集权的政治体制，而是呈现出诸多城邦在起源与发展上的“多中心”或“多元”演进的历史格局。在古希腊，城邦（polis）特指高于家庭、村落、部落之上的特定人群的联合体，即公民集体。它们常常以一个城市或城镇为中心，包括周围若干村落而组成小国寡民的城邦国家。这些城邦在内政、外交上都是独立的。尽管诸如雅典、斯巴达与科林斯等个别大城邦在某些特定的时期采取战争或和平外交的方式建立了某种政治同盟，取得了盟主的地位，但却始终没有设想或进行过旨在建立“大一统”国家政权的兼并战争。另一方面，在古希腊，也始终有一种无形而又牢固的文化纽带将诸城邦的“多中心”格局贯穿与维系在一起。由于城邦的起源、发展层次、社会制度与生产生活方式大体类似，经济与文化联系也十分密切，古希腊人有一种浓厚的“共同体”民族文化意识。各城邦的公民都有一种文明优越感，将自己称为“希腊人”，而把希腊文明圈外的人称为“野蛮人”。这一情况，实际上也与古希腊地理环境便于内部文化交流密切相关。地中海本来就属于内海，而爱琴海则是“内海中的内海”，其四周可以通过海道顺畅地进行联络。古希腊人曾经比喻说，爱琴海就像一个“大水塘”，而散布在其周围的希腊各城邦犹如一群青蛙。正是有了这一有利的环境，各城邦的文化沟通与思想呼应十分密切，由此而能够进行相互间的高度的民族认同与文化认同。也正因为如此，貌似一盘散沙且时有利益纷争冲突的希腊诸城邦，在受到外敌的侵犯时，常常能够团结起来，一致对外。

古希腊城邦的“多中心”格局，经历了一个较长的历史发展进程。早在大约公元前2000年至公元前1200年期间出现的“爱琴文明”，就已经显示出这一格局的轨迹。考古学的成果显示，在属于“爱琴文明”的“克里特文明”与“迈锡尼文明”中，随着青铜器的使用，原始社会逐渐解体，农业与手工业已经分离，阶级分化日益明显，在克里特岛与南希腊的迈锡尼曾经产生过一些以城市为中心的国家。公元前12世纪，原来居住在中希腊地区的多利亚人南下，征服了迈锡尼诸国。在此后的400年间，是古希腊从青铜器向铁器过渡的时代。反映这一时期希腊社会情况的是著名的《荷马史诗》，因此这一时期被称为“荷马时代”。

“荷马时代”的希腊社会曾经一度出现了历史倒退的局面。正处于原始社会解体阶段的多利亚人在南下的过程中，将他们的氏族部落组织移植过来，并实行原始部落特有的军事民主制。不过，随着铁制的斧、锄、矛、刀、犁、铲等生产工具的广泛使用，农业逐渐得以发展起来，工商业也开始萌发，最终导致了私有制的膨胀与阶级对立的产生，部落管理机构也就向国家统治机关演变。由此，在公元前8世纪至公元前6世纪期间，在平民与贵族的斗争中，诸多的奴隶制城邦国家纷纷建立起来。这些城邦大小不一，小者如厄其那只有100平方公里，大的如斯巴达也只有8 400平方公里，雅典则为2 250平方公里。雅典是个大城邦，但其在极盛时人口也只有40万人。

希腊城邦的“多中心”格局，在城邦海外殖民活动中也明显地反映出来。公元前8世纪至公元前6世纪，由于人口增加，土地有限，希腊人需要到海外拓展生存空间；而一些因土地兼并而破产的农民与在政治斗争中失意的贵族，也渴望到海外去寻找“乐土”，于是希腊城邦开展了大规模的海外殖民扩张活动。参加殖民的城邦约40多个，建立殖民城邦130多个。城邦殖民既是希腊文明成长的一大重要条件，也是它的发展与衍生形式。殖民者每到一地，立即驱赶或奴役当地居民，并按照母邦模式，建立新城邦，推行奴隶制，实行母邦的政治体制。不过，这些被“克隆”出来的子邦并不依附或从属于母邦，它们在与母邦保持经济、文化的密切联系的同时，却始终保持自己的政治独立。希腊的殖民城邦分布在地中海北岸、黑海南岸乃至埃及的尼罗河口，它们加强了希腊各邦与海外各地的商业往来，也促进了希腊与北非、西亚的文化交流。

希腊城邦国家的“多中心”格局，不仅表现在各城邦都是独立的政治实体上，而且表现在城邦不同的发展模式上。在城邦初期阶段，氏族贵族独自垄断了政权，社会生活领域中还保留了不少氏族制度的残余，这些都极大地阻碍了国家制度的建立与完善。在平民反抗与新兴的工商业奴隶主阶级夺权斗争的冲击下，在城邦统治者改革措施的推动下，希腊各城邦大体出现了贵族寡头政治、“僭主政治”与民主政治这三种政体形式，其中斯巴达与雅典为两种典型的社会发展模式。

斯巴达位于伯罗奔尼撒半岛的东南部，为多利亚人所建。大约在公元前9世纪至前7世纪期间，斯巴达人逐渐征服了当地的居民，建立了贵族寡头政治的城邦国家。斯巴达有两个国王，分别由两个大家族产生，大权则掌握在贵族组成的长老会议手中。还设有五名监察官，任期一年，负责监督和审判国王。公民大会并没有实际权力，形同摆设。

斯巴达人实行土地国有制，每个斯巴达家庭都可分配到一块份地，不得买卖、转让与分割，只能传给后代。耕种份地的希洛人是斯巴达人集体所有的农业奴隶，他们不能被任意买卖，除务农外，还要服各种劳役。

为维护国家安全，斯巴达推行军事化的教育制度，男性公民自从幼年开始，就要接受寒冷、孤独、饥饿的考验；到了20岁就入军营生活，30岁～60岁时期服常备兵役，忠诚与献身国家为其道德理想标准。严厉的军事教育还常常以残酷镇压希洛人为实战演习。每年的监察官上任都要首先举行对希洛人的“宣战”仪式，然后组织青年人到希洛人的住地侦察、搜捕与屠杀。

斯巴达人落后的社会制度与生活方式，严重地阻碍了工商业经济的发展，窒息了公民的文化艺术创造精神，但也培养了公民的高度爱国激情与英雄主义的精神，这使得他的军队在战争中英勇顽强，国家安全得到有力保障。此外，这也避免了斯巴达的社会成员快速地走上贫富分化与剧烈对抗的道路。因此，斯巴达仍然成为某些希腊思想家所向往的城邦政治模式，柏拉图的《理想国》中所憧憬的理想社会，就是以斯巴达作为其蓝本来加以勾勒的。

雅典在希腊文明圈中出于核心地位，雅典城邦的发展道路与斯巴达形成了鲜明的对比。雅典位于中希腊的阿提卡半岛，约在公元前8世纪形成城邦国家。此后，在以农民、手工业者为主体的平民斗争的推动下，雅典城邦当局不断推行旨在瓦解氏族贵族权势、确立民主政治与发展工商业经济的改革。尤以公元前594年的梭伦改革与公元前509年的克里斯梯尼改革最为著名。通过这些改革，彻底摧毁了氏族贵族势力，废除了债务奴隶制，确立了民主政治体制。由此，雅典走上了迅速发展的道路，成为希腊文明圈中具有举足轻重地位的城邦国家。

公元前6世纪后半期，波斯帝国与希腊城邦之间展开了大规模的“希波战争”，雅典在这场战争中充分扮演了希腊诸邦的领导者与主力军的角色，先是在公元前490年的马拉松之役中重创波斯大军，后来又于公元前480年在萨拉米海战中几乎全歼波斯舰队。此后，雅典还与爱琴海各岛屿及已经解放了的小亚的希腊各城邦组成“提洛同盟”，最终将波斯的势力赶出了爱琴海与黑海，确立了其在东地中海的霸权。这一结局，为希腊诸城邦特别是雅典城自身的发展创造了更有利的环境。此外，“希波战争”更使雅典公民的爱国精神得到巨大升华，参政议政的意识进一步强化，由此促进了雅典民主政治的高度发展，进入到极其兴盛的“伯里克利时代”。伯里克利任雅典首席将军期间（公元前 443～前 429 年），雅典奴隶制城邦民主政治空前发展，尽管它的构建与实施有着诸多的历史局限性，但却有力地协调了城邦不同阶层公民之间的利益，比较充分地调动了公民参政议政的积极性与主动性，为希腊古典文明的发展与繁荣铺垫了深厚的社会土壤。

2．希腊“古典奴隶制”经济的繁荣

希波战争后，经过几个世纪发展的“古典奴隶制”经济，在雅典、麦加拉、米利都和叙拉古等工商业兴盛的城邦趋于繁荣。

债务奴隶制的废除，使希腊人奴役本族的悲剧成为历史，从此走上了“古典奴隶制”的道路。各城邦的奴隶来源于战俘、掠夺与拐卖，数量很多。奴隶被广泛地使用在农业生产、矿山与工商业等许多领域，有的部门更是大规模地集中使用奴隶。在雅典著名的劳里昂银矿，就有 2 000 名奴隶劳动。奴隶的处境十分悲惨，没有人身自由与任何财产，更不能组建家庭。他们被主人当作财产，可以被任意处置与杀害。

被残酷奴役的奴隶阶级是希腊城邦社会生产的主要担当者，他们与广大小农、工商业者的物质生产劳动，构成了希腊古典文明繁荣的基础。当时，农业生产技术有了较大的进步，使用了作物轮种法与人工施肥。葡萄、橄榄等经济作物的栽种呈现出园艺化的趋势，促进了葡萄酒、橄榄油等商品的生产。手工业的发展更是迅速，在雅典就有 20 多种行业，内部的分工相当细致。各个城邦都有其驰名的手工业部门。雅典的制陶、冶金与造船，米利都的纺织与家具制造都很发达。在商业上，海外贸易特别兴旺。雅典成了当时整个地中海的贸易中心，它的良港皮雷埃乌斯港发挥了作为商品进出口基地的作用。埃及、西西里与黑海沿岸的谷物、皮革与牲畜，米利都的羊毛，波斯与迦太基的毛毯，马其顿与色雷斯的木材、大麻与亚麻织物，阿拉伯的香料，非洲的黄金与象牙，印度的宝石与胡椒，北欧的琥珀以及各地的奴隶，都大量地进口到雅典。而雅典的出口商品也不少，主要有葡萄酒、橄榄油、陶器、金属制品及铜、铅、银、大理石等矿产。有的商品进口后，再由雅典转销到其他城邦。随着商业的发展，一些城邦还出现了金融业，从事借贷、抵押与汇兑业务。不过，古希腊城邦的商品经济的发展并没有完全改变它们以农为本的自然经济的基本面貌，像雅典这样的商品经济占有相当比重的城邦，毕竟只是少数。

3．古典文明东渐的“希腊化时代”

希波战争后，以雅典为首的“提洛同盟”与以斯巴达为首的“伯罗奔尼撒同盟”，由于利益冲突而发生“伯罗奔尼撒战争”（公元前 431～前 404 年）。战争成为希腊城邦由盛转衰的历史转折点。战争之后，希腊奴隶制城邦的各种社会矛盾激化，面临着严重的“城邦危机”，公民的进取与开拓精神渐渐窒息，希腊文明在本土赖以存在与发展的社会基础瓦解。公元前 4 世纪，兴起于希腊北部的马其顿王国乘机开始入侵，逐渐将整个希腊置于其统治之下。

为了缓和希腊城邦内部的重重矛盾，马其顿国王亚历山大在希腊奴隶主贵族的支持下，于公元前 334 年率领马其顿—希腊联军向中近东地区发动了大规模的军事征服。经过三年多的战争，最终灭掉了波斯帝国，建立了一个以巴格达为都城，地跨欧、亚、非三洲的大帝国。不过，这个帝国在亚历山大病死后不久就分崩离析，由其几位大将分别建立了各自的王朝，在两河流域、埃及与小亚等地区形成了一系列的希腊化国家。

亚历山大的远征及其所建立的帝国虽然只是昙花一现，但却开创了一个希腊古典文明向东流播的历史时代——“希腊化时代”。亚历山大大帝国西起希腊、马其顿，东至印度河流域，南临尼罗河第一瀑布，北达多瑙河。帝国分裂后又形成一系列的希腊化国家。在这一新的政治地理范围中，希腊文明逐渐向东扩展，并与东方文明进行了多层面多角度的相互交流与融合，由此而揭开了人类文明史上的新篇章。

在政治方面，亚历山大等希腊—马其顿统治者在埃及、叙利亚、两河流域以及小亚、中亚等原属于东方文明的地区，采纳了东方的君主政治，有的还鼓吹“王权神授”的说教，并力图建立中央集权的国家制度。但另一方面，他们在东方专制主义的体制中也融进了希腊古典的城邦自治的政治传统。亚历山大在东征过程中建立了许多以他的名字命名的城市。这些城市的产生本身就是希腊城邦海外殖民精神再现的产物，它们虽然是为君主的军政需要而建立，但其中的居民大多数是希腊人，可以按照公民的身份与资格享有一定程度的自治权与免税特权。它们在传播希腊文明方面扮演了“桥头堡”的角色，发挥了重要作用。

而在经济方面，地跨欧、亚、非三洲的希腊化世界，以及众多的希腊人的自治城市，在很大的程度上突破了由于民族隔阂和国家对立所造成的壁垒，促进了东西方贸易的不断扩大与经济技术的密切交流。在希腊人的城市中，基本上是按照自己传统的方式来实行奴隶制的商品经济。此外，希腊统治者还改变了东方君主在国库中储藏金银的习惯，将它们拿出来铸造成货币，直接投入流通领域，有力推动了商品经济的发展。

在民族融合方面，“希腊化时代”也产生了某些积极的效应。亚历山大在征服后，为了巩固统治，尽量地遵守当地的风俗习惯，他将作为胜利者标志的马其顿帽换成波斯人的头巾，并娶波斯公主为妻。他手下的80多名文武大臣也纷纷效法，娶了东方显贵的女儿为妻，并且按照波斯人的习俗举行了婚礼。在此影响下，亚历山大的军队中大约有10 000名将士娶亚洲女子为妻，这一现象被后人称之为著名的“欧亚联姻”。这些措施，在促进东西方民族融合上迈出了历史的一大步。

在文化方面，东西方文化的交流与融会是“希腊化时代”最为突出的成就。此时，希腊本土诸城邦早已深陷危机，文化与科学失去了其赖以植根的社会土壤，但它们却在东方的希腊化世界找到了继续发展与繁荣的适宜条件。原先希腊人也曾经通过其在小亚的城邦与东方有些文化交流，而此时，希腊文化更是通过征服与殖民的方式直接传向东方。在安息、健陀罗、大夏等地区，文化的发展由此被打上了希腊文化的烙印。当代考古学家在阿富汗东北边境的阿伊哈努姆遗址的发掘表明，这是一座公元前4世纪末的希腊人的城市，城中不仅有希腊风格的神庙、广场、宫殿与体育馆，而且还存在着希腊文的戏剧与哲学方面的手稿。尽管希腊文化在东方的植根基本上还局限在城市，但它的影响却是深远的。另一方面，由于充分地吸收了东方文化营养，希腊文化得以进一步发展，在自然科学与工程技术方面尤显突出，从而使它再次显示出巨大的魅力。亚历山大东征时，一些希腊学者也随之来到东方，搜集资料，采集标本，描述山川风物人情，将神奇的东方介绍回去，这样就扩大了希腊人的视野，加深了他们对东方的了解。一些希腊城市更是发展成为当时地中海东部的著名的经济与学术文化中心。埃及的亚历山大里亚在希腊统治者的支助下，建立了规模宏大的图书馆，其中藏有大约50多万卷各类著作与文稿，各地区的学者文人纷纷来这里进行研究和讲学，产生了大量富有价值的文化成果。总之，在“希腊化时代”，希腊古典文明不断向东流播与延伸，东西方文明相互碰撞与交融，大大地推动了人类文明史的发展进程。

4. 古希腊人“多神”崇拜与“神人同形同性”的宗教信仰

古希腊人盛行的是“多神教”的神灵崇拜，这一崇拜起源于氏族部落时代，但它也是外向、开放的地理环境和城邦“多中心”格局在宗教观念上的反映。古希腊的宗教信仰有着自己的特点。它没有形成一个教会组织与教士阶层，大型的神庙由城邦修建并派人管理。尽管神庙中也有少数男女祭司负责照看圣火、传递“神谕”、接待朝拜者等事宜，且受到世人的尊重，但他们对社会政治生活与文化活动却没有多大的干预权。然而，宗教思想对城邦意识形态却有着相当大的影响，人们都信奉各种神特别是本城邦的保护神，亵渎神灵被视为严重的罪过，会遭到城邦政府与民众的惩罚乃至被判处死刑。当然，受商品经济的影响与古典“人文”精神的熏陶，希腊人并没有将人与神作一截然的划分将二者对立起来，其宗教信仰与神学蒙昧主义、禁欲主义还有一段较大的距离，对人的价值与人的欲望给予了较多的认同。

希腊宗教观念的起源十分久远。早在远古时代的希腊神话中，希腊人就勾勒出一幅世界起源与诸神统治的景象。自“荷马时代”开始，古希腊人形成了对“奥林匹斯诸神”的宗教信仰。他们认为，希腊北部奥林匹斯山上有一个“奥林匹斯诸神”的世界。宙斯是众神之王，掌管天地万物。宙斯的妻子赫拉则是掌管天空的女神，宙斯的弟弟波赛东是海神。宙斯之子阿波罗则最为有名，他兼管文艺、医药、预言、航海与保护正义等，被视为太阳神。古希腊盛行对阿波罗的崇拜，有关他的神话很多，在不少城邦都修建有阿波罗神庙，其中特尔斐的阿波罗神庙的影响十分巨大，许多城邦政府与个人都常常要在这里向庙中的祭司乞求所谓的“神谕”。宙斯的女儿雅典娜女神也很有名，她被视为智慧女神。按照神话传说，雅典娜以自己的非凡智慧，向希腊人传授了纺织、冶铸、车船与农具制造、家畜饲养乃至雕刻等各种技艺，因此她受到人们的极大崇敬。雅典更将她看作是本城邦的保护神，在雅典卫城的山上为她建有壮丽辉煌的神庙。此外，还有战神阿瑞斯、月亮女神阿尔蒂密斯、爱神与美神阿芙洛底乃、酒神狄俄尼索斯等许多神。

受城邦古典“人文”精神的熏陶，古希腊宗教信仰带有其独特的“神人同形同性”的特征。在他们看来，神与人的区别在于神能长生不死、最有威力、最具智慧与最为健美。除此之外，神不仅与人的形体外貌相同，而且在生活方式与思想情感上都与人无异。神也有七情六欲和喜怒哀乐，神也结婚生子，神也具有人的个性、优点与缺陷。“神人同形同性”的宗教信仰，使得希腊诸神的形象富有人的气质与人的韵味，由此而留下了许多美丽动人的具有浪漫主义与现实主义色彩的神话传说，为文学艺术的创造提供了丰富的形象思维与文化资源。另一方面，这也使希腊人比较少地受到宗教蒙昧禁欲主义枷锁的桎梏，能以饱满的人文情感与创作激情去从事各种文化活动。

“神人同形同性”信仰熏陶了城邦的社会生活。对神的赞颂与对人本身的美化常常结合为一体，宗教祭祀则与更多地满足人的现实生活的需要相联系。因此，在古希腊，城邦组织的各种宗教节日庆典层出不穷。一些重要庆典中还要举行大型的体育竞技活动。著名的奥林匹克运动会的发端就是一个典型。当时，希腊的奥林匹亚是宙斯大庙的所在地，公元前776年举行的奥林匹克运动会，实际上也是希腊诸城邦祭祀奥林匹斯诸神的一次盛大的宗教节日庆典。这一盛会此后每4年举行一次，在当年的7月进行，会期最初为1天，后来逐渐定为5天。在比赛开始前，要举行隆重的开幕仪式，与会者都要瞻仰神庙，祭祀神灵，并进行宣誓。比赛的项目较多，有赛跑、赛马、赛车、跳远、摔跤、掷铁饼、投标枪、格斗等等，比赛结束后要举行闭幕式，向优胜者颁发奖品。这一盛会还定出全希腊个城邦都必须遵守的共同的和平宗旨，规定盛会期间实行“神圣休战”，禁止各邦之间进行战争，任何城邦都不得侵犯奥林匹亚这一圣地，所有参加盛会人员都受到“神”的庇护，享有人身不可侵犯的权利。在运动会期间，还举行诗歌、演讲比赛与商品交易。奥林匹克运动会是希腊民族密切联系的重要文化纽带之一，它有力地促进了各城邦之间的经济联系与文化交流，促进了各个城邦的公民体质的提高与竞争精神的培养。

5. 古希腊人的文化贡献

(1) 文字、史诗、寓言、戏剧与历史著作

早在爱琴文明时期，希腊人就讲同一种语言——属于印欧语系的希腊语，而且也开始了文字的发明，有了图画文字与线形文字A和线形文字B。大约到了公元前900年左右，希腊人根据传入的腓尼基字母创造了24个希腊字母。在创制文字的过程中，他们发现腓尼基字母中缺乏代表元音的字母，但却有少数字母代表希腊语所没有的辅音，于是对其加以改造，逐步完善了其拼音文字。这种拼音文字开始只是用在商业活动上，在公元前700年前后，才逐渐依次在政治与文化活动中使用。到了罗马时代，罗马人又在希腊字母的基础上创造了拉丁文，拉丁文渐渐成为西欧、北欧各国文字的鼻祖，但希腊字母并没有因此而消失，它传播到拜占庭与东欧，也产生了重要的文化影响。

在文学上，古希腊人的显著成就以史诗与戏剧为甚。《荷马史诗》是古希腊早期文学作品的代表作，相传是公元前9世纪～前8世纪的盲诗人荷马所作，但很可能是许多行吟诗人对民间流传的故事、民歌进行加工创作的产物，在公元前6世纪成为定本。这部史诗分为《伊里亚特》和《奥德赛》两部，各有24卷。《伊里亚特》有15 000多行诗句，它以“特洛伊战争”为题材，主要讲述了希腊人对小亚细亚的特洛伊城作战到第十年的最后一个多月里所发生的围绕希腊联军

统帅的事情，但却较充分地展示了迈锡尼时代希腊人的社会生活。这部史诗以浪漫主义与现实主义相结合的笔调，将古希腊的神话与历史事实融为一体，构思精当，语句洗练优美，堪称世界文学史上的不朽名著（图3—1）。

图3—1 特洛伊战争

到了公元前8世纪～前6世纪，希腊文学呈现出多样化的发展趋势。在《荷马史诗》的影响下，诗歌成为文学创作的主要形式，抒情诗、讽刺诗等逐渐盛行。另一方面，也出现了以寓言为形式的创作，产生了著名的《伊索寓言》。这部寓言集是一部以讽喻性、规劝性的小故事为主的故事集，传说是由曾经是奴隶后来成为自由人的伊索编撰而成。该书包括约400个简短的故事，形象深刻，语言生动，是西方文学史上的一朵奇葩，对后世影响很大。

到了公元前5世纪，悲剧与喜剧的创作繁荣起来。其时，随着奴隶制经济的发展与雅典民主政治的形成，公民文化生活需要日益扩大。雅典的公民大会常常讨论戏剧问题，城邦政府也组织戏剧上演，为优秀剧作颁发奖品，甚至为观剧的公民发"观剧津贴"。雅典的狄奥尼索斯剧场是一座规模庞大的露天剧场，可以容纳30 000名观众。在具有广泛群众性的基础上，一批著名悲、喜剧作品从民间节日歌舞与祭祀的表演中发展起来。当时，雅典产生了著名的三大悲剧作家。其中爱斯奇里斯（公元前525～前456年）是悲剧体裁的奠基人，他一共写了90部悲剧，流传下来的仅有7部。《被囚的普罗米修斯》是他留下的一部经典性的作品。该剧根据神话传说颂扬了普罗米修斯这位英雄阻止宙斯神毁灭人类、从天上将火种偷给人间并且为人类饱受苦刑的壮举。这些作品使得爱斯奇里斯赢得了

“悲剧之父”的誉称。另两位悲剧作家索福克利斯（公元前496～前406年）和欧里庇得斯（公元前485～前406年）都创作了许多优秀的悲剧作品，但大多都已经散失。在喜剧方面，阿里斯多芬（公元前450～前338年）最为有名。他共写了44部作品，流传下来的仅有11部，以《云》、《骑士》为其代表作。他的剧作都取材于现实生活，对社会不平等现象给予了一定的揭露。其作品诙谐幽默，寓意深刻。他被誉为“喜剧之父”。

自公元前5世纪始，随着城邦文明的发展与繁荣，希腊的历史学逐渐成长起来，相继产生了一些名家与名著。希罗多德（公元前484～前424年）是古希腊的第一位伟大的史学家，他撰写的《历史》一书，虽以希腊与波斯的战争进程为主要线索，但却涉及了埃及、巴比伦、叙利亚、波斯等不少地区的历史，涉及了政治、经济、军事、外交乃至山川地理、民族风俗与宗教信仰等诸多方面。此书史料十分丰富，重视历史的垂训功能。这部著作也存在着一些缺陷，如常常认为有神灵主宰人事，将一些传说误作历史事实等。尽管如此，该书仍不失为西方第一部比较完备系统的历史著作，希罗多德也因此而被后人誉为“史学之父”。稍晚，雅典的历史学家修昔底德（公元前460～前411年）撰写出《伯罗奔尼撒战争史》，按照年代顺序比较完整地叙述了这场战争的历史进程。全书构思精当，叙述客观，分析缜密，反映了作者严谨的治学精神与实事求是的科学态度。当然，这部史书也有一些缺陷，如也用抽象的“人性”来解释历史现象，记时不够精确等。

(2) 古典哲学流派

古希腊是西方哲学的故乡，其哲学在当时与其他学科交织在一起，被称为统摄群学的学问，哲学家往往同时也是自然科学家或其他学问家。当时的学者在探讨“宇宙本体”或“世界本原”时，或着力于对客观事物现象的解析与对事物发展变化的互动性论证，或注重对客观世界背后的所谓“精神世界”的探讨，不仅建构了诸多的哲学范畴、概念体系，而且也创造出一套归纳、演绎与逻辑推理的哲学方法。所有这些，都表明古希腊人认知能力与思维能力上已经达到了一个相当高的层次，对西方后来的思想文化产生了深远的影响。

米利都学派是古希腊最早的唯物论学派，其代表人物泰勒斯（公元前624～前548年）精于天文、数学，撰写了古希腊的第一部哲学著作《论自然》，认为宇宙的“本源”是水，水可以变成固体，又可以化作液体和气体，并且在变化中形成各种事物。出身于小亚西岸的以佛所贵族之家的赫拉克利特（公元前540～前470年）则是一位具有辩证法思想的唯物论者。他认为世界的“本源”是更加生动、更善于变化的火，由火变成万物，再由万物变成火都是按照必然的规律即

“逻各斯”进行的。他还明确地提出，事物内部的矛盾斗争导致了事物的不断变化，“一切皆流，一切皆变”，因而被称为辩证法的奠基人。

稍后出现的毕达哥拉斯学派，则以“数”为宇宙的“本源”，是宗教神秘主义与哲学、科学思想的奇特的混合体。这一学派认为，世界万物的“本源”都是数，数的原则统御着宇宙中的一切现象。一切数都从一开始，从数产生出点，从点产生出线，从线产生出面，从平面产生出立体，从立体产生出水、火、土、气四种物质元素，再从这些物质元素中产生出万事万物。此外，他们还宣扬“灵魂转世”说。毕达哥拉斯学派将抽象的“数”看作是绝对而神圣的世界“本体”，是一种客观唯心主义的宇宙观。但他们认识到了存在于客观可感事物中的数的规定性与数学知识的可靠性、演绎性与其应用的广泛性，这对自然科学发展有着相当大的积极意义。

自公元前5世纪开始，随着希腊本土奴隶制城邦的发展繁荣与城邦内部社会矛盾的逐渐显现，希腊哲学家除了继续从自然哲学的理路来阐发有关学说外，还注重从人的主观世界的角度来探讨客观世界的本源及其变化。由此，希腊的哲学思想日益理论化与系统化。著名哲学家德谟克里特（公元前460～前370年）阐发的“原子”论，是此时主要的唯物主义哲学思想。他认为，世界万物是由“原子”组成的。在客观世界中，只有原子和虚空，这两者都是一种存在。原子在虚空中运动，结合起来就形成各类物体，甚至人的灵魂都是原子构成的。原子的分离，就是物体的消失。德谟克里特的“原子”论是当时唯物论的最高成就，他用原子来说明客观世界多样性的现象的统一基础，这是对客观世界认识深化的表现。不过，他的“原子”论缺乏实验科学基础。此外，他在以原子运动来说明事物产生与演变的必然性时，完全否认了偶然性的存在，这就给后来的唯心论者造成了可乘之机。到了“希腊化时代”，“原子”论又被著名思想家伊壁鸠鲁（公元前341～前270年）进一步发展。他认为，原子不仅有形状与大小的不同，而且在重量与体积上也有差异。因此，原子在虚空中除了进行垂直运动外，还作倾斜运动，造成了相互之间的碰撞与结合，由此而形成了世界万物，就连神也是由原子构成的。这样，他既用物质运动来说明了世界的本源，也为事物产生与演变的偶然性找到了依据。

公元前5世纪后还产生了古希腊最著名的唯心主义哲学家柏拉图（公元前427～前347年）。在柏拉图生活的时代，希腊哲学出现了相对主义与怀疑主义的倾向，认为客观世界的存在与否，取决于人自身的主观感觉。苏格拉底就反对注重研究客观世界，认为那是人不可能认识的“神的领域”。他提出了“认识你自己”的命题，要求人们认识自己的内心世界，从“自我”来说明外界的事物。这种以“自我”为思考尺度的取向，直接影响到柏拉图的理论。

柏拉图继承以往诸家唯心学说，创立了客观唯心主义的“理念”论哲学体系，他认为，“理念”的精神世界高于现实世界，并先于现实世界而存在。变幻无常的现实世界虽然可以被感知到，但它是对理念世界的模仿或摹写。他还将理念分为几个层次，认为作为最高级的“理念”的“善”，是创造世界的原动力，这实际上是神的化身。柏拉图的“理念”，是将人们从具体事物中抽象出来的普遍的概念加以绝对化的产物，脱离具体事物的个性来阐发共性当然是错误的。但他把认识的目的确定为认识一种超感觉的抽象的存在，引导人们不满足于感官的认识而去深入探究物理，从经验的认知方式向更高层次的认知方式迈进，这无疑会促进人们探求宇宙、自然与人本身的奥秘。而这一“理念”论所带有的神秘主义色彩，对后来的基督教神学也产生了深远影响。

稍后，百科全书式的著名学者亚里士多德（公元前384～前322年）在批判柏拉图“理念”论的基础上提出了著名的“实体”论。他认为，客观物质世界是真实的存在，这就是事物的“实体”。实体包括第一实体和第二实体。第一实体，即个别具体的事物，如某个人、某匹马等。第二实体则指第一实体中的属或种，如人、动物等。这两种实体是相互联系与依存的，具体事物显示出共性，但共性只存在于个别具体事物之中。不过，受柏拉图的影响，他认为还存在着所谓的“第三实体”，即一种非物理的、永恒不变的实体，其实就是神。他在探求事物变化的原因时，提出了形式高于并决定物质的所谓“四因”说，断定在客观世界的背后还存在着一个“不受动的使动者”来推动宇宙万物的形成与变化。他说的“形式”，实际上就是柏拉图“理念”的翻版。亚里士多德的“实体”论动摇在唯物论与唯心论之间，但最终仍然滑向唯心论的范畴。

(3) 城邦政治思想

与奴隶制城邦制度的历史变迁相一致，古希腊的社会政治观念也经历了一个逐渐发展的过程。希腊城邦兴起后，古希腊人对城邦政治的原则、公理等产生了各种见解，提出了有关“正义”、“公正”、“民主”、“法治”等原则，旨在规范政府与公民的行为，确保公民的经济与政治权利。随着希腊城邦制度诸种社会矛盾的日益尖锐与激化，一批学者和哲人开始关注城邦的命运与前途，逐渐酝酿出系统化与理论化的社会政治思想。

柏拉图是西方第一个系统探讨社会政治的思想家，他在《理想国》一书中从“正义”的概念出发，采用抽象的推理与演绎来论述自己的政治主张。

实现“正义”的理想国，是柏拉图的整个社会政治学说的基始和归宿。基于哲学上的“理念”论，他认为，“正义”就是人类关系的和谐，是多数人利益的体现，是人类最崇高的美德，因此“正义”就应当是国家的崇高理想。他还认为，国家有“统治”、“保卫”和“生产”这三方面的需要，与此相应，社会也划分三个等级来承担不同的责任。第一等级是代表“理性”、具有“智慧”美德的统治者。第二等级是代表“意志”、具有“勇敢”美德的保卫者。第三等级则是代表“情欲”、具有“节制”美德的生产者。柏拉图还为这一等级制度披上神命和世袭的外衣，声称神用金、银与铜铁三种不同的质料分别创造了这三个等级，使得他们之间就有了高低贵贱之分，而且各个等级的身份与地位是世代相传、世袭不变的。通过对社会等级制的划分与论证，柏拉图指出，“正义”就是这三个等级各得其所、各守其序、各司其职并通力合作，达到高度的和谐一致。这样，整个国家就是一个符合“正义”的理想国。柏拉图的“理想国”学说旨在缓和奴隶主贵族与平民之间的尖锐矛盾，并在希腊恢复贵族寡头政治统治，这在当时是极不现实的幻想。他的这一政治蓝图，是斯巴达的贵族寡头政治的一个理想翻版。

亚里士多德是西方政治学的鼻祖。他的《政治学》一书，将政治学与伦理学从体系上分离开来，开创了政治学这门学科。在此书中，他在对希腊100多个城邦政制进行比较研究的基础上，阐发了完整系统的政治思想。亚里士多德提出，人类天生就是政治动物，具有合群的本性。而国家正是根据人类这种本性的要求而建立起来的，经历了从家庭、村坊到城邦国家的演进过程。任何人只有在城邦中才能幸福生活，凡是脱离城邦的人，非神即兽。他宣称，国家是最高、最广泛的社会团体，它的目的，就是要实施最高、最广泛的善业，使公民在道德情操、物质财富与体魄上的需要都得到良好的实现。亚里士多德还对各种政体进行了比较细致的分类，主张实行以中产阶级为政治基础的共和政体，并提出了财产私有公用、公民轮流执政、法治等几项重要的政治原则。他的政治学说幻想通过稳定中小奴隶主阶层的地位来挽救当时严重的“城邦危机”，这是不切实际的。但他排除了神灵的意志在城邦政治中的作用，他的从事实中归纳与阐发出理论的方法，他的共和政体的主张，有着重要的学术和思想价值。

到了古希腊城邦末期，社会政治思想有了更明显的变化。这一时期，由于城邦奴隶制的内在尖锐矛盾，特别是由于马其顿王朝的武力征服，希腊古典城邦实际上已经土崩瓦解。在此情况下，原来的那种公民与城邦国家密不可分的关系消失了，处于“被征服者”之屈辱地位的希腊奴隶主阶级，一时陷入了消沉、悲观甚至绝望的境地，他们的思想家不再对公民的道德规范与城邦政治的兴衰感兴趣，而把精力集中在探讨人生的目的和新形势下个人与国家的利益关系上。在此情况下，伊壁鸠鲁在西方历史上第一次明确提出了有关“社会契约”的政治观。

他认为，人生的目的是追求快乐和幸福，但人的自私本性又与人生的目的相违背。为此就需要缔结避害而互利的契约，使每个人都尊重别人的权利和利益，进而通过契约的方式成立政府，来进行社会管理。因此，国家是社会契约的产物，其目的是保障公民过上幸福生活；每个人在追求个人利益时都不应当破坏社会和国家的利益，但如果国家不能保障个人的幸福，个人就可以不服从它。显然，他的“契约”旨在既反对马其顿人的武力征服，又要求马其顿人要以保障希腊人的利益为统治目的。这当然不能正确阐明国家产生的真正根源与国家的阶级实质。

此时的斯多葛派则提出了自然法政治理论。斯多葛派由著名学者芝诺（公元前 336～前 264 年）创立。他曾在雅典开办一所学园讲学，这所学园的厅堂从一彩画柱廊（希腊人称此类柱廊为“斯多亚”）进出，他的学派因此而得名。斯多葛派反对伊壁鸠鲁的“快乐”论，鼓吹禁欲主义的伦理原则。在政治上，他们认为，“自然法”是正义和理性的普遍体现，是一切个人和国家都必须遵循的法则。无论是文明人还是野蛮人，都有自然法赋予的同样的理性，原本就彼此平等。只有消除人间存在的对立和差别，使所有的人都组成一个共同体社会，才符合自然法的精神。这一政治理论反映了希腊奴隶主阶级的迫切愿望，即要求外来征服者重建一个合理的社会秩序来确保他们的既得权益。他们的学说突破了古希腊的城邦政治理论模式，带有世界主义的浓厚色彩，为马其顿和罗马建立大帝国提供了理论依据。

（4）天文学、数学与地理学

古希腊的自然科学萌发在城邦形成时代。早在公元前 7 世纪后期，泰勒斯就对天文学有了精深的研究。他曾经预报过日食，并指出小熊星是航海的指南，由此而被誉为西方天文学的鼻祖。稍后的毕达哥拉斯则精于数学与天文，他提出了几何学上“毕达哥拉斯定理”，并且把数学知识运用到天文学上，认为地球、天体和整个宇宙是一个圆球，其中央是火，而地球则是沿着轨道环绕着火这个中心运行的星球。这一假说被视为是“太阳中心”说的最早猜测。德谟克里特曾经研究过天文、地理、物理、气象与生物，在数学上更有成就，提出了圆锥体、角锥体和球体体积的计算方法。

到了“希腊化”时代，希腊文化也就处在东方文化特别是东方古老的自然科学的直接熏陶之下，一批学者逐渐迈上了科学研究专门化的轨道，在天文、数学、物理学、力学和医学等领域都获得了丰硕的成果。在亚历山大里亚，数学家欧几里得（公元前 370～前 275 年）的《几何原本》一书，将各种定理、命题与论证按照逻辑来加以排列并加以简洁的表述，为几何学奠定了基础。叙拉古的著名数学家阿基米德（公元前 287～前 212 年）是力学与流体力学的创始人。他发现了比重定理，论证与发展了机械学的基本原理特别是杠杆原理，后来被叫做“阿基米德原理”。旅居亚历山大里亚的阿里斯塔克（公元前310～前230年）创立了太阳系学说，认为地球每天绕着太阳自转一周。在地理学上，埃拉托斯特尼则著有《地理学概论》，提出印度洋与大西洋相通，并主张地圆说。所有这些成就，对日后西方自然科学的发展产生了深远的影响。

(5)“迷宫”、神庙、卫城与建筑雕刻艺术

早在爱琴文明时代，希腊人的建筑和雕刻已颇有成就。克里特岛上的米诺王宫大约建于公元前20世纪初期，占地约两公顷，王宫的建筑结构也十分复杂，庭院宽阔，楼梯与台阶众多，通道走廊纵横曲折，墙壁上绘有各种栩栩如生的彩画，犹如神话传说中的“迷宫”。迈锡尼城邦约在公元前15世纪修建的石头大城堡的狮子门，由3块巨石构成，门宽3.5米，上面的过梁也是一块粗厚的横石，梁上则安放着一块巨大的三角形石块，其间镶嵌了一块浮雕石，上面刻有一对相视而立的雄师，形态威猛，象征着统治权力。整个建筑牢固如铁，气势雄伟。

随着希腊城邦的发展与繁荣，到了公元前6世纪～前4世纪，希腊的建筑与雕刻艺术发展到相当高的水平。此时希腊的公共建筑主要是神庙、剧场、市场和体育场所等。与古希腊“多神”崇拜的宗教信仰相应，古希腊人常常认为许多事物与重要或美丽的地方都有特定的神灵掌管，并且为之编撰了许多多彩动人的故事，这也使得神庙成为古希腊大型建筑的主要形式。古希腊的建筑家和艺术家们广泛地吸收东方建筑艺术的营养，经过长期的实践，不断地探索与创新，修建了许多气势宏伟、富丽壮观的神庙。建神庙的一大目的当然是为了供奉与祭祀神灵，乞求神灵赐福消灾。但神庙建好后，又往往成为城邦公民举行节日庆典与活动的地方，甚至成为公民集会讨论国家事务的重要场所。因此，神庙的意义已经远远超出了它的宗教范围，兼为社会公共生活的中心，由此而成为希腊城邦的象征。

广泛地运用石头柱子是古希腊神庙的一大特征。庙宇的基石、柱子和盖在它的上端的檐部处理，基本上决定了神庙的外貌。经过长期的演变与发展，古希腊的神庙建筑形成了不少各具风格的石柱样式。多利亚式庄重朴实，雄浑厚重，主要流行于希腊半岛南部、中部、西西里岛与意大利南部一带的奴隶主贵族统治的城邦。爱奥尼亚式则以秀丽典雅著称，主要流行于希腊的阿提卡半岛、爱琴海诸岛与小亚西岸的实行工商业奴隶主民主制的城邦。而科林斯式则是在爱奥尼亚式的基础上发展起来的，附有不少更为精美的装饰。这三种式样，对以后的西方建筑风格产生了深远的影响。

在古希腊，神庙并不是一个单一与孤独的建筑，而常常是一个大的建筑群的中心。此外，神庙也并非完全都属于某个城邦所享有，有的逐渐取得了全民族的

意义，成为全体希腊人民崇拜的圣地，成了古希腊文化与宗教信仰的象征，诸如德尔菲的阿波罗神庙、奥林匹亚神庙等等。

雅典的卫城建筑群集中地体现了古希腊高度的建筑艺术。该建筑群大多在公元前5世纪建成。卫城坐落在雅典城中心的一个小山顶上。这个山顶地势较平缓，东西长约280米，南北最宽处为130米。祀奉雅典城的守护神雅典娜的帕提侬神庙（“帕提侬”意思为“处女宫”，按神话传说，雅典娜女神终身未婚），是整个卫城建筑群的中心和精华。它雄踞山颠，气势十分雄伟。它采用了雄浑厚重的多利亚柱式风格，整个庙宇都用白色的大理石砌成，再配以用镀金作装饰的青铜门，柱头与整个檐部包括雕刻则以红色与蓝色为主，并且间杂着金箔，显得金碧辉煌，富丽堂皇。在此庙宇内，则安放着用黄金、象牙雕刻的雅典娜女神像以及许多反映希腊神话传说与节日庆典的浮雕，形象栩栩如生，带有浓郁的生活气息。在卫城的建筑群中，位于山顶西端斜坡上的山门则显得庄严雄伟。这实际上是一个巨大的门廊，它分为东西两部分，高低不一，内部用墙隔开，墙上开有5个门洞，其中中央门洞前开辟有坡道，让马匹和车辆通行，其余的小门洞则让人徒步通行。山门的前后则矗立着6根多利亚式的石柱。整个山门内部装饰华丽，外部则显得质朴雄壮。在帕提侬神庙的北边，还有一座伊利特盎神庙，既供奉着雅典娜的神像，也供奉着伊利特盎等神的神像。该庙宇也用大理石砌造，装饰得十分精致华丽。此神庙采用了爱奥尼亚柱式，形态典雅秀丽，颇有特色。除了这三座典型的建筑外，雅典的卫城建筑群还有一些大大小小、各有其特殊而鲜明的风格的建筑，起了很好的陪衬与烘托作用。总之，雅典的卫城建筑群是古希腊建筑艺术的象征，它以宏伟雄壮的气势、姿态万千的景象与精美别致的雕刻而享誉后世，充分地证明了古希腊人民具有无穷的智慧与伟大的艺术想像力和创造力，对后来西方建筑艺术的发展产生了重要而深远的影响。

古希腊的雕刻与它的“神人同形同性”的宗教观念及其神庙建筑有着密切的联系，以人物雕像为主，包括神像、独立的人像和群体的人像等。他们的雕刻艺术家认为，既然神也有人的欲望、个性与情感，就应当按照人的风貌来塑造神像。古希腊的雕刻内容多以古代神话故事为题材，但也有不少取材于城邦的现实生活。希腊雕像艺术发端于“荷马时代”，到了公元前5世纪时达到其辉煌时期。此时，在诸多的神庙和其他公共建筑物的墙壁上，常常都刻有精美生动的独立雕像与浮雕，并且在雅典产生了三位著名的雕刻艺术大师。其一是米隆，他长期在雅典从事艺术创作，其作品题材广泛，生动精美。《掷铁饼的运动员》是他的代表作，其所刻画的人物体态坚实健美，充满了巨大的运动力量和生动的弹力，运动员扔出铁饼前的那一瞬间的身体和精神状态，被栩栩如生地刻画出来。另一位是古希腊最著名的雕刻艺术家菲迪亚斯。他曾经担任雅典卫城修建工程的总监，他与他的弟子们擅长于雕刻神像，雅典卫城的神像大多是他们的作品。帕提侬神庙中的《雅典娜处女像》是菲迪亚斯的代表作。该女神全高 12 米，用黄金与镶牙镶饰，形象逼真，显得既富丽堂皇，而又高雅不俗、庄严纯洁。第三位是坡里克利特。他主要是以青铜为制作材料，以运动员、竞技者等现实的人物为表现对象。他所雕塑的《持枪的运动员》、《束发的运动员》等都以人物在运动之后的间歇状态为其特点，以简洁而高超的艺术风格表现了运动员坚强的体魄、恬静的神态与高尚的气质。

二 罗马古典文明

1. 罗马政治文明的演进道路

从西方文明史的进程看，罗马古典文明是希腊古典文明的继承与发展，但罗马古典文明也具有自己鲜明的特色，而从城邦向共和国再向帝国的政治文明的演进道路，正是这一特点的重要表现。

罗马古典文明发祥地意大利半岛，海岸线平直，缺乏良港，不利于航海，但由于地处东西地中海的交通要冲，与外界的联系仍然比较方便。半岛内的温和气候与肥沃土地特别是北部的波河流域的冲积平原适宜耕种，南部与东部草木茂盛而便于放牧，矿产资源却比较少。这些地理条件使得罗马的农业远比希腊发达，但工商业与航海活动却有些逊色。这也使得土地问题成为罗马社会中的焦点问题，围绕着它而展开的各种社会矛盾的纠缠与撞击，导致了社会政治制度的变迁。正是在这样的基础上，罗马的政治在经历了短暂的城邦时代后，就逐步建立了统一的共和国，再通过向外军事扩张而建立了统一的大帝国，呈现出从“多元”向“大一统”不断演进的政治格局。而这些与希腊大有差别的特征，又必然要给罗马的文化打上独特的印记。

大约在公元前 20 世纪初，一支操印欧语的部落从东北部迁居在半岛中部的拉丁平原上，逐渐建立了一些城市。大约在公元前 14 世纪，伊达拉里亚人从小亚细亚迁徙到这里。他们的社会发展程度较高，农业与工商业都有了发展，在公元前 6 世纪控制了包括拉丁平原与罗马城在内的中意大利广大地区，建立了一些独立的城邦国家。而在此时的意大利南部与西西里岛，希腊人通过近 200 年的殖民，也建立了一些城邦国家。不过，这一“城邦并立”的“多中心”格局并未持续下去。就罗马而言，其城邦最初经历的是军事民主制的“王政时代”，在平民与贵族之间的矛盾日益激化的情况下，国王的权力逐渐形成，国家机构建立。但贵族对此极其不满，他们于公元前509年推翻了国王塔克文的统治，建立了奴隶主贵族寡头统治的共和国，从此罗马的历史进入到了一个新的发展阶段——共和时代（公元前509～前27年）。

罗马共和国建立后，贵族元老院垄断了国家大权，广大平民与贵族的矛盾十分尖锐，其焦点集中在土地与债务问题上。为此，平民在公元前5世纪初不断展开斗争，由此不但获得了推荐保民官、召开平民会议、参与制定法律、在政府中担任公职等许多重要的公民政治权利，对贵族的统治大权形成了一定的制约，而且还废除了债务奴役，避免了沦为债务奴隶的命运。内部矛盾的调整其促成了国家制度的完备，为罗马的向外扩张创造了条件。借助于广大有产公民的服役、良好的军团编制组织与分化瓦解的对外政策，罗马人从公元前4世纪开始，就不断地对周边的城邦展开斗争，并先后打败了北边的伊达拉里亚人、沃尔斯奇人与埃魁人，南边的萨莫赖人以及希腊人，将整个意大利征服。在此基础上，罗马奴隶主阶级又向地中海区域进行更大规模的军事扩张。先后将北非的迦太基、埃及、希腊各城邦与小亚、叙利亚等许多地区征服，并多次侵入两河流域。到了公元前1世纪末期，终于建立了一个地跨欧、亚、非三洲的奴隶制大帝国。在帝国境内，罗马实行行省制，派总督前往统治。

随着军事征服地域的逐渐扩大，罗马古典奴隶制的充分发展，各种矛盾也日益积累与尖锐起来。奴隶主贵族获得大量的奴隶与地产，其残酷的压迫剥削引起奴隶大规模起义。另一方面，沉重的战争负担与贵族对公有地、小农土地的大量侵夺以及高利贷的盘剥，则使广大自由农民纷纷破产，他们纷纷起来展开反对土地兼并、要求恢复耕地与重建家园的斗争。此外，以商业与高利贷起家的中小奴隶主阶层——“骑士”阶层与元老贵族之间的矛盾，罗马与被征服地区的矛盾也都十分激烈。从公元前133年开始，保民官格拉古兄弟先后进行了土地改革，但由于元老贵族的反对与镇压而失败。此后，由于公民纷纷破产，军队不能满员，且纪律败坏，战斗力大大削弱，在对外战争中屡屡败北。面对严峻的形势，在公元前107年出现了执政官马略的军事改革，以雇佣军制取代了已经衰落的兵农合一的公民兵制，强化军队的纪律。这一改革使罗马获得充足的兵源，提高了军队的战斗力。但却使从军服役职业化，为军事将领利用军队干政与建立军事独裁政权开辟了道路。此后，在公元前1世纪，罗马先后出现了苏拉与恺撒的独裁政权，其中该世纪中叶的恺撒政权还对元老院进行了彻底的改组，使之成为自己的咨询机关；恺撒还扩大公民权，将公民权授予各行省的许多城市，在大多数行省实行国家直接征收赋税的制度。通过改革，恺撒强化了中央集权，罗马不再是一个狭隘的共和制城邦，实际上已经是一个专制帝国的统治中心。尽管部分元老贵族不久就策划推翻了恺撒政权，造成了政治局面的再次动荡，但由于不适应对大帝国的统治，以城邦为基础的共和制难以避免覆灭的命运。公元前29年，在权力角逐的过程中取胜的屋大维在罗马建立起元首政治。他自称是“元首”、“第一公民”，不久又被元老院授予“奥古斯都”（意即“神圣、庄严”）。他集军政与宗教大权于一身，拥有绝对无限的权力。在他所创立的“元首制”下，平民会议、元老院、执政官等已经没有实权，共和制名存实亡，披着共和制外衣的帝制不久就演变为名实相符的君主集权制度。罗马的帝制的产生，有力地促进了罗马古典文明的发展，但在解决一个大帝国所存在的各种社会矛盾方面则显得不甚有力。因此，在大约两世纪后就开始面临着重重统治危机，最终在日耳曼民族南侵浪潮与奴隶、隶农大起义风暴的交相冲击下衰亡。

2．帝国初期高度的奴隶制物质文明

罗马共和时期，由于平民与贵族不断进行斗争，使其避免了沦为债务奴隶的命运。公元前376年平民保民官所提出的《李锡尼与塞克斯图法案》限制了贵族对平民的债务奴役；公元前326年通过的《彼得留法》，禁止任何人将负债的罗马公民变为奴隶。从此，古罗马也像希腊那样走上了奴役外族人的古典奴隶制的道路。然而，由于古罗马进行了长期的对外武力扩张战争，掠夺了大量的土地与战俘，因此，它的奴隶制的规模远比希腊要大得多。除了战俘为奴隶的主要来源外，海盗在海外掠来而进行买卖的人口，各省的债务奴，自然繁殖的家生奴等都是奴隶的重要来源。在公元前3世纪～前2世纪，罗马的奴隶制发展起来，奴隶被广泛地用于农牧业与手工业、采矿业、建筑业等劳动领域，是社会生产力的主要担当者。此外，大量的奴隶也被使用在家内充当奴仆，一些有知识者还用来充任乐师、教师、医生等。奴隶处境极其悲惨。他们常常带上铁制的链条、镣铐从事繁重的劳动，有时还要充当角斗士自相残杀或与猛兽搏斗来供奴隶主观赏取乐。由于大量而集中地在农庄、矿山使用奴隶的情况十分普遍，因此，奴隶与奴隶主阶级对抗的规模与程度远远超过了古希腊。公元前137～前104年间爆发的两次西西里奴隶大起义，公元前73年爆发的斯巴达克领导的奴隶大起义，其巨大的声势、规模与影响都是人类文明史上所独一无二的。

广大奴隶与其他下层民众的劳动生产，构成了罗马古典文明的重要基础。古代地中海文明区域的奴隶制的物质文明，到了罗马帝国初期已经持续了3 000多年，罗马成熟的奴隶制集这数千年文明之大成，其社会经济在罗马帝国初期两百年较为稳定和平的环境中趋于繁荣，反映了古代世界的社会生产力所达到的最高水平。

这一时期，罗马帝国的生产工具与技术取得巨大进步，在希腊和意大利出现了带轮的重型犁具，用数头牛来牵引耕田。在高卢地区则有了收割机，这是配有梳形切割刀的柜式轮车，使用畜力从后推车向前收割。水轮机、水磨也在农业、矿业与纺织业中得到推广应用。在建筑工程中，有了复滑机与起重机；而在矿山中，则使用排水机与起重机。这些机械都以人力踏轮或牲口牵引为动力，在生产中发挥了重要作用。在航运上，已建造了配有舱房与起重杆、铰链的大货船，其桅杆则用护桅索来加固，体现了古代最高的造船技术水平。在金属冶炼、金银工艺、玻璃与陶器制作、公共实施建筑等方面也都取得了很大的技术进步。在此情况下，社会经济呈现出繁荣局面。在农业方面，北非、埃及与多瑙河地区各行省的谷物生产十分发达，成为帝国的粮仓。爱琴海诸岛、希腊半岛、高卢南部与西班牙等地区的葡萄和橄榄种植也都兴盛起来。手工业在发展的基础上形成了一些各有其特色产品的地区。在法国南部与莱茵河畔，兴起了一些冶金、纺织、陶器与玻璃制作中心。西班牙的采矿、酿酒，小亚细亚的毛毯与纺织品，腓尼基的染料，埃及的麻纱与象牙珠宝首饰，都享有很高声誉，畅销各地。生产的发展使各地城市的繁华达到了古代世界空前的水平。罗马是最大的都市，拥有120万人口。而意大利的那不勒斯、埃及的亚历山大里亚、叙利亚的安条克、希腊的雅典都是人口众多的城市。一些新城市如不列颠的伦丁尼姆（伦敦）、高卢的卢格敦（里昂）、多瑙河畔的文多波那（维也纳）与新吉敦（贝尔格莱德），也兴起于这一时期。帝国的商业交往也兴旺起来。内部的商品交流，以大城市为中心，以若干的市镇为据点，借助于便利的水陆交通，形成了一个联系密切的地中海区域商业交换网。在外贸上，罗马的商人常常到波罗的海沿岸与北欧、东欧，用精美的工艺品换取皮毛与木材及琥珀，在非洲内陆用铁器、纺织品、玻璃换取黄金、象牙与香料。而在中亚、印度乃至中国，则主要通过丝绸之路用金银来购买中国的丝绸、印度的宝石与香料等。

罗马帝国初期社会经济的繁荣，将古典奴隶制的社会生产力发挥到极致，是古代世界物质文明进入到顶峰的一个历史标志。然而也正是在这一时期，奴隶制的生产关系已经日益不适应于经济发展的需要。随着这一基本矛盾的日益积累，到3世纪时，罗马帝国在政治、经济上出现了深刻的危机。正是在这一危机日益激化的冲击下，罗马帝国难免走向衰落。

3. 罗马古典文化

(1) 罗马人对希腊古典文化传统的继承与发展

罗马古典文化是西方古典文化的重要组成部分，它的形成，既是奴隶制的经济、政治与社会生活的必然反映，也是对希腊文化古典传统的继承与发展。

罗马人对希腊文化营养的吸收是多层次的。早在共和初期，罗马就将意大利南部希腊城邦的希腊字母移植过来，改造成拉丁文字母。公元前2世纪罗马征服希腊后，罗马更处于希腊文化的直接熏陶之下。当时，在希腊的艺术珍品与文献大量传入罗马的同时，不少希腊文化人被当作奴隶与人质带到罗马从事文化工作，他们因在传播文化方面的贡献而受到尊重，有的在获得自由后甚至成为社会中的文化名流。作为征服者的罗马人，在文化上却被希腊文化所"征服"。不过，罗马人并非对希腊古典文化"全盘照搬"，而是根据其实际生活需要来进行选择、借鉴与吸收，从而使罗马文化显示出鲜明的民族特色。在宗教上，罗马人既保持了本族的传统信仰，也接受了希腊宗教信仰。希腊的神也是罗马的神，只是名称不同而已。例如，希腊的宙斯即罗马的朱比特，赫拉即朱诺，雅典娜即米涅娃，等等。在哲学上，罗马人对希腊各学派兼容并包，但不像希腊学者那样过分地玄想冥思与推理演绎，而是将重点放在伦理修身与治国之道上，显示出偏于实用的特色。在政治思想上，罗马的思想家在吸收希腊学说的营养时，则根据其政治生活及其演进的需要，突破了狭隘的"城邦"观念，剔除了其民主政治的要求，提出了"共和政治"的主张与君权神授的思想。在法律学说、诗歌、历史学与工程建筑风格等领域中，罗马人更显示出自己的文化独创能力。

（2）古罗马的哲学、政治与法律学说

古罗马的哲学流派很多。在唯物论方面，以卢克莱修（公元前99～前55年）为代表。他用毕生的精力撰写了有7 000行的哲学诗篇《物性论》，以丰富的事例、形象的语言，对希腊哲学家的原子唯物论作了全面的阐发，并力求用它来解释各种自然现象与社会生活，给宗教神秘主义以沉重的打击。在唯心论上，以"新斯多葛学派"与新柏拉图主义为代表。以塞涅卡（公元2～65年）等为代表的"新斯多葛学派"不再进行抽象的哲学思辨与逻辑推理，而是致力于宣扬神秘主义的道德宿命论。而以普罗提诺为代表的在帝国后期流行的新柏拉图主义，则将柏拉图的"理念"论与宗教一神论结合在一起，将神秘的"太一"作为世界的"本源"，要人们摆脱肉体与感性世界的束缚，尽量地向"太一"回归。而这正是古典奴隶制文明衰落与罗马帝国行将灭亡的现实在哲学观念上的反映。

在政治学说方面，古罗马著名的政治家与法学家西塞罗（公元前106～前43年）的思想最为突出。他在政治上力主恢复奴隶主贵族统治的共和制，但却是一位学识广博、才华横溢的思想家。在学术上，他对古希腊的哲学、法律与政治思想，博采众家而熔为一炉，形成了自己的政治学说。《共和国》、《法律篇》等为其代表作。西塞罗继承与发展了斯多葛派的自然法理论，提出应当以体现了"永恒正义"的自然法来作为建立国家的指导精神。他认为，最理想的政体是民主共和制，其原则应当是：实行普遍的选举制度，以元老院作为国家的最高权力机关；国家的行政首脑是最高执行政官，其权力应当受到法律的限制；国家应当建立完备的监察与司法审判制度。西塞罗的这一套政治学说，实际上是从当时罗马的现实政治斗争出发而创立的。他突破了希腊人的狭隘的国家观，用“共和国”取代了“城邦”，由此而大大地拓展了关于国家的政治理论范围，是国家观的一大发展。尽管他的目的是试图恢复贵族寡头政治，但其学说的思想价值对后人影响深远。

古罗马人在法学上的成果十分突出，集中反映在帝国初期的法学家的学说之中。法学家盖尤斯（约公元130～180年），著有《法学阶梯》，包括人、物（债）与诉讼三篇，被称为私法的简明教程。乌尔比安（约公元170～228年），首创公法与私法的分类，并且对罗马法令做了解释。这两人与保罗（？～222年）、伯比尼安（约公元150～220年）、莫德斯梯乌斯（？～224年）一起被称之为“法学五杰”。公元426年，罗马皇帝颁布《引证法》，规定这五人的著作具有法律效力。这些法学家的法律理论，不仅对自然法与成文法的联系与区别作了大量的辨析，而且认定自然法应当是成文法的基础，法律面前的平等约定也应当按照自然法的要求去相互协商，认真履行。在法律效力的来源问题上，他们认为法律效力来源于人民，是由人民授予的；而皇帝的旨意具有法律效力，是因为它显示了人民的权利。他们还强调，一旦人民将其权利让渡给君主后，就再也不能将其收回了。他们还将法律分为公法与私法。公法就是指有关国家地位和利益等方面的法律规范，如宪法、刑法等；而私法则是指涉及公民个人利益的法律规范，如民法、商法等。就其形式而言，法律又分为成文法和不成文法。就法律关系与法律调整的对象而言，则又分为对人、对物、对行为的法律。这些理论，对以私有制与商品经济为基础的罗马法的精神、内容、实质与规范作了充分的阐释与界定，深刻地影响到中古乃至近代西方社会的政治与立法。

(3) 文学与史学作品

在向希腊文化学习的过程中，罗马人先后在诗歌、散文、戏剧、人物传记等方面都进行了创造性的文化活动，取得了丰硕成果。在散文方面，西塞罗的演说词和书信妙语连珠，辞藻华丽，语意动人，逻辑性强，富有说服力，被称为“西塞罗文体”，成为罗马乃至后世的文体典范。在诗歌方面，帝国初期著名的诗人维吉尔（公元前70～前19年）的田园诗《牧歌》，格调清新动人。他的《伊尼阿特》则是一部享有盛誉的史诗。该诗共12卷近万行，叙述了罗马人的祖先伊尼阿特在特洛伊被希腊人攻陷后，率领族人渡海而来到意大利创建拉丁民族的艰难历程。诗人通过这一古老的传说来颂扬了罗马民族的悠久历史与其先辈开拓奋斗的伟大精神。诗中将屋大维视作伊尼阿特的嫡系后代，反映了作者拥护皇帝开明专制的政治理想。此外，诗人贺拉西《颂歌》，奥维德（公元前 43～公元 18 年）的《爱的艺术》也都是韵味浓烈的抒情诗。

古罗马的历史学是在希腊人的影响下发展起来的。在早期的罗马史学家中，老加图（公元前 234～前 149 年）的《罗马历史源流》一书，比较详细地叙述了罗马和意大利城邦的起源与第一、二次布匿战争，也涉及罗马共和国的一些政治生活。而著名的政治与军事家恺撒（公元前 101～前 44 年）也给后人留下了《高卢战纪》这部重要的史著。该书记载了他对高卢人和日耳曼人以及不列颠的一系列征服战争，为人们了解当时高卢的风物民情与民族分布特别是日耳曼人的社会状况，提供了宝贵的史料。到了帝制时期，历史学得到较大发展，产生了一些著名的史家与史著。李维（公元前 59～公元 17 年）的《罗马史》是第一部具有通史体例的完备的罗马史，共计有 142 卷，从罗马建城一直写到公元 14 年屋大维去世。该书在创立了通史体例的基础上，本着"略古详今"的原则来进行编撰，重视历史的垂训作用，阐扬爱国主义思想。不过，书中迷信"神意"力量，夸大了罗马民族的优越性，有许多局限。稍后的塔西陀（公元 55～120 年）则是古罗马最伟大的历史学家，他的《日耳曼尼亚志》是第一部比较完备地记载有关日耳曼人各部族历史的著作，详细叙述了日耳曼人原始社会后期的生活状况，涉及土地制度、军事民主制与传统的风俗习惯等，具有相当高的史料价值。

(4) 建筑雕刻艺术

在建筑雕刻艺术上，罗马人既保存了伊特拉里亚的文化传统，也受到古希腊文化的影响。共和末期与帝政之初，罗马人的建筑成就集中地体现在公共建筑物与纪念碑式的建筑物上。罗马的万神殿是最为著名的神殿，建于公元前 27 年，其中的主要部分是一个高与直径相等的 42 米的大穹顶，与两排 16 根科林斯式的门廊列柱。罗马的圆形剧场或斗兽场规模都相当大，可以容纳数万人。罗马的一些大浴场除备有冷、温、热、蒸汽 4 种浴池外，还配有角斗、赌博、演剧等娱乐场所。罗马的水道桥梁建设更为宏大。在罗马城里，既铺设有一条大型的下水道排除废水，还建有 11 条向罗马供水的水道。罗马人还大量修建水道桥，引水与交通诸功能集为一体，在最上层铺设水管，中、下层则供人马车辆通行。这些建筑，充分地反映了罗马文化偏重于实用的特点。当然，罗马也产生了一些具有政治象征意义的建筑，炫耀皇帝、战功与权威的凯旋门与纪功柱就是这类建筑，公元 2 世纪初皇帝图拉真所建的"图拉真柱"就是典型。这一纪功柱高 34 米，顶端安放着图拉真的雕像，柱身雕刻了许多有关战争的场景，雕刻技术十分纯熟，既生动活泼又刚健有力。此外，罗马人的肖像雕刻也很有水平。罗马人在雕像艺术上有一个明显的共同特点，即嘴唇紧闭、眼神集中与精神坚毅。无论帝王还是普通民众的雕像都带有这一民族艺术风格，显示了高度的艺术写实主义的概括力。

（5）地理学、天文学、医学的成果与自然科学的综合研究

大规模的军事扩张与长途贸易活动，与东方文明的密切接触，富有的物质生活，为罗马地理学、天文学与医学的发展提供了良好的条件。斯特拉波（公元前64～公元21年）在博览群书与实地考察的基础上，撰写了17卷本的专著《地理学》。该书对罗马帝国的欧、亚、非三洲部分地区的山川形势、物产资源、风土人情、城郭道路以及历史沿革等都作了不同程度的描述，其中还提到了自然环境与人文状态的关系、历史对于自然环境的作用，是古代地理学的经典之作。亚历山大里亚的著名天文学家托勒密（约公元85～168年）学识渊博，尤其精于天文地理。他在吸收古代东方与希腊天文学成果的基础上撰写了《天文学大全》一书。在书中，他试图用几何系统来描述天体的形状与运动，对行星的运动与恒星的位置作了探讨。他在前人的基础上发展与完善了“地球中心”说，这一观点后来被基督教作为其神学的注脚，在欧洲盛行了千余年。在医学上，最有影响的当数医学家盖伦（公元129～199年），他年轻的时候刻苦钻研医学和哲学，后来因医技精湛而成为罗马皇帝的御医。他一生著述丰厚，现只存83篇，是西方古典医学的代表。他曾经对猴子等动物进行解剖，以此作为了解人体生理机能的参照系，但也存在着某些错误，其中以所谓的“灵气”来解释人体机制的观点后来曾经被教会视为圭臬，在中世纪的欧洲十分流行。此外，盖伦在药物学上进行了诸多探讨，详细地介绍了当时已知的各种药材，其中包括矿物药品100种，动物药品180种，植物药材540种，对药物学做出了重要贡献。

在古罗马，自然科学的综合研究以老普林尼（约公元23～79年）取得的成就最为显著。他出身在意大利北部科莫的一个骑士之家，多年间一直在军旅中任指挥官，但毕生勤奋好学，留下了160多卷笔记与《自然史》这部百科全书式的名著。该书共有137卷，参考了2 000多种文献，分34 707个条目，内容包括天文、地理、动物、植物、矿物、医学、农业、工艺以及雕刻、绘画等，其中有的还涉及社会经济与历史人物，提到希腊作家326人，罗马作家146人。书中把中国称之为“赛里斯”意即丝绸之国。书中对地震的征兆、起因、后果以及防治措施，对葡萄与橄榄的栽培等都作了详细的叙述。这部科学名著对后世产生了巨大的影响。

思 考 题

1．试析古希腊城邦的“多中心”政治格局及其成因。
2．希腊“古典奴隶制”经济繁荣的主要表现。
3．“希腊化时代”对东西方文明交流有何重要意义？
4．扼要叙述古希腊“多神”崇拜与“神人同形同性”的宗教信仰。
5．列举古希腊文化繁荣的典型史实。
6．试析古罗马政治文明的演进趋势。
7．简述罗马帝国初期奴隶制物质文明兴盛的概况。
8．罗马人对希腊古典文化传统作了哪些继承与发展？

第四章

中古欧洲的基督教—封建文明

“中古欧洲的基督教—封建文明”，是指以基督教神学意识形态为文化纽带与思想支柱、以封建制度为社会基础、以拉丁文为通用的官方与学术语言、以各地的地方语言为民间用语的欧洲社会文明。这一文明又大致可以分为两大类。一类是建立在“日耳曼因素”与“罗马因素”相结合的基础之上、社会封建化比较充分、以罗马教会的神学信仰为指导的西欧文明，包括意大利、德意志、英国、法国等大多数西欧国家，其兴衰大致经历了从公元5世纪至14世纪这一历史时期。另一类则是建立在“斯拉夫因素”与“罗马因素”相结合的基础之上、社会封建化比较缓慢、以基督教“东正教”派的神学信仰为指导的东欧文明。但具体的情况要复杂得多。就西欧而言，实际上也并没有一个十分完整的中古文明模式，德意志的基督教化与封建化就比较迟缓，而阿尔卑斯山以南的意大利，在文明发展上也有自己的特色。在东欧，情况则更为复杂。“斯拉夫因素”与“罗马因素”的结合，主要在拜占庭，拜占庭也兼用希腊语，并更多地保留了古典因素，其文明发展的时间序列大体与西欧同步。而在斯拉夫人居住的广大东欧地区，虽然都逐渐皈依了东正教，但“罗马因素”的影响并不大，原始社会组织的瓦解比较缓慢，封建化进程远远滞后于西欧，在公元9世纪至16世纪这一历史时期，其社会文明还相当幼稚，与拜占庭文明并不属于同一发展模式。

一　中古西欧文明

1．基督教的兴起与“早期拉丁教父”的神学活动

罗马帝国统治后期，随着奴隶制危机的日益加深，西方古典文明逐渐衰落。在西方，基督教的兴起及迅速流播，是从古典文明开始向中古基督教—封建文明的过渡的一个主要标志。

从公元3世纪开始，曾经鼎盛一时的罗马帝国，由于内部矛盾的不断加深与激化，奴隶制经济的急剧衰落，帝国统治的分崩离析，瓦解了其古典文化存在的基础。在社会处于大动荡、大裂变的形势下，基督教神学逐渐兴起于世，开始取代古典文化对社会的精神支配地位。

基督教的兴起，对中世纪西欧乃至近代整个西方文明都产生了重大影响。不少西方学者将西方文明视为希腊文化与希伯来文化这所谓的“两希文化”的产物，这并非是不经之谈。希腊罗马的古典文化与犹太教—基督教文化的确是西方文明的历史源流。不过，古典文化与犹太教文化都没有以“原生态”的文化形式与内涵延续下来，而是经过基督教这个大“熔炉”的融会化合而对后世产生其文化效应的。在罗马帝国后期至中古初期的数个世纪的社会动荡纷争中，只有基督教的带有强制性的“神本”宗教信仰与普世主义的布道精神，才可能将无序混乱的社会粘合与连接起来，并以自己特有的文化底蕴来促进新文明的诞生。实际上，在发展的过程中，基督教并没有也不可能完全抛弃古典文化，而是根据变动了的中古现实社会需要为价值尺度，来对古典文化传统进行选择、舍弃，吸收其中的“合理”因素，并以神学思想为熔炉，铸造出为中古基督教—封建文明所需要的神学文化。基督教的兴起，无疑是西方文明史发展进程中的一大变革与转折，因为它在相当大的程度上规定了西方文明的演进路向，影响了西方文明此后的面貌。

基督教大约产生在公元1世纪罗马帝国东部的小亚细亚与巴勒斯坦一带，由原犹太教的一个革新教派演变而成。当时，因反对罗马人的野蛮征服遭到残酷镇压的犹太人，把本民族解脱苦难、得到复兴的希望寄托于“神”的庇护与支助。此后，一些秘密建教者将犹太教的“救世主”观念加以改造，并吸收了东方一些宗教思想与斯多葛派的哲学观念，建立了基督教的信仰和团体。最初的基督教反对罗马帝国的暴政和富有的剥削者，在内部实行财产公有、彼此平等互助的原则，因而在广大民众中逐渐传播开来。公元2世纪以后，随着罗马奴隶制危机的不断加深，一富有的奴隶主和工商业者不断地加入基督教，在教会中逐渐形成了

一个拥有文化知识、财产与管理经验的特权阶层，基督教由此而蜕变成有产者与剥削者把持的教会，开始更多地宣扬忍耐服从、爱仇如己等说教。罗马帝国也由此而放弃了对基督教的镇压政策，转而加以利用与扶持。公元313年，罗马皇帝君士坦丁颁布“米兰敕令”，承认基督教的合法地位，赐予其种种特权。从此，基督教演变为罗马帝国的国教，成了它统治的精神支柱。在罗马皇帝的支持下，罗马主教的地位逐渐上升，他们声称耶稣最大的门徒彼得在1世纪中叶到罗马建立了教会，并曾任第一任罗马主教，因此他们是圣彼得的继承人，应当在基督教会中拥有首席权力，领导整个教会。在罗马帝国分裂为东、西两部分后，罗马主教更利用匈奴人、日耳曼等“蛮族”进攻意大利的局势，以古罗马文明和社会安宁的保护者自居，掌握了罗马城的管理权。这样，以罗马教皇为首的西部拉丁教会逐渐成为统一强大的神权势力。

公元4世纪～5世纪罗马帝国严重的统治危机和社会动荡，也促使基督教的教义日趋理论化和系统化。随着罗马帝国的分裂与东、西教会对峙的出现，西部教会的一些主教开始从基督教原典《圣经》中阐发微言大义，厘定教会信仰的基本信条，以促使教会在精神上和组织上的统一。《圣经》分为《旧约》与《新约》两部分。《旧约》原来为希伯来文写成，后来约在公元前2世纪又在亚历山大里亚被翻译成希腊文，而新约则一开始就用希腊文写成（图4—1）。

随着东、西罗马帝国的分裂与基督教的国教化，在西罗马帝国中，《圣经》的拉丁语化与基督教教义的阐发就成为一些教会人士特别重视的问题，“早期拉丁教父”在这方面做出了重大贡献。其中，哲罗姆（约342～420年）首先作了《圣经》的翻译工作。他精通希腊文和希伯来文，曾经在君士坦丁堡校译和注释《圣经》，382年又赴罗马，任罗马主教的秘书，并受命编定一部统一的《圣经》拉丁文译本。通过30多年的劳作，他终于编定出通俗的拉丁文本《圣经》。此书是此后一千多年中通行西方的《圣经》范本。

著名的早期拉丁教父圣·奥古斯丁（公元354～430年），则在阐发基督教基本教义上作出重要的理论贡献，对中古西欧的神学文化产生了深远影响。奥古斯丁一生著述丰厚，主要有《教义手册》、《论三位一体》、《忏悔录》、《上帝之城》等。在这些著作中，他将新柏拉图主义与基督教原典《圣经》结合起来，对基督教教义进行了系统的阐发，奠定了基督教神学体系的理论基础。这些教义的基本内容包括“上帝创世”说、“原罪”、“预定”论以及“三位一体”说等，旨在阐明宇宙万物以及人类皆由上帝的神圣权威所创造与支配，要人们遵循信仰、仁爱和希望这基督教三主德，虔诚地笃信与热爱上帝，听从上帝的代表教会的教诲，以赎免“罪过”，获得拯救。

图 4—1 伊甸园

奥古斯丁的神学理论，是罗马帝国严重统治危机在意识形态领域中的反映，它既体现了基督教会对社会动荡的不安与惶恐，也倾吐了教会希望以纯真神圣的宗教信仰来消除社会矛盾的呼声。奥古斯丁以他的思想赢得了崇高的地位，被教会尊为“博士”、追封为“圣徒”。他的学说，为基督教的传播与发展奠定了思想基础。

2. 日耳曼“蛮族”王国的基督教化封建化

基督教作为罗马帝国国教的显赫地位并未长久保持下去。在日耳曼人的民族大迁徙摧毁了罗马帝国后，如何在野蛮无序的“蛮族”王国社会中生存与发展，是基督教所面临的一个重大挑战。

日耳曼人居住在欧洲大陆北部和中部，分成许多语言相近、物质与精神生活类似的部族或部落，因社会发展层次较低而被罗马人统称为“蛮族”。在公元后的最初几个世纪中，日耳曼人已开始了较为稳定的农耕生活，并处于原始社会解体的阶段，政治上实行军事民主制，部落首领与其亲兵缔结起主从关系，通过战争而不断加强权力，国家的产生成为历史必然。在宗教信仰上，此时的日耳曼人崇拜原始的部落神，其中的主神为瓦丹，系诸部落神之父与创造人类的天神。

大约从3世纪开始，为了拓展生存空间，掠夺土地与财富，日耳曼诸部落加紧了对日益衰落的罗马帝国的渗透。他们不断越过莱茵河与多瑙河边界，迁徙到罗马境内。随之而来的是日耳曼人潮水般的南侵，即所谓的“民族大迁徙”。在西欧大陆、不列颠岛与北非的统治区域，他们先后建立了一些“蛮族”王国，西罗马帝国也就随之灭亡。

剧烈的社会大震荡与大变革，使基督教失去了罗马帝国的有力庇护，面临着严重危机，但它最终以其严密的组织结构与“普世主义”的布道精神顽强生存下来，并不断克服困难，向它尚感到陌生的“蛮族”世界传播与渗透。

日耳曼人在建国后很快就与基督教有所接触。“蛮族”国王和贵族成为大地主，为巩固统治而需要正统基督教的支持；基督教会为求得生存，也得托庇于“蛮族”统治者。这样就为基督教的广泛流播创造了有利环境。自从法兰克人于496年归依基督教后。勃艮第王国、伦巴德王国、西哥特王国乃至不列颠岛上的盎格鲁—撒克逊人的诸王国，也都先后皈依了基督教。基督教由此逐渐在西欧扎根，成为支配社会的神权势力与意识形态。

“蛮族”王国在实行基督教化的同时，也开始了封建化的历史进程。中古初期王国兼并战争与社会动荡，教、俗贵族乘机利用各种手段兼并土地，不仅罗马帝国时期的隶农被变为农奴，而且居住在农村公社的日耳曼自由农民也因沉重赋役而纷纷破产，变为农奴。这样，经过数个世纪的不断发展，西欧社会的封建制度大体确立，以国王为首的封建教、俗贵族，在自己的大地产上建立诸多的封建庄园，奴役广大的农奴与其他依附农民。封建制度的确立，将自从民族大迁徙以来整个西欧无序混乱的社会纳入到一种牢固的人身依附关系的网络之中。

基督教化与封建化的相互交织与共同推进，最终塑造了中古西欧社会的历史面貌，为基督教—封建文明的产生与发展，提供了适宜的社会温床。

3. 涂油加冕典礼与“蛮族”王权的发展

在中古初期剧烈的社会动荡环境中，教会与“蛮族”王权建立了密切的政治联合，相互为援，教会神权政治文化传统中的“王权神授”理想得以四处流播，绵延不断。体现这一理想的国王涂油加冕典礼，也就应运而生并不断完善，到10世纪时发展成为一项重大的政治礼仪。国王的涂油加冕典礼起源于何时已难以稽考。罗马帝国后期，基督教盛行着一种涂油礼，但却是信徒入教的一种基本的宗教社团仪礼。当时，凡入教者需行此礼，被涂以一种由芳香植物剂与橄榄油调和而成的圣油，以示脱俗归教。离教成员被再次接纳时，得重新施礼涂油。大约自7世纪始，随着教会与王权政治联合的建立，涂油礼渐渐失去其“团体象征”的意义，嬗变成一种赋予少数人以特殊的政治权力和身分的涂油加冕典礼。在教界它成了教皇、主教的教职就任礼仪，以显示上帝对其宗教神权的授予。而在俗界，经过王权与教会的共同策划，它成为国王即位时独享的重大政治礼仪，以显示其统治权为上帝所授。

国王的涂油加冕典礼最先出现在7世纪后期的西哥特王国，此后，才逐渐传到西欧其他地区。在这项典礼中，大主教将圣油涂抹在国王的头上、颈上乃至手上，意味着国王分享了“圣灵”的神性，由俗人转化成为具有教士品格并拥有与上帝沟通的超自然的神秘力量的“新人”；为国王佩带王冠则象征着国王从上帝那里接受了职位，获得了神授的统治王国的最高政治权力；同时还要将权杖、宝剑、徽章诸类什物授予新王。接着，大主教吟诵表示祝愿的祷文。王随后登上临时设置的御座，教俗贵族由王族引导步列于王之面前，庄严宣誓向王效忠。王紧接着发表即位加冕誓词，保证遵循神命，保护教会和臣民，施以良法仁政。之后所有在场者向王三呼“国王万岁”以示拥护与祝贺。最后为隆重的弥撒仪式与欢宴，新王接受圣餐。

在中古前期的西欧，涂油加冕典礼有力地促进了托庇于原始部落神的孱弱的“蛮族”王权向神圣的“基督教王权”的转化，这是中古西方政治文明史上的一大变革。在皈依基督教后的一段时间，“蛮族”国王仍然保持着对日耳曼传统的部落神的崇奉，战神“瓦登”尤其受到膜拜，绝大多数国王甚至还将瓦登“视为自己的祖先”，以此作为其王权神圣合法的依据。与之相应，中古初期“蛮族”国王的即位仪式也很简陋。即位时，新王被引向一个临时搭置的高台，由德高望重的年长贵族授予其头盔和某种武器，随之到场的亲兵和贵族向王大声欢呼以示认可，然后举行一次狂饮暴食的庆祝宴会。显然，王族的原始部落战神血统远不能赋予国王以统一的神圣政治权威，而其带有部落成员大会遗风的简陋的即位仪式，也不能树立国王受庇于神的尊严形象。因此，国王常受贵族“贤人会议”的扼制，甚至国王的人身财产安全亦常遭不测。而在国王的涂油加冕典礼问世后，这一状况也就逐渐消失。经过精心的安排和教堂特有的宗教气氛的烘托，此典礼所带有的教会圣礼特征极为鲜明，它力图将基督教“王权神授”的神权政治理想，化为一种神圣庄严而又生动形象的礼仪场景，并由此展示出其特有的政治象征意义：国王是“承蒙上帝恩典”的统治尘世的最高权威，任何人都必须服从“神授”的王权，否则就要受到国王从而也是上帝的严厉惩罚。从此，任何王位继承人只有通过涂油加冕典礼,才被视为真正的国王,其权威也就神圣不可侵犯。由此,新兴的"蛮族"王权逐渐突破日耳曼原始军事民主制残余的束缚,不断被神化和强化。另一方面,这一典礼也大大提高了基督教会的社会政治地位。大主教或教皇在该典礼中为新王涂油、佩冠等,充当了在上帝和国王之间传递权力的重要媒介角色,隐喻神权高于王权的政治含义,为后来的教、俗权之争埋下了种子。

4. 查理曼与基督教—封建文明的确立

中古初期的西欧,诸"蛮族"王国的成长极不平衡,其中以法兰克王国的发展最为迅速,特别是到了加洛林王朝的查理曼统治时期(公元 768~814 年)达到鼎盛阶段,形成了地跨西欧、中欧广大地区的加洛林帝国。这一帝国的建立与统治,推动了整个欧洲大陆的国家公共权力统治秩序的发育进程和社会的封建化与基督教化过程。从此西欧、中欧广大地区开始告别自"蛮族大迁徙"以来部族、部落相互争夺与临时性军事占领的政治"蛮荒"局面与经济倒退、文化"休克"的时代,西方古代的政治、经济与文化重心也由此开始从地中海沿岸向欧洲大陆腹地北移的发展趋势,这对于中古西欧基督教—封建文明史的确立与发展,具有极其重要的历史意义。

查理曼(公元 768~814 年在位)是中古前期西欧新兴封建主阶级最著名的军事家与政治家,法兰克王国加洛林王朝的君主。他在一生中戎马倥偬,先后对国内割据势力和周边地区发动了 50 多次战争,最终建立起一个西起大西洋、东达多瑙河、南至地中海、北抵波罗的海的庞大帝国,其地域囊括今天的法国、比利时、德国、荷兰、瑞士以及西班牙、匈牙利和意大利的部分国土。这个帝国,历史上称之为"加洛林帝国"。查理曼发动的一系列战争,对法兰克的自由小农和周边地区来说,无疑是一场灾难。它摧毁了大量的社会物质财富,也使众多的人口死于战火。然而,这些战争也有力地打破了当时西欧、中欧各部族、民族相互隔绝与闭塞的壁垒,用暴力的形式将层次较高的基督教—封建文明推行到不少尚处于原始氏族部落社会解体阶段的"蛮荒"地带,在客观上有力地推动了欧洲文明史的发展进程。

在政治上,查理曼不满足于法兰克国王的身份,梦想成为一位像古罗马皇帝那样的统治者来主宰天下。在征服大片地区后,查理曼于 800 年率军进入罗马,镇压了教皇的反对派,并且让教皇在罗马的圣彼得大教堂为他举行涂油加冕典礼,让他当上了上帝神命的"罗马皇帝"。这一事件标志着加洛林帝国的建立。他在位期间,修建都城亚琛,以王廷为政治统治核心,进行众多的立法活动;在全国设立若干个伯爵区来治理,并创立了巡按使团督察地方事务与审理要案的制度。同时，大力推行“采邑”制，向地方贵族封赐土地，与他们缔结起封君与封臣的关系，让他们为其效忠。此外，他还大力扶持与控制基督教会，使之成为维护帝国统治的重要政治势力与精神支柱。

在教育与文化领域，查理曼在位期间极为注重提倡学校教育与奖掖学术文化，由此而促成的基督教文化的复兴即所谓的“加洛林文艺复兴”，初步改变了中古初期西欧文化领域的蛮荒愚昧的局面。

中古初期的西欧，持续了数个世纪的剧烈社会变动与震荡，使得大量的图书馆、学校与教堂以及文人学者毁于兵燹，社会的教育与文化实际上已彻底崩溃，西方古典文明的余晖逐渐消失，基督教本身也处于岌岌可危的恐慌之中。日耳曼征服者在文明层次上远远低于罗马人，“蛮族”的国王和大小贵族，基本上都属于脱胎于原始部落的新兴的日耳曼军事贵族阶层，目不识丁，多有尚武斗狠之遗风，不可能去超越本民族的狭隘而又粗陋的原始文化传统，进行新的文化重构与创造。相比之下，基督教的神职人员不仅具有较高层次的宗教信仰，而且更具备了自己的知识优势。此外，在基督教的神学理论体系中，早已吸纳了罗马文化中的新柏拉图主义哲学、新斯多葛派的神秘观念与罗马帝制的“正统”观念。当时的基督教既是某种意义上的古典文化的承传者，更是社会文化教育的垄断者。不过，中古之初教会的文化承传作用仍然较为有限。一方面，教会面对的是一个重武轻文、粗野蛮荒的社会，它所传播的包含了某些古典文化因素的宗教文明缺乏一个庞大而牢固的文化载体，难以形成尚文重教的社会风气。另一方面，教会本身的文化积累和神职人员的低下素质，也限制了它驯化社会的功能。当时，修道院的藏书并不算多，而用手抄写的书籍复制本则为数更少。一些修道士为了寻找抄写《圣经》或自撰编年史的材料，常常将羊皮纸上的古典作家的作品刮去。不少罗马古典的作品，甚至被教会冠以“异教”的罪名而予以销毁。这些情况表明，要消除社会的蛮荒愚昧状态，促进文化的复苏，就首先必须大力倡导文化教育。在这方面，仅仅靠基督教会自身的力量是不行的，还必须借助国家政权的组织与推动才有可能实现。

加洛林王朝建立后，特别是查里曼即位后，为建立稳定的封建政治统治秩序，维护庞大国家的政治统一，需要把基督教神学这一精神支柱牢固树立树立起来，同时也需要一批识文有术的行政官员来制定王国的成文法规，用文字记录王国的军政大事与民间口头流传的史诗和风俗习惯。为此，查理曼君臣运用王权的强大声威和国家的财政实力，采取了许多倡行文化教育的重要措施。其一是督促神职人员勤学求知，熟悉经典，以便能胜任圣职，提高教化民众的水平。其二是大力提倡教育，开办各类学校。除了让教区与修道院开办许多教会学校外，查理曼还在宫廷乃至某些行宫为王族和贵族的子弟设立学校，不少博学之士也纷纷来宫廷执教。他们中，有来自英格兰、意大利与西班牙的语言学家、神学家、教育家与诗人。查理曼自已躬亲于学，刻苦求知，而且鼓励宫廷的学者进行学术文化的讨论与研究。正是在这种浓厚的文化氛围中，中古初期西欧基督教文化的复兴——“加洛林文艺复兴”得以酝酿出来。

适合于书籍抄写的所谓“加洛林小写体”字体的问世，是“加洛林文艺复兴”的一项重要成果。8世纪以前，整个欧洲大部分地区流行的文字书写体主要有两种，一种是所谓的“大写字体”，即由细心描述的大写字母构成，上下的笔画都很夸张；另一种是所谓的“安瑟尔字体”，其字形也很粗大，但在字母躯干的主线条之上或之下隐伏着细茎或细尾。这两种字体书写起来讲究而费力，粗大的字形又颇占据空间，不利于书籍的传抄。因此，一些抄书者在劳作时逐渐形成一种极不规范的小型草写体，为求简便，他们在抄写时用连带笔画的方式，使得笔迹中常常有诸多的连字弧线，显得潦草杂乱，不容易阅读。随着法兰克社会对书籍数量、质量要求的提高，改革传统字体势在必行。阿尔昆及其学生以及学者佛雷德·吉兹等人，在总结不列颠“苏格兰式”的小型字体和高卢的科比修道院书写改革经验的基础上，创造出“加洛林小写体”字体。这一新字体仍然以拉丁字母为基础，字母书写得呈现波浪形且稍有尖形，小而厚重，只有很少的连字弧线，短句之间留有较大的空隙。使用这种规范而且面积较小的字体，大大提高了书籍抄写的数量和质量，为当时乃至日后欧洲的教育普及与文化传播，提供了必不可少的条件。

对基督教原典《圣经》等著作的校订，是“加洛林文艺复兴”的又一重要成果。在查理曼时代，要提高作为社会文化之主要载体——神职人员的知识水平，使他们在传授知识与教化民众的过程中发挥应有的作用，就应当让他们熟悉基督教原典《圣经》等典籍，从中获得神学的知识与信仰。为此，在王国的范围内，就首先必须拥有一部统一刊行的准确、完整的《圣经》。长期以来，《圣经》文本的杂乱与谬误是一个极为突出的神学问题，直至查理曼统治初期还没有解决。为适应统一信仰、发展文化的需要，查理曼委托阿尔昆承担建立《圣经》之单一权威文本的重任。阿尔昆搜集了不同的版本，进行了深入细致的比较考察与分析，然后，以圣哲罗姆所订正的《通俗拉丁文本圣经》为主要参照依据，同时又不拘泥于这一版本，对《圣经》进行全面的修订。他通过认真的校勘与辨析，大胆删除其中的错误，理顺了全书的章节，厘清了一些疑难问题，并且在语句、标点上反复推敲。从797年起，经过3年多的艰辛劳作，阿尔昆终于编定出一部新版的《圣经》，这是对圣哲罗姆的文本的精致重建。

在古典文化的复苏上，“加洛林文艺复兴”也取得了一些成果。对中古初期的基督教来说，古希腊罗马的古典作品无疑带有“异教”色彩，阿尔昆等宫廷学者作为虔诚的基督教徒理应回避。然而，他们要推广学校教育，要校订《圣经》等神学典籍，就必须学习和传授拉丁文；而只有大量阅读古典的拉丁文作品，才能获得有关拉丁文语言的知识。由此，他们也在修道院、教堂等地方设法搜集残留下来的古罗马作家的作品，加以细心装订、抄写。这样，不少古典名著纷纷进入文人学者的视野。这些宫廷学者对古典文化显示出极其浓厚的求知激情。罗马著名的古典学者与诗人如西塞罗、维吉尔、贺拉斯、奥维德等都受到宫廷学者们的推崇。西塞罗的《图斯库兰论文集》、维吉尔的《田园诗集》等作品都受到他们的认同与钟爱。此外，恺撒的《高卢战纪》、卢克莱修的《物性论》以及塔西托的《编年史》等史学和哲学名著都被发掘出来。所有这些，都为后世认识与研究古典社会的精神遗产提供了珍贵的文献材料。

在语言使用上，“加洛林文艺复兴”成就可观。在罗马帝国后期，拉丁语是官方和民间共用的语言。日耳曼人南侵征服罗马帝国后，拉丁语由于大量渗入“蛮族”的语言因素而渐趋丰富，同时也日显混乱。一方面，各“蛮族”王国的宫廷与上层社会使用拉丁语，但各地的拉丁语在语法、发音上存在着差别；另一方面，各国的底层社会仍然保持着本民族的语言传统。为了在其庞大的疆域内推行政务与文化教育，查理曼极为重视语言的作用。他大力提倡在行政、外交中使用拉丁语，并让宫廷学者对拉丁语的使用进行统一化与规范化。另一方面，查理曼也提倡使用法兰克语与其他地方语言，并组织编撰母语语法，用法兰克语来为月份、乐器命名。这些努力的结果，使得西欧的语言分布格局基础大致奠定下来。在各地区、民族仍然保留着并演化着各自的语言传统的同时，拉丁语也逐渐规范，成为西欧统一的官方和教会以及整个文化学术使用的语言。这样的语言布局，为后来欧洲思想文化史既具有各民族的特征、又具有统一的脉络这一发展趋向，提供了不可缺少的历史前提。

“加洛林文艺复兴”的活动范围几乎完全局限在教士阶层中的文人学者，他们的旨趣主要在于通过文化活动来传播基督教的神学，具有很大的历史局限性。然而他力图将残留的希腊罗马古典文化、日耳曼民族的原始文化与古代的基督教文化纳入基督教神学信仰的框架中作一融会与整合，为欧洲基督教—封建文明的确立奠定了牢固基础。

5．封建经济、等级结构与城市的兴起

查理曼帝国瓦解后，西欧大陆大一统的政治局面不复存在。随着外族的不断

入侵和大封建主政治离心倾向的趋强，整个社会很快陷入分裂割据、动荡不安的政治局面，封建等级制度与封建自然经济构成了此后西欧封建社会数个世纪最基本的历史特征。

这一时期，在西欧大多数国家和地区，通过土地的层层分封与逐级占有，形成了以国王为最高封君、以土地分授为基础、以封君封臣关系为纽带的封建等级制度。在封建等级制中，各级封君对其封臣所行使的是封建的宗主权，一般只能对其直接封臣实施，但在一些地区，情况则有所差异。封君封臣制是自然经济盛行、国家公共权力分散与官僚政体尚未建立这一历史环境中的特殊产物，它对于构建封建的统治秩序具有重要作用。但由土地所有权与政治统治权融合成的封建领主权，在王权弱小的情况下常常显示出其固有的封建离心倾向。

实行封土制后，各级封建主在实施封建剥削时基本上都采用了封建庄园的形式。在庄园中，农奴在法律上不属于自由人，须向封建主交纳人头税，不能自由地迁徙，其婚姻、司法案件等都受到主人的控制。他们还要受到封建主的超经济强制的压榨，既要交纳劳役地租，也要交纳一些实物，还要服各种繁重的杂役。然而，农奴毕竟要比奴隶的地位高得多，而这正是中古西欧社会物质文明发展与积累的历史前提。在当时，封建庄园基本上是一个自给自足的经济单位，又是封建王国统治的基层组织。

大约从10世纪开始，随着生产力的发展与工商业的复苏，中古西欧的城市商品经济日益兴起。英国的伦敦，法国的巴黎，德国的科隆，意大利的佛罗伦萨、威尼斯都逐渐发展为重要的封建城市。城市商品经济的发展及其向乡村地区的渗透，促使封建庄园农奴制经济与封建等级制度逐渐衰落。另一方面，城市商品经济的发展导致了市民阶层的兴起，对西欧的封建政治日益产生重要影响。

6. 封建王权的兴起与罗马教廷神权的膨胀

从11世纪开始，由于社会发展层次与特色的不同，中古西欧的封建政治的发展呈现出不平衡的历史格局。在英、法等国，封建王权不断强化；在德意志，虽然建立了"神圣罗马帝国"，却仍旧处于王权孱弱、政治割据的状态；在意大利，城市共和国纷纷建立，罗马教廷的神权势力逐渐崛起；而在西班牙，一些基督教的小王国开始了与阿拉伯征服者的斗争。尽管如此，英、法封建王权的发展和王权与教廷神权的膨胀，仍然是这一时期西欧封建政治演进过程中最有影响的历史现象。

英、法等国的情况表明，封建王权是封建宗主权与国王公共权力的结合体。从理论上与当时的习惯看，处在封君封臣制这一金字塔顶端的国王，乃是各级封建主的最高封君，对各级臣属只能行使封建宗主权而不是国家的君权，这种权力只能对其直接封臣具有效力，而且受到诸多体现了封君封臣之间权利与义务关系的封建习惯的限制。另一方面，按照基督教神权政治文化传统中"王权神授"的学说与涂油加冕典礼，国王又是上帝授权的神命君主，具有天然而神圣的权威，应当代表上帝行使统治国家所有臣民的公共权力。但国王也应当服从神法，遵循教会的指导。同时，尽管封建王权与封建贵族和封建教会存在着利益纷争，但在根本利益上却是一致的。这就决定了贵族与教会基本上是王权的拥护者与支持者。此外，在城市兴起后，作为另一个重要的封建等级的市民阶层，更为封建王权提供了新的政治后盾。正是在贵族、教会与市民的支持下，英、法的封建国王不断克服政治离心倾向，不断政治集权，建立政府官僚制度，最终蜕去宗主权的色彩而成为王国的最高公共政治权威，并且在13世纪末14世纪初建立了封建的"等级君主制"。封建王权的兴起，有力促进了经济的复苏与城市的繁荣，推动了文化教育的发展

在封建王权日益兴起之际，罗马教廷的神权势力也开始膨胀。本来，中古初期的罗马教廷实际上一直依赖于法兰克王国王权的庇护，并无与王权抗争的能力。公元756年的"丕平赠土"，使得教皇国在北意大利建立，也使得教廷处在法兰克王权的支配之下。查里曼帝国瓦解后，罗马教廷开始注重拓展其神权权威，并在9世纪后期伪造了所谓的"君士坦丁赐予"这一文件来为其伸张权势鸣锣开道。然而直到11世纪以前，教皇还只是名义上的西欧教会的最高宗教领袖，并没有真正控制各国的教会。随着社会封建化的加深，各国的高级教士不断接受国王封赐，成为拥有大量地产的封建主。这些人既然皆系国王的封臣，就要向国王效忠并履行各种封建义务。教会的封建化必然要导致教会的世俗化，高级教士纷纷充任国王的顾问与官员，不少人更是享乐腐化，荒于教务。在此情况下，各国的封建王权直接控制了高级教职的任命、授予权，支配着本国的宗教事务。

自11世纪中期开始，克吕尼宗教改革运动日益兴起，为罗马教皇权威的崛起提供了历史契机。这一运动在10世纪发端于法国西南部的克吕尼修道院，后逐渐在西欧大陆展开。它反对教会的世俗化和俗权控制教会，反对神职人员结婚和神职人员的家族世袭职位，提倡整顿教规、严守戒条，鼓吹整个教会应当听命于罗马教廷。在克吕尼运动的推动下，自教皇格利哥里七世（公元1073～1085年在位）开始，罗马教廷开始了反对俗权控制教权、树立教皇神权权威的斗争。在这一过程中，教廷及其神学家鼓吹教皇权为上帝直接所授，王权为教皇所授，教廷有权废黜王权。同时，教廷从整顿教士道德、强化宗教纪律入手，逐步完善教阶制度，编撰教会法典，并以宗教立法的形式肯定了教皇的教职授予权和对教

士的最高司法权，将教会的圣礼厘定为 7 项，并将国王的涂油加冕典礼排除在圣礼的范围之外。此外，教廷还频繁地召开国际宗教改革会议，受理各国教士的诉讼，甚至直接与世俗君主展开了激烈的教职授予权之争。为了树立教廷的神权权威，从 11 世纪末期开始，罗马教廷在讨伐穆斯林异教徒的“圣战”旗帜下，更发动西欧各国的教、俗封建主对中近东地区进行了旷日持久的“十字军”东征。到了教皇英诺森三世（公元 1198～1216 年在位）时，罗马教廷对西欧的大一统神权权威终于确立。罗马教廷神权的膨胀其与封建王权之间的斗争，既导致了基督教神学的传统裂变与理论纷争，也为正统神学文化的发展提供了有利的环境。

7. 十字军东征对西欧文明的影响

在宗教神权膨胀的过程中，罗马教廷还从 11 世纪末期开始，在讨伐穆斯林异教徒的“圣战”旗帜下，先后发动西欧各国的教、俗封建主对中近东地区进行了持续了约 2 个世纪、多达 8 次的军事殖民侵略战争，即所谓的“十字军东征”。这些战争旨在利用西欧封建主和商人对土地财富的贪欲来实现罗马教廷扩展其神权统治范围的野心，将东正教纳入其神权支配轨道，并与伊斯兰教的封建统治者展开土地与权益之争。在东征的过程中，西欧的教、俗封建主不仅沿途烧杀抢掠，而且还曾经在巴勒斯坦、叙利亚南部和拜占庭等地区建立了一些封建殖民政权。西欧十字军的侵略，不断引起当地人民的反抗，更遭到了近东伊斯兰封建政权的有力反击。埃及的阿尤布王朝多次组织军队，给十字军以重创，并在 1291 年夺回了十字军的最后一个据点。这场侵略战争最后以西欧教、俗封建主的失败而告终。

“十字军东征”严重地摧残了中近东地区的社会经济与文化，给当地各族人民造成了巨大的灾难，耶路撒冷和君士坦丁堡等历史文化古城都受到了空前的浩劫与破坏，大量的人口和物质财富毁于战火。战争也消耗了西欧大量的人力物力，加重了西欧劳动人民的负担。但战争将尚武斗狠的封建贵族纷纷引向东方，客观上减轻了西欧社会内部封建割据混战的压力，有利于西欧封建王权的加强。罗马教皇利用这场战争扩展了其神权权威的影响，但这一“圣战”的面目随着其种种战争暴行而日益暴露，也使得教廷的威信开始趋于下降，反正统教会的“异端”运动由此而不断兴起。

“十字军东征”在客观上也促进了原已存在的东西方文明交流。东征扩大了西欧人的视野，增加了东西方人的接触。由此，东方农业文明中用于灌溉的风车、筒车和园艺技术等，水稻、甘蔗、芝麻、甜瓜、杏子、菠菜、茄子、向日葵、葱等作物相继传入西欧，促进了西欧农业的发展。此外，东方先进的纺织、印染、制糖、制陶、玻璃制造等手工业技术也传入西欧，推动了西欧手工业的进步。11世纪以来的西欧商业复苏也与这场战争有关。十字军的一度局部成功，使意大利等国的商人控制了对东地中海沿岸的城市贸易，他们不断将东方的香料、糖、水果、酒、棉花、染料、宝石、玻璃、药材、丝绸等运销西欧，并在西欧各地纷纷建立货栈和商店。这种持久的中介贸易，无疑是其后西欧商品经济勃兴的一个重要原因。

自13世纪后期开始，罗马教皇神权权威已越过顶峰而渐趋衰落。随着市民阶级与王权的结盟和英、法王权的不断强化，教皇的权力越来越多地受到封建王权的制约；日益高涨的宗教异端运动，给教会神学理论和教廷神权统治予以巨大冲击；“十字军”东征的失败，使西欧许多人死于非命，大量财物耗于战争，罗马教廷将中近东地区纳入其神权统治轨道的计划破产，其威信也随之下降；城市商品经济的繁荣，使得罗马教廷及各国高级神职人员追求物质财富与享乐的欲望更趋炽烈，其聚敛钱财、奢侈挥霍的腐败行径引起社会的普遍不满，教皇神圣的形象遭到严重损害。所有这些都表明，教皇权威的衰落已是势所难免。

13世纪末14世纪初，法王对法国神职人员征税，教皇卜尼法斯八世（公元1294～1303年在位）坚决抵制，并与法王展开权力较量，但最终彻底失败。这一事变成为中世纪教皇权力由盛转衰的历史转折点。卜尼斯八世受凌辱而死后，在腓力四世的压力下，一名法国主教在1305年被选为教皇，称克雷门五世（公元1305～1314年在位）。此教皇为托庇于法王，始终不去罗马，并在1308年将教廷迁至紧靠法国边境的阿维农。从此以后的七任教皇都是法国人，教廷在阿维农历时70年，受到法国王权的有力扼制。教会史上将教廷这一屈辱的经历称为“阿维农之囚”。教皇权威从此一蹶不振，其对西欧的大一统神权统治，已经一去不复返了。

8．教会神学支配下的中古西欧文化

(1) 基督教神权政治文化传统的积淀与流变

在中古西欧，随着基督教的植根与传播，教会的神权政治文化传统也逐渐积淀下来。这一传统的核心观念，就是将教会的宗教权威和君主的世俗权威都视为由上帝所授。这样的观念，其端绪远可溯源至基督教的原典之中。在《圣经》里，先知等神职人员被看作是耶和华神或上帝的代表，拥有所谓的灵魂拯救与罪过赎除等宗教权威，国王也被看作是由先知根据神意来选择的，世俗权威应受到恭敬服从。公元4世纪～5世纪时，深受罗马帝制影响而又被帝国危机所震撼的早期拉丁教父们在议订教义时，通过对《圣经》中有关神权政治的“微言大义”的阐发，开始较为系统地构建起基督教的神权政治思想。他们认为，人类因其“原罪”而堕落，需要神命的统治权威来加以惩罚与拯救，而这个权威只能由上帝所设。因此，国家是一个神的宗教机构，世俗政府的权威是神批准的；上帝为了让国王代表他统治人间，特为国王设一“职位”（Office），并“授权”给国王使其就职。国王是上帝的代表（Vicar of God），他有“上帝的影像和映像”。无论君主的行为如何，他都是神命之王，苛暴的国王代表上帝惩罚人类的罪恶，仁慈的国王代表上帝恩赐民众，任何人都必须绝对服从王权的权威。另一方面，早期的拉丁教父在宣扬“王权神授”的理想时，也从“灵魂”得救高于世俗生活、“上帝天国”高于尘世王国的信条出发，声称教会不仅是神的另一个宗教机构，而且教会因承担“拯救灵魂”的神圣职责而高于王权。故他们要求神命之王必须尊重法律特别是神法，在信仰上和道德上服从教会的指导，维护社会安定和平与教会的权益，不要施苛暴之政与干预教会事务。圣·奥古斯丁在《上帝之城》中所鼓吹的“双国”论，就是这种说教的一个典型。早期教父的神权政治思想大体都将王权和教权视为上帝命定的神权，其中包含着教、俗权“二元”对立、伸张教权自主的潜在意向。不过，这种意向并未改变他们所崇奉的“王权神授”的政治理想。在在他们看来，君主的暴政固然可憎，但君主的“职位”的神性并不会因其暴政而丧失，因为这个赋予国王以尊严和权威的“职位”为上帝所设。

中古初期，随着基督教的不断流播，教会神权政治文化传统的积淀日益深厚。在剧烈的社会动荡环境中，教会与王权建立了密切的政治联合。教会为了求得生存和发展，需要王权的庇护与恩赐；而新兴的“蛮族”封建王权要巩固和强化，也需要教会为其提供神权的保护伞。由此，教会神权政治文化传统中的“王权神授”理想得以四处流播，绵延不断。

随着教、俗权的平行增长，基督教神权政治文化传统开始发生巨大的分化与裂变，自11世纪中期开始，随着罗马教皇神权的崛起与教、俗权之争的展开，基督教神权政治文化中固有的教、俗权“二元对立”的潜在意蕴日益暴露和激化。自从教皇格利哥里七世1073年即位开始，罗马教廷就一直竭力在传统中发掘教权至尊自主的内涵，提出了“新神权主义”的政治学说。从“灵魂”统治权高于“肉体”统治权的原则出发，罗马教廷断然否定了王权直接源于上帝的“神授”的传统政治理念，鼓吹教皇权为上帝所授、王权为教皇所授的说教。针对罗马教廷的“新神权主义”的理论，一些依附于王权的“国王派”教士予以激烈的反驳。他们着力于阐发教神权政治文化传统中王权神圣合法的内涵，提出了“神命君权至上”的理论，论证王权高于教权并有权统治教会。

基督教神权政治文化传统的信仰裂变与理论纷争，引起了一些教会有识之士的忧虑与思考。12世纪的著名神学家、英国索尔兹伯尼的约翰（公元1115～1180年）从社会政治现实出发，经过深刻的反思与探讨，在1159年撰成《论政府原理》一书。罗马教廷的“新神权主义”政治学说和“国王派”教士的“神命君权至上”论，成为约翰思想的催化剂。他对争论双方的观点都作了有限度的认同和吸收，但却不愿偏离传统而走向极端。他力图通过对王权、教会的权威及其相互联系作一恰当的定位来整固基督教的神权政治文化传统。在此书中，约翰既鼓吹“神命”王权的合理性与神圣性，但也要求国王尊重教会的自主权，接受教会的指导。为此，他反对“暴君”统治，倡导“王道”政治。约翰的学说，是对基督教神权政治文化传统的完整继承和理论总结，反映了他要求消除政、教之间的矛盾冲突，恢复教、俗权之密切联合的政治理想。

(2)“经学传统”与经院哲学

中古西欧基督教的经学传统，是指基督教的圣经学文化传统，它包括对《圣经》的翻译、对《圣经》的解释以及对《圣经》中神学内涵的发掘与阐证等等。

在公元前4世纪以前，《圣经》都是用希腊文版本。《旧约》最初是用希伯来文写成。后来大约在公元前2～前1世纪又用当时流行的希腊文编译而成。这个版本首先在亚历山大被不熟悉希伯来文的犹太人所应用，一直流行在巴勒斯坦，后来基督教产生后又对此沿用。新约《圣经》最初也用希腊文写成。在罗马帝国后期，随着基督教的国教化，随着罗马帝国分裂成为东西两部分，为适应统治阶级的需要，必须完全实行《圣经》的拉丁化，必须对《圣经》作出论证与解释，使这部内容繁琐庞杂、历史典故与神话传说相互交织的原典中的神学伦理内涵与信条系统化与理论化，以形成一套规范信徒的思想取向与行为规范的拉丁文范式的教义。另一方面，为了同当时的阿利乌斯派等异端做斗争，牢固地维护基督教的正统地位，也需要对有关的神学论争进行拨乱反正，正本清源。正是在这样的情况下，早期的拉丁教父开始了对《圣经》的翻译与阐发工作。著名的拉丁教父圣·哲罗姆通过30多年的劳作，编译了《通俗拉丁文本圣经》，还撰写了一些有关《圣经》的介绍与注释的著作，这在中世纪被作为《圣经》评论的标准。在翻译与注释《圣经》时，哲罗姆使用了意义近似与隐喻的方法，其中有不少被认为与原意不合。此后不久，著名的拉丁教父圣·奥古斯丁在阐释《圣经》以构建基督教的教义时，也使用了哲罗姆的方法。他提出，在探究神学真谛时应当坚定不移地将对上帝及其神圣的旨意的理解与信仰有机地结合起来，“理解是为了信仰，信仰是为了理解”，不要将这两者对立起来。他更强调，要正确地理解《圣经》，不能拘泥于经文的词句字面意义的解释，而应当深入地推敲、体悟字面背后隐藏或包含的上帝的意志和启示，进而充分地阐发每个词句中的有关上帝之真理。这一致力于从原始经典中阐发出“微言大义”的方法，到了中世纪就被神学家视为圭臬，并形成了一个主观性极强的解释传统。

随着基督教的传播与罗马教廷神权的崛起，中古西欧的圣经学日趋兴盛起来，特别是出现了《圣经》注疏热，由此而产生了不少注释本。其中最有名的有两部。其一是《普通注疏集》，一般认为是9世纪上半叶由神学家斯特拉波依据古代拉丁教父以及其他一些学者的著述编成，他继承了哲罗姆与奥古斯丁的主观体悟法以解释《圣经》文句的内涵。此书的权威性很高，后来曾经被神学大师阿奎那在其著作中反复引用。另一部则是12世纪由著名的经院哲学家安瑟伦所编撰的《行间注疏集》，仍然沿袭拉丁教父解释方法。到了13世纪，还出现了《圣经词语索引》，以作为人们学习与研究《圣经》的参考。

在中世纪，随着教会取得对整个社会思想文化与知识教育的垄断地位，《圣经》也获得了至高无上的独尊地位，甚至具有法律效力。一切违反《圣经》及其有关的神学权威理论的思想与行为，都将被视为异端而要受到惩罚。在教会看来，《圣经》是人类过去与现在同上帝订立的契约，是上帝神灵的启示，是不可怀疑的信仰准则，也是真理的源泉，《圣经》的解释权只属于教会，俗人只有在神职人员的带领下才可以阅读《圣经》。这样一来，拉丁教父与经院哲学家的有关解释与注疏《圣经》的著作，教会重要会议的许多规定和决议，罗马教皇发布的教谕与教令也都成为绝对正确的真理。所有这些文件，再加上神职人员通过布道书、口头传教等方式所传播的东西，被称为圣传。教会强调，只有通过圣传，才能正确地理解《圣经》。换言之，人们从《圣经》中只能获得与理解那些由教会所传播与作出解释、判断的内容。由此，自拉丁教父开启而长期积淀下来、并被中世纪的教廷用强权加以整固的圣经学传统，就成为一种主观性极强的并且带有浓厚专制主义色彩的经典阐释传统。这一传统的实质就是正统教会通过对基督教原典之解释权的垄断，来构建一整套正统的神学理论，从而达到对整个社会的思想文化进行严密控制。

随着基督教“经学传统”的发展演变，经院哲学逐渐兴起。“经院”一词源于拉丁文 Schola，意为“学校”、“学院”。8世纪以来，查理曼大帝在其宫廷中创立学校，延揽一批教士学者，用脱离实际、空洞繁琐的逻辑推理来论证基督教的正统神学信条，并使它系统化和理论化，这批人被称为经院学者。此后，一批批神学家沿此学术理路而创立发展起来的学说，被总称为经院哲学。它肇始于9世纪，至13世纪达到鼎盛，14世纪随着封建社会和教廷的衰落而趋于瓦解。

经院哲学所要论证的主要对象，是创造一切、支配一切的上帝和其他神灵事物，其论证的方法是首先从《圣经》和教父著作中引经据典，然后再运用亚里士多德的一些空洞概念和形式逻辑的三段论来分析与证明。经院学者成年累月地在学院、寺院里谈经论道，既不研究自然界中的各种事物与现象，又不接触社会实际生活。他们皓首穷经，惟经是崇，一切都以《圣经》与教父的信条作为是非标准，将它们视为知识的源泉和绝对真理。经院学者在对“上帝创世”、“三位一体”、“原罪”、“实体转化”、“来世极应”等重大神学问题进行诡辩和空洞的论辩与阐发时，常常对一些无聊、荒谬的问题进行繁琐的争论。经院学者对《圣经》的解释，大体有四个层次：字义、寓言、隐喻、神秘解释。字义保存着事实的记录，后三者则完全不同，寓言启导人们应该相信什么，隐喻告诉人们该做什么，神秘解释则给人以盼望。这样的解释，常常给教士们的歪曲与杜撰留下了很大的余地。经院哲学立足于《圣经》而进行的“神本”主义的论证，则使《圣经》逐渐丧失了它的宗教伦理的原创性与活力，成了玄虚的哲学命题与空洞的哲理思辨的注脚。

在经院哲学发展的过程中，其内部也出现了唯名论与唯实论两派的理论纷争。唯实论始终是正统教会的神学理论，它认为，“一般”或“共相”是惟一的实在，愈普遍、愈抽象的东西愈实在。唯名论者却相反，认为只有个别的具体事物才是真实存在的，“共相”只存在于“殊相”之中，“共相”是人主观思维的产物，是一类事物的名称或概念，因此不具有实在性。唯名论者还常常对正统教义提出责难，强调理性和宗教一致，用理性来论证宗教，否定盲目信仰，提倡自由探讨学问。因此，唯名论者常被教会视为“异端”而加以迫害。

神学家托马斯·阿奎那（公元1225～1274年）是唯实论的代表。他著述颇丰，主要有《反异教大全》、《神学大全》，其中最重要的是《神学大全》。该书是对基督教神学理论进行全面系统总结和阐发的经典性著作，是中世纪神学世界观的百科全书。《神学大全》一书通过大量论证，旨在证明上帝及其权威存在与上帝是至善，是世上万物的归宿，并说明所谓罪人皈依上帝的道路。全书分为几百个问题，这些问题又分为许多“支题”，这些“支题”构成了上百个篇章。每一章节都是千篇一律地先提出反面论点，再从《圣经》或教父著作中援引文句来否定这些论点，并阐述自己的看法。而在论证的过程中，阿奎那歪曲和利用亚里士多德哲学中的形式逻辑和唯心主义成分来进行主观的论述与推理，勾画出一个以上帝为最终目的的严格的世界等级系统。他所创立出的神学唯心主义的思想体系，对基督教神学的发展，产生了重要深远的影响。

英国学者罗吉尔·培根（Rogier Bacon，公元1214～1294年）则是唯名论的代表。他所撰写的《著作主集》，冲破经院哲学的樊笼，反对盲从权威的意见，提出知识必从对事物的感觉经验中产生，只有特殊性才是个体的真实性，周密观察客观事物才是达到真理的惟一途径。培根的学说在当时被教会看做是异端邪说而加以禁止，但对后世却产生很大影响，他是英国经验论哲学和近代实验科学的先驱。

（3）宗教“异端”思潮

在中古西欧，罗马教会的神学思想将教、俗封建统治秩序神圣化，成为占据统治地位的意识形态。因此，要展开反封建的斗争，必须首先反对正统教会的统治；而要将具有浓厚宗教感情的民众组织起来，就必须为他们的切身利益披上神秘的宗教外衣。

自10世纪后期开始，西欧的宗教异端思潮逐渐勃发，此起彼伏。12世纪后期，巴尔干半岛的异端鲍格米勒派的主张经由参加十字军的农民和一些商人为中介，传入法国南部，促成了法国南部阿尔比异端运动的产生。该异端又分为卡塔尔派和华尔多派这两大教派。卡塔尔派又称“纯洁派”，它吸收了摩尼教的善恶二元论，认为整个世界充满善与恶、上帝与魔鬼这两个对立的因素，现存的封建统治秩序及一切制度和罗马教会都是魔鬼创造的。他们还揭露和抨击了高级教职人员的虚骄、贪婪与腐败，否定教会的宗教仪式和教阶制度，并要求废除什一税。这些主张，体现了市民阶层的要求。华尔多派因里昂商人皮埃尔·华尔多首倡而得名，它提倡平均财富，过简朴生活，体现了下层人民的愿望。

为了根绝异端，自教皇英诺森三世开始，罗马教廷着手组建由教廷直接指挥的僧侣团体，先后成立了多明我会与方济各会。其组织遍布西欧各地的修道院，对异端随心所欲地用火刑等加以镇压。13世纪初，教廷更组织十字军镇压了阿尔比派异端运动。

到了14世纪，市民、平民和农民的宗教异端思潮日趋高涨。英国神学家约翰·威克里夫（公元1324～1384年）的主张，就是当时市民阶级异端思想的典型。威克里夫曾任牛津大学神学教授与英王的侍从神甫。他曾把《圣经》由拉丁文译成英文，并撰写了《三人对话录》等著作。威克里夫认为，每个人都是上帝的直接的“佃户”，信徒和上帝之间不需要中介人，无需教会和神职人员；任何统治权都来自上帝的恩典和命令。他还认为，《圣经》是信仰的惟一教条，每个人只要相信《圣经》，按《圣经》行事就行，根本就不需要专门的教会和神职人员及相应的宗教教规及仪式。威克里还抨击了教会聚敛财富与僧侣的奢侈腐败，要求国家没收教会的财产，拒绝教皇对英国的掠夺。威克里夫的学说，反映了市民阶级争取政治权利、发展工商业经济的要求与建立“廉价教会”的愿望，既否定了罗马教会神权的合法权威，也对基督教的“经学传统”形成了有力冲击，成为以后资产阶级宗教改革思想的先声。

(4) 贵族文学与教堂建筑艺术

在中古西欧，文学艺术带有基督教神学思想与封建制的鲜明烙印。当时的文学作品，既有基督教的箴言、圣徒传记与布道书等，也有封建贵族的武功歌、传奇与抒情诗，还产生了反映市民情趣与要求的寓言故事。但相比之下，贵族文学作品不仅占据主导地位，其思想与艺术价值也要高得多。

贵族文学的思想底蕴是封建西欧特有的"骑士精神"。最初，骑士精神只是封建骑士的简单道德信条，到了西欧封建社会鼎盛时，才演变成为整个封建贵族阶级所推崇的一种基本精神素质与生活准则。

骑士精神的形成与发展经历了一个较长的过程。中古初期，战乱纷繁，社会混乱，忠心为主、勇敢忠诚就成了日耳曼骑士的座右铭。随着封建等级制度的确立，各级封臣都须恪守封建效忠原则，向封君提供服军役等义务，由此尚武忠君之风渐在社会蔓延开来。封建骑士视战争为正当事业，有的甚至不时地烧杀掠夺。为消除这种状况，教会为骑士晋封仪式增加了一种宗教仪式，即让其在礼拜堂守夜，做弥撒，并宣誓要保护教士、香客、寡妇和孤儿。这样，鄙弃懦弱胆怯、背信弃义与恃强凌弱而崇尚勇敢、忠诚、荣誉与祛邪扶正的骑士精神开始形成。随着商品经济的兴起与封建地产的日渐割裂，骑士军役制日益衰退，逐渐被雇佣军制取代，封建贵族逐渐转移到农业、牧业乃至工商业等实业经营上来而成为新型贵族。他们中不少人注重文化知识学习和子女教育，逐渐摈弃了尚武斗狠的传统习俗，养成温文尔雅的气质。由此，讲究礼让谦恭、尊重妇女、追求爱情的风度又为以往的骑士精神注入了新的内涵。

与骑士精神的演变相一致，贵族文学也出现不同的表现形式。最先产生的是颂扬骑士勇敢忠诚的武功歌，以法国的《罗兰之歌》为代表作。《罗兰之歌》是在民间流传的基础上，约于 12 世纪用民间语言罗曼语写成。这首史诗长达4 000行，以简朴流畅的笔调描述了查理曼的侄子罗兰伯爵在征讨统治西班牙的"异教"的阿拉伯人的战争中英勇阵亡的悲壮故事。它歌颂了"忠君爱国"的情操与勇敢无畏的精神，刻画出封建骑士的崇高形象。与《罗兰之歌》齐名的同类作品还有西班牙的《希德之歌》，它大约写成于 1160 年，是由一佚名诗人将基督教骑士鲁伊的品格与功勋加以理想化而创作出来的，作品描述了 11 世纪初西班牙人反抗阿拉伯异教徒统治的英勇斗争，颂扬了骑士忠诚、勇武与豪放的品格。当时，在法国北部还出现了一种以叙事诗为形式的骑士传奇，主要分为两大类。一类为不列颠的凯特尔人的传奇，以描写传说中亚瑟王和他的圆桌骑士之故事的作品居多。另一类则是模仿古希腊、罗马的作品而写成，如《亚历山大传奇》、《特洛亚传奇》等。这些作品中，主要叙述了骑士为爱情、荣誉或宗教信仰而进行奋斗、冒险的情节，反映了中世纪骑士的思想情感。随着骑士精神内涵的演化，自12世纪始，贵族文学中的骑士抒情诗逐渐产生。它以法国南部的普罗旺斯地区为发源地，然后以此为中心而传播到各地。这类诗歌主要是歌颂骑士对贵妇人的崇拜与爱恋，它所赞扬的并非是通常意义上的爱情，而是女人的美貌、智慧、品质与高贵的出身，旨在以此博得女人的欢心。由此，这类诗歌往往显得矫揉造作，玩弄文字游戏。不过，它的形式多样，有破晓歌、牧歌、情歌、怨歌、夜歌等等。其中以破晓歌最为著名，它描述了处于热恋温情中的骑士和美女在黎明前情意缠绵、难舍难分的情景。

在基督教神学氛围极其浓烈的西欧，建筑艺术集中体现在基督教的教堂上。教堂既是教会神权统治的堡垒，也是人们交往活动的主要场所，因此，教堂建筑比较集中地反映了当时人们的心态与观念。其时，西欧教堂的设计结构和建筑风格表达了基督教的宗教政治的深刻含意。教堂的高度及冲天态势和内部的圆的穹顶、祭坛与侧堂等，意在使人感受到一个完整的宇宙结构；而教堂通向大厅和殿堂的大门呈拱形，则被视为“通向天堂之门”。大教堂的空间结构还体现出时间的意义：世界的未来（“世界末日”）在西门，而神圣的过去被保存在东门。但在建筑样式上，西欧教堂则分为罗马式和哥特式两种。从中世纪初期到12世纪流行的是罗马式。这一式样的建筑脱胎于古罗马的一种有圆顶大厅和圆形拱门的长方形会堂建筑，厅堂极深，突出了设在教堂最里面的祭坛的意义；其长度、高度要比宽度的尺码大，使人在此感受到圆柱的高大和宽厚。这一式样颇为庄严、肃穆与雄壮，但窗户小而狭窄，大概是为了在动荡纷乱的环境中易守难攻。法国的普瓦提埃大教堂，德国的沃姆斯大教堂，英国的伊利大教堂，西班牙的孔波斯泰拉圣地亚哥大教堂，意大利的彼萨大教堂都属罗马教堂的典型。自12世纪初始，随着商品经济的复苏、物质生活的改善与人们审美情趣的提高，哥特式教堂建筑逐渐出现，到13世纪时风行西欧。因文艺复兴时期的意大利人视中世纪为野蛮时代，而以蛮族“哥特的”（Gothic）称之，故名。又因它最先出现在法国，也称“法国式建筑”。哥特式教堂克服了罗马式的厚重狭暗的风格。在外观上，它以曲肋拱和尖顶作为建筑物的整个结构模式，塔尖高耸，尖型的屋顶、屋脊、尖塔楼与尖形的饰物乃至门窗的带尖拱型的顶部，给人以一种强有力的向上升腾的形态与动感。而在内部，则以尖型拱门入堂，主堂与侧堂之间有穿通的连拱，配以轻盈通透的飞扶壁，修长的立柱以及彩色玻璃镶嵌的宽大花窗，给人以一种开放而又迷离的感受。这一系列建筑结构所塑造的奇异风格，造成了一种飘然欲升的幻觉，寓含着人们对上帝的景仰、祈祷和对神圣天国的向往与追求。较为典型的哥特式教堂有法国的巴黎圣母院、夏尔特尔大教堂，英国的林肯大教堂与坎特伯雷大教堂，德国的科隆大教堂，意大利的米兰大教堂等。特别是米兰大教堂，最高处距地面有103米，有100多个尖顶，内部装饰光彩华丽，仅雕像就有两千多座。

中古西欧教堂是雕塑、绘画艺术的中心。在罗马式教堂的雕塑中，法国图鲁兹的塞尔南教堂有关基督、使徒和天使的浮雕像，庄重而又严肃，负有盛名。当时的艺术都笼罩着一层浓厚的宗教灵光，所塑造的形象大多显得呆板、僵化。但在哥特式教堂的雕塑中，也有一些作品将上帝、耶稣、天使、圣母、圣徒乃至魔鬼的形象加以拟人化与生命化，显得栩栩如生。到13世纪后期，这一特征进一步发展，所雕塑的人物更富有人情味，圣母成了与婴儿嬉戏的母亲，基督带着福音传道者的微笑欢迎门徒。教堂中的壁画同样也主要是以《圣经》人物和故事为题材的，但技巧都比较生硬，缺乏写实技巧。当进，教堂的这些艺术创作都有包揽天地万物气势，反映了基督教以神为本的宗教宇宙观。由此，许多大教堂的这类作品数量众多，仅法国的夏尔特尔大教堂就有约八千个铜刻和描绘的形象。

(5) 中古西欧的学校教育

中古西欧的学校教育，经历了一个不断发展的历程。从6世纪至11世纪，由于教会僧侣取得知识教育的垄断地位，教会学校纷纷开设，学习科目除读、写和神学以外，主要是所谓的“七艺”，即文法、修辞、逻辑、几何、数学、天文、音乐。学习文法是为了正确翻译《圣经》及其他神学典籍，修辞与逻辑的掌握有助于对神学的解释、论证与传播，几何与数学是教堂建筑的设计与建造所必需的知识，天文学的传播与教会解释天象等密切关联，音乐的学习可以使人深刻理解教会礼拜中所唱圣歌的内涵。

从12世纪开始，随着城市商品经济的兴起，原来的教会学校已不能满足社会对文化教育的多层次需求，城市学校相继建立。这类学校注重法律、数学等方面的教授与计算的训练，有的还用本地的民族语言讲授，很受人们的欢迎。与此相应，一个新的职业塾师阶层形成，他们以教育为职业，以取食束脩为生。塾师中的不少人是著名学者，既精通神学，也熟谙法学、古典哲学乃至自然科学。塾师阶层的出现，推动了教会学校和城市学校的发展，在此基础上产生了一批中世纪的大学。12世纪中期在意大利波隆那学校基础上产生的波隆那大学，应是中古西欧的第一所大学。那时一批知名的罗马法学者在该校任教，其精湛的学识和高超的论辩术吸引了欧洲各国的学生，波隆那大学也就应运而生。稍后，法国的巴黎大学、英国的牛津大学等相继建立。随之，英国的剑桥大学，西班牙的萨拉曼卡大学，法国的蒙彼利埃大学，意大利的那不勒斯大学等也渐次出现。

中古西欧的大学一般都用拉丁语讲课，内容大体分为神学、文艺、法律、医学四科。不过，意大利、西班牙和法国南部的大学以波隆那大学为典范，侧重于法学与医学，而其他地区的大学则以巴黎大学为模式，侧重于神学和文艺。文艺学科是普通的学科，教师和学生最多，主要学习“七艺”中的文法、修辞与逻辑，学生通过公开答辩的考试，就能毕业获得学士学位，然后再经两年的辅助学习，取得从事教育的资格，得到硕士学位。神学、法学、医学学科的学生则必须在文艺学科毕业后再行深造，以获得相关的硕士、博士学位。大学的教学方法主要是教师授课和学生记笔记、举行自由辩论会。其时，书籍誊写在羊皮纸上，价格昂贵，不少学生买不起，只有靠记忆、背诵和讨论来掌握教师传授的知识。中古西欧大学的规模大小不一，以巴黎大学最为庞大而著名，下辖不同的学院。学院最初是供贫困学生生活的住所，后来逐渐兼为读书、讲学的地点，称为“学院”。中世纪西欧的大学形成后，曾一度享有不同程度的自治权，但不久又处于教会和市政当局的控制下。为此，大学中的教师同业公会或学生团体经常组织起来进行要求自治权的斗争。在中古西欧的大学中，仍然盛行着基督教神学信仰与经院哲学方法。但大学的文化氛围相对自由与宽松，有利于人才培养与学术文化的发展。

9．中古西欧基督教—封建文明的历史地位

在西方文明史上，中古西欧基督教—封建文明应有何种地位？这是一个不易界定的重要问题。在西方文明的历史进程中，由于处在繁荣的希腊罗马古典文明与近代早期文明兴起的文艺复兴之间，中古西欧的基督教—封建文明的确显得逊色。自然经济模式与封建人身依附关系盛行于世，物质生活水平低下，基督教的“神本”思想笼罩着整个社会，这些特征常常使得人们把它视为西方文明史上的一个“倒退”、“野蛮”的时代。在文艺复兴中的人文主义者与启蒙运动中的启蒙思想家中，就有不少人据此将西欧的基督教—封建时代称之为处在西方两大社会文明繁荣期中的“插入”的黑暗时代，而这也就是我们今天将这一历史时期称为“中世纪”（Middle Ages 或 Medieval Times）的由来。然而，到了现代，随着有关研究的不断深入，人们开始摆脱这一传统观点的困扰，对这一问题逐渐有了比较客观的认识。

与历史上各种人类文明一样，中古西欧的基督教—封建文明也有着其自身的历史局限性。而且，在物质文明与精神文化方面，它不仅难以望近代西方文明之项背，而且在一些层次上也比希腊罗马的古典文明逊色。不过，在西方文明发展

进程中，这一文明的重要地位却是显而易见的。

在西方文明史上，中古西欧的基督教—封建文明取代奴隶制的古典文明乃是历史的必然。它的出现，并非意味着西方文明史发展进程的倒退与断裂，而是西方文明在新的历史条件下的重构与整合。固然，基督教的“神本”学说与古典文明的某些人文精神与科学精神存在尖锐的对立，封建人身依附关系也不像古典世界的公民社会那样适合于人性的要求与人的创造力的发展，而古典文化的辉煌更使得依附于神学的中古文化相形见绌。然而，古典世界有着自身难以克服的社会矛盾，难免走向衰落，并淹没在奴隶、隶农大起义与日耳曼民族大迁徙的浪潮之中。在新的历史环境中，西方文明只有经过一次新的洗礼与蜕变，才能延续与发展起来。在中古初期经济残破、文化衰退与政治动荡的背景下，社会需要的是基督教的“神本”思想而不是古典的人文与科学精神，是封建的人身依附体制而不是古典城邦公民社会。正是这种社会需要的逐渐实现，西方文明又开始了新一轮演进过程。这一过程同时也是西方文明史空间范围迅速拓展的过程。随着日耳曼蛮族封建国家的出现与发展，借助于基督教的流播与封建制的推广，西方文明圈不再局限于古典社会所植根的阿尔卑斯山以南的地中海区域，而是逐渐向北扩展到整个西欧。同时，在这一大面积的文明地带，出现了诸多的物质、精神的创造和积累，在此基础上形成了一系列新兴的民族国家与繁荣的城市，为近代西欧文明的酝酿奠定了历史基础。如果没有中古西欧基督教—封建文明承上启下、继往开来的作用，近代西方文明的产生与发展是不可能的。

二　拜占庭文明

1.“查士丁尼时代”的拜占庭帝国

在中世纪，在西欧文明不断发展的同时，地跨欧亚的拜占庭帝国的文明则走过了由盛转衰的历程。

拜占庭帝国就是在公元 395 年由罗马帝国分裂出来的东罗马帝国。它的领土以巴尔干半岛为中心，包括爱琴海诸岛、小亚细亚、叙利亚、巴勒斯坦与埃及等地，因其首都君士坦丁堡是古希腊城邦拜占庭的旧址，故名。帝国不仅疆域辽阔，而且民族众多，有希腊人、希腊化的埃及人、叙利亚人、犹太人乃至西班牙人、意大利人等。

拜占庭帝国地跨欧亚大陆，是当时东西方经济文化交流最密切的地区，境内城市众多而繁荣，工商业十分发达，尤以对外贸易为甚。这种状况，为帝国提供了丰富的财源，使其能够保持强有力的军队与庞大的官僚政府，强化国家机器来维护统治。另一方面，在拜占庭的农村，奴隶制农庄规模较小，数量不多，主要的劳动者是隶农。正是基于这两方面的原因，拜占庭帝国在西罗马帝国衰亡之际，仍然能够渡过当时的奴隶制危机而延续下来。

著名皇帝查士丁尼（公元527～565年在位）即位后，采取了一系列巩固统治的重大措施，使拜占庭一度进入了“中兴”的“查士丁尼时代”。

在政治上，查士丁尼通过立法来鼓吹“君权神授”与皇权至上，拟定突出君主权威的宫廷礼仪。为加强中央集权，他铲除对抗皇权的贵族，整顿军队与官僚政府。在宗教上，查士丁尼大力提倡皇帝控制东正教的“至尊权”，同时又支持兴建教堂与修道院，赐予教会种种特权，并以高压手段打击“异端”学说与教派，作为希腊古典文化之一大象征并具有900多年历史的雅典的柏拉图学园，由此而被关闭。他还组织一批法学家，将罗马的各种法律文献与他颁布的法令，编辑成《查士丁尼法典》、《法理汇要》、《法学总纲》、《法令新编》四部，合称为《民法大全》。该法典是对罗马法的袭用总结，是欧洲历史上第一部完备的法典。它既维护专制皇权与奴隶制，但也注重保护财产私有权，调解作为小私有者的公民之间的各种法律关系，对后世法律产生重大影响。

查士丁尼注重发展工商业，以便为帝国的统治打下牢固的物质基础。为打破波斯人与阿拉伯人对丝绸之路的控制，沟通同东方的直接贸易，他鼓励对远东商路的开辟，注重从中国引进养蚕技术来发展丝织业，并与波斯展开对红海贸易的争夺。

查士丁尼的政治理想不仅是要巩固政权，而且试图从西欧“蛮族”的手中夺回帝国的西部，重新实现罗马帝国的政治大统一。为此，他从533年起，数次发动了对西地中海地区的大规模征服战争，灭掉北非的汪达尔王国、意大利境内的东哥特王国，还占领了西班牙的东南部地区。其结果，使得帝国的疆域比他刚即位时扩大了近1倍。但这个地跨欧、亚、非的“罗马帝国”只是昙花一现。在他死后，这些新征服的地区又逐渐丧失。

2．东正教及其与世俗皇权的关系

拜占庭帝国境内盛行的是“东正教”。东正教（希腊文为 Orthodoxia）又称为“希腊正教”、“正教”，是基督教的一大派别。它是在基督教的流播与罗马帝国分裂为东、西两大部分的基础上产生的。基督教产生后不久，逐渐分化为以讲希腊语的地区为中心的东派和以讲拉丁语的地区为中心的西派。此后，“东派”以君士坦丁堡主教区的大教长（又称为“牧首”）为基督教会的最高神权领袖，并在东罗马皇帝的支持下，与以罗马大主教为首的“西派”分庭抗礼。到了中世纪，双方为争夺基督教会的最高统治权的斗争更趋激烈，不仅在重大的教义、礼仪与教务问题上展开一系列论战，而且直接卷入到了拜占庭帝国与西方“蛮族”王国的权力冲突乃至与意大利城市之间的利益纷争之中，直到1054年东、西两派正式分裂、自成一统为止。东派教会自称为“正教”，意即保有基督教正统教义的正宗教会。它坚持崇奉8世纪末以前基督教形成的正统教义，以《圣经》为神学信仰的神圣经典，不承认任何后来教会权威制定的律法，力图保持教义的纯洁，故而在基督教各派别中显得保守。又因为在宗教仪式中以希腊语为主，故称为“希腊正教”。不过，它也允许各个民族的教会可以用本民族的语言举行仪式与传教，甚至主张各地教会有适当自治的权利。

在拜占庭帝国的政治史中，并没有形成中古西欧曾一度出现的那种教、俗权对垒、抗衡的局面。东正教在形成与发展的过程中，与拜占庭的世俗皇权密切联合，成为其统治的精神支柱，同时又与其展开权益纷争，欲图实行教务自主。不过，由于当时的拜占庭皇权还比较强大，在利用东正教的同时又对其形成了有力的钳制。拜占庭的皇帝从一开始就享有控制东正教会的“至尊权”。他们支持东正教反对“西派”与异端派别的斗争，同时宣布自己是教会的保护人，将教务看作是帝国政务的重要组成部分，裁决教会内部的神学争端，控制高级教职的任免。这些举措，也曾引起一些教会人士的强烈不满。为进一步控制教会，公元8世纪初，拜占庭皇帝利用军事贵族对教会财富的渴望，利用下层群众的“保罗派”异端思想及其所发起的“破坏圣像运动”打击教会。他们除了颁布命令废除圣像崇拜外，还没收教会的土地、财富来补充国库，并让修道院的僧侣还俗。这一运动持续了百年，教会受到沉重打击，从此无力违抗皇权。

3. 斯拉夫人的南迁与拜占庭社会的封建化

拜占庭社会经济形态的变革与西欧也有类似之处。从古代向中世纪过渡这一时期，尽管帝国的奴隶制经济中出现了隶农这一封建因素，但封建化过程的开启，则是由北方的“蛮族”斯拉夫人的南迁而肇始的。

斯拉夫人属于印欧语系的斯拉夫语族。最初大致分布在维斯瓦河以东、喀尔巴阡山以北、第聂伯河以西、波罗的海以南的广大地区。大约在公元前1000年左右形成东、西两部，以农、牧业为生。大约在公元1000年至2000年之间，斯拉夫人开始广泛使用铁器，社会经济较快发展，原始公社制度趋于解体。到了该期间后期，各部斯拉夫人开始建立了一些较为原始的封建国家。

大约从公元7世纪开始，斯拉夫人从北方大规模入侵，占据了帝国境内巴尔干半岛等地区的大片土地，建立了许多自由农民组成的农村公社。斯拉夫人的农村公社与帝国原有的隶农制相结合，开启了拜占庭的封建化过程，直至12世纪最终完成。在这一过程中，广大的自由农民或因内部分化、或因国家的繁重赋役与教、俗贵族的兼并而纷纷破产，沦为农奴，为此曾爆发过大规模的反抗。而贵族与东正教会通过广占田产，成为封建领主，拥有为国家征税等特权，并逐渐将领地变为世袭，由此而酝酿出对抗皇权的封建离心倾向。

拜占庭帝国与西欧的法兰克人的王朝、罗马教皇等曾经长期展开过宗教信仰之争，与意大利的一些城市，更存在着地中海区域商业贸易权的争夺。1204年，西欧教、俗贵族发动的第四次十字军东侵，将其首都君士坦丁堡焚掠一空，并占据了它的大部分领土，建立了一个“拉丁帝国”（公元1204～1261年），东地中海的贸易也落入威尼斯之手。这一巨变给予拜占庭帝国以沉重的打击。虽然后来得以复国，但领土大为缩小，并出现了封建割据，由此而走向衰落。从14世纪开始，拜占庭的商品经济得到较快发展，封建制度趋于瓦解。但封建割据使得其难以形成国内统一市场。到了15世纪，帝国内部阶级矛盾激化，外部又不断受到新崛起的奥斯曼土耳其人的进攻，统治集团内部也内讧屡起，终于在1453年被土耳其人攻灭。

4．拜占庭的文化及其影响

（1）哲学、史学与建筑雕刻艺术

拜占庭帝国的文化充分地融会了希腊古典文化与埃及、西亚等地的古代东方文化的营养，留下了丰富多彩的文化成果。

拜占庭的哲学流派众多，哲学与基督教神学常常纠缠在一起，密不可分，但仍然大量吸取了希腊古典哲学的思想营养。帝国初期，新柏拉图主义哲学十分流行。其代表人物普洛科路斯（公元410～485年），在综合古典客观唯心主义哲学与基督教神学的基础上，论证了宇宙的从高到低的“存在”的层次与人的“感知世界”的局限。稍后，新亚里士多德主义哲学逐渐兴起，其代表人物菲洛普诺斯（公元490～574年），则运用演绎法与三段论逻辑形式去推理，认为世界上既存在着永远是第一位的个别具体的事物，同时也存在着一个具有决定作用的“灵魂”世界，整个宇宙都是由原动力来推动的。这两大派别的看法，无疑分别是对柏拉图的“理念”论与亚里士多德的“实体”论的新阐述，对帝国后来的哲学发展影响很大。

拜占庭的史学较多地继承了古典史学的传统，取得丰硕成果。查士丁尼时期的著名史学家普罗可比所撰写的《战史》、《建筑》与《秘史》等著作，史料详实，条理清楚，语言生动，是研究早期拜占庭历史的基本资料。

由于继承了古典文化的传统，吸收了波斯与两河流域的文化营养，拜占庭帝国的建筑雕刻艺术尤其显得博大精深，风格独具。在查士丁尼时代，帝国的首都君士坦丁堡是当时欧洲最大的城市。它所拥有的巨大辉煌的宫殿、教堂以及鳞次栉比的住宅、浴室、旅馆、游乐场等，构成了风格奇特的庞大建筑群。皇宫与元老院大厦主要采用大理石建造，内部有富丽堂皇的壁面装饰。皇宫中有接见来使与官员的正厅，还有皇帝的寝宫、庙宇与花园。有的公共浴室建筑雄伟，占地多达20多万平方米，热水大厅多为全圆形，上有穹顶。在中心广场与闹市区，还常常建有大理石的回廊。位于首都的圣索菲亚大教堂，堪称建筑艺术的丰碑。为了修建这一教堂，查士丁尼从国库中动用了大量的黄金、象牙、宝石、大理石，征调许多精巧的工匠与大批劳工，于525年开始动工，历时5年方得以建成。该教堂占地近1万平方米，其中央为一大穹顶，穹顶的中央离地面有55米，显得十分高大明亮。它的高大的柱廊用大理石构建，并在柱头、柱身上围有金铜箍。穹顶都用金色或蓝色的玻璃作镶嵌装饰，四壁都是有关宗教传说、圣徒与帝王像等的精美镶嵌画。圣索菲亚大教堂是拜占庭文化中最杰出的作品，堪称欧洲文明宝库中的艺术瑰宝。

(2) 拜占庭文化的影响

拜占庭文化的重要影响之一，就是对斯拉夫民族的文化启蒙。在欧洲，中古之初的斯拉夫社会处于原始社会解体时期，文化十分落后。9世纪中期，拜占庭的东正教教士希利尔与其弟应斯拉夫人的保加利亚国王的邀请而前往传教。他们帮助斯拉夫人建立了独立的教会，并用希腊字母为斯拉夫方言拼音，创造出了“希利尔文字”，还用这一文字对《新约》与希腊典籍进行翻译，由此而奠定了斯拉夫文字、文学的基础。此后，斯拉夫各地纷纷皈依东正教，建立起教堂、修道院与学校，新兴的斯拉夫国家则派遣留学生到君士坦丁堡的教会与世俗学校学习，并仿效拜占庭建立起官僚政府机构与税收制度。拜占庭文化的影响，推动了斯拉夫民族的文明化进程。

拜占庭文化在古典文化遗产的继承与东西方文化的交流中发挥了极其重要的作用。希腊罗马的许多古典文化典籍，都在这里被保存下来，影响到了阿拉伯文化的发展，后来又通过阿拉伯人或直接传入西欧，对中古西欧文化的发展产生了重要影响。到了中世纪后期，随着奥斯曼土耳其人对拜占庭侵略的加剧，许多精通古典文化的学者、教师携带大批古希腊罗马的典籍纷纷逃往意大利，激起了古典文化研讨的高潮，由此而推动了意大利乃至整个西欧文艺复兴运动的发展。

思　考　题

1. 试析“早期拉丁教父”的神学活动对基督教发展的意义。
2. 国王的涂油加冕典礼的内涵及其政治意义。
3. 简论查理曼在基督教—封建文明确立过程中的作用。
4. 略评西欧的封建经济、等级结构的概况。
5. 略述封建王权的崛起及其与罗马教廷的权力纷争。
6. 十字军东征对西欧文明有何重要影响？
7. 简述基督教神权政治文化传统的积淀与流变。
8. 扼要论述中古西欧“经学传统”及其对文化的影响。
9. 试析骑士精神的嬗变对贵族文学的影响。
10. 中古西欧教堂建筑艺术有哪些基本特征？
11. 试析查士丁尼在拜占庭文明发展过程中的作用。
12. 简述拜占庭文化的主要成果及其对斯拉夫文明与西欧文明的影响。

第五章

中古亚洲的阿拉伯—伊斯兰文明

亚洲阿拉伯—伊斯兰文明，发端于阿拉伯半岛贝都因人的原始部落社会，它以伊斯兰教信仰为思想支柱，以比较发达的封建农业经济与城市工商业经济为物质基础，以政教合一的君主中央集权制度为政治特征，构成了中世纪时代欧亚大陆的又一种主要社会文明。阿拉伯的伊斯兰—封建文明，是在阿拉伯社会的巨大变动与阿拉伯人对外军事扩张的基础上，充分吸取西亚、北非乃至西方古典社会文明的营养而孕育发展起来的；同时，它的不断对外传播，又与欧亚大陆的其他文明产生碰撞与交汇，对中古西欧文明与印度文明都产生了重要影响。

一　阿拉伯人的建国与扩张

1．伊斯兰教的形成与阿拉伯国家的产生

“伊斯兰”在阿拉伯语中为“和平”、“顺从”之义。伊斯兰教的形成与阿拉伯国家的建立，开启了阿拉伯—伊斯兰文明的端绪。位于亚洲西南部的阿拉伯半岛，三面环海，北接两河流域。半岛绝大部分为沙漠和草原地带，其间只有少数绿洲适合放牧与耕种，西南端的也门，因雨水充足，很早就有发达的农业出现。半岛居民主要是贝都因人，他们逐水草而居，过着原始公产制下的游牧生活。

西部红海沿岸一带的汉志地区，是地中海和印度洋之间的重要商道，由此产生了麦加、麦地那等重要城市。麦加城的主要居民是古莱西部落，多以工商业为生。

在伊斯兰教产生之前，半岛上主要盛行的是折射出半岛自然环境和原始部落游牧生活的土著原始宗教。各部落都有自己崇拜的神灵，显示出多神教的特征。阿拉伯人的原始宗教崇拜较为复杂。其中有对雨水、太阳、月亮、岩石等物的崇拜，还有鬼魂与祖先崇拜。各个氏族部落还有自己崇拜的神灵偶像和崇拜仪式。在麦加城的被称之为克尔白（又译成"天房"）的古庙中，就有许多个氏族部落崇拜的偶像。

伊斯兰教是公元6世纪、7世纪之交阿拉伯社会剧烈震荡与深刻变革的历史产物。其时，贝都因人内部的贫富分化日益加深，阶级对立开始显现，部落之间的财产争夺和血亲复仇不断发生。动乱与战争既破坏了正常的生产生活秩序，也给外敌的入侵造成了便利条件，埃塞俄比亚在拜占庭的支持下与波斯为争夺也门地区而不断战争，使也门地区土地荒芜，商旅不行，经也门北上穿过汉志地区的商道被截断。在此情况下，阿拉伯社会的各种矛盾开始激化。原先麦加等城市商队的保镖、脚夫大量失业，工商业者纷纷转向放高利贷，受到盘剥的下层群众又沦为奴隶，引起不断的斗争。这样的形势使得各阶层要求建立统一国家的呼声日益强烈。为了镇压群众反抗，消除部落之间的冲突，掠夺更多的奴隶与土地，贵族需要建立强大的国家机构。下层民众既不甘于破产贫困，也希望获得牧场与土地，故要求实现政治统一。这样的态势反映到意识形态领域，就是伊斯兰教的产生。正是顺应了这一历史趋势，穆罕默德（公元570～632年）在吸收犹太教与基督教的某些思想因素的基础上，在7世纪初创立了伊斯兰教。

《古兰经》是伊斯兰教的神圣经典，它包含着伊斯兰教的宗教神学理论，不仅是穆斯林的世界观和人生观的思想基础，而且也是日后阿拉伯国家立法的最后依据。按照伊斯兰教的教义，"安拉"是创造和掌管宇宙万物的惟一真正的神灵，凡是虔诚信仰安拉的人死后都可以升入绿树葱茏、泉水甘甜的天堂，否则就要进入充满烈火的地狱；穆罕默德是安拉的使者，是先知先觉的圣人，要信仰安拉，就要服从穆罕默德。正是为了强调信仰与服从，穆罕默德把他创立的宗教称为"伊斯兰"，即"皈依"之意，而把教徒称为"穆斯林"，意即信仰与服从安拉的人。此外，伊斯兰教还主张凡信徒皆平等，反对高利贷剥削，保护私有财产，并鼓励信徒对异教徒进行"圣战"，勇于为"真主"而牺牲。伊斯兰教的宗教规范和义务也十分严格。每位信徒一生中必须认真地履行"五功"。其一为信仰。即虔诚信仰宇宙之惟一"真神"安拉，要朗读"除真主（安拉）外，别无神灵；穆罕默德是真主的使者"。任何人只要接受了这一信条，并当众朗读这两句话，就成为穆斯林。其二是礼拜。每个穆斯林每天要向麦加的克尔白方向做礼拜5次，星期五则要举行集体礼拜。其三是斋戒。规定信徒每年伊斯兰教历9月，从破晓到日落期间禁止一切饮食，并戒除一切享乐。其四是施舍。凡是穆斯林都应当自愿施舍财物，救济贫苦之人。这在后来发展成为一种法定的财产税，称"天课"，每人要捐献其收入的2.5%用于济贫。五是朝觐。凡是身体健康又有经济能力的穆斯林，一生中应当去"圣地"麦加朝觐一次，时间是伊斯兰教历12月上旬。这被称为"大朝"。此外，个人随时前去的朝觐，则称为小朝。

伊斯兰教的产生，为阿拉伯统一国家的形成提供了强大的精神支柱与政权组织模式。穆罕默德为传播其新教思想而与守旧的麦加贵族展开斗争。为逃避迫害，他在公元622年率领一些忠实信徒奔向麦地那，在那里组建了一个统一的穆斯林公社，这实际上是一个具有宗教、军事与行政等多重功能的组织，是政教合一的阿拉伯国家的雏形。在此后不久，随着部众的日益增多，穆斯林的势力不断扩大，终于在公元630年取胜，进入麦加城，捣毁了克尔伯古庙中的旧神灵偶像，只留下黑色的陨石，将此古庙改为清真寺。而麦加则归顺了穆罕默德的权威，得以保留其作为宗教中心的地位。接着，半岛上的各部落纷纷归附伊斯兰教，尊奉穆罕默德的政权。到了公元632年，阿拉伯半岛基本上实现了政治统一。

伊斯兰教的产生与阿拉伯统一国家的建立，结束了半岛多神崇拜与部落纷争的混乱动荡局面，加快了阿拉伯人的社会发展进程，为阿拉伯—伊斯兰封建文明的酝酿与发展奠定了基础。

2. 阿拉伯人的向外扩张与阿拉伯帝国的繁荣

作为诞生在原始社会解体时期、并以游牧部落为其主要信徒的一神教，伊斯兰教有着强烈的"普世主义"精神。它要求每个穆斯林都要全力捍卫与传播"真主"的福音，并向世界上所有的"异教徒"展开"圣战"。这一强烈的宗教扩张精神，正是阿拉伯人开拓生存空间的渴望在宗教信仰中的反映。因此，阿拉伯国家建立不久，就以由自由牧民组成的骑兵为主力，在伊斯兰教"圣战"的旗帜下，向外进行大规模的军事扩张。先后将两河流域、小亚细亚、巴勒斯坦、伊朗、中亚、印度北部与北非乃至西班牙等广大地区征服，形成了一个地跨欧、亚、非三洲的大帝国。到了阿拔斯王朝（公元750～1258年）初期，帝国达到了鼎盛阶段。阿拉伯人的对外征服过程，实际上也是阿拉伯社会转型的过程。在其所征服地区较先进的社会文明的影响下，阿拉伯人告别了原有的粗陋的国家体制与游牧生活方式，建立起成熟、稳定的政治与经济制度。

阿拉伯帝国实行政教合一的专制统治。君主称“哈里发”，独揽全国的军政大权。在他之下，设有宰相（维齐尔）与帝国会议辅政，统辖各个中央职能部门。在地方上建立许多行省，派总督前往掌握统治大权。同时，哈里发也是伊斯兰教的最高精神领袖，直接管理麦加与麦地那这两处圣地，具有裁决教义纷争的权威。而在司法上，《古兰经》与《圣训》的条文具有法律效力，法官几乎都是由伊斯兰教的神学家担任。

随着帝国的建立，阿拉伯社会也逐渐封建化。通过哈里发的封赐，贵族与清真寺等都占有大量地产，成为封建主阶级。而长期的战争与苛重的赋税，则加重了阿拉伯的农、牧民的军役与经济负担，不少人沦为依附贵族的农民。在帝国中，还大量使用来自非洲的黑奴。

阿拉伯封建社会的矛盾反映在意识形态领域中，就是在倭马亚王朝时期开始的伊斯兰教内部激烈的派别之争，产生了一些影响较大的异端派别，政治斗争始终与教派冲突纠缠在一起。自 9 世纪后期开始，阿拉伯帝国内部的各种社会矛盾日益激化，其统治力量逐渐衰落，到了 10 世纪便陷于分裂。

阿拉伯大帝国的建立，不仅将一些发达的文明区域囊括至哈里发的统治之下，而且打破了各地区之间由于国家、宗教的不同而造成的重重壁垒，构成了一个有利于东西方各地区生产技术与商业贸易交流的广阔地带。此外，哈里发的专制政权为了巩固国家的物质基础，比较注重水利实施的兴修与维护，支持工商业生产。所有这些，都为帝国的繁荣创造了十分有利的条件。

阿拔斯王朝初期，两河流域、尼罗河流域、河中地区与波斯湾沿岸这些传统的农耕地区，此时更成为帝国最发达的农业生产中心，农作物种类繁多，产量也很高。在手工业上，采矿、金属加工、纺织、制陶等部门都十分兴旺。而各地的名优产品，如大马士革的锦缎、库法的绢，布哈拉的毛毯，叙利亚的玻璃都享誉很高，远近畅销。公元 751 年在中亚的怛罗斯之战中，中国唐朝高仙芝率领的军队被阿拉伯骑兵击败，大批士兵与工匠被俘，中国的造纸技术由此传入。此后造纸厂先后在帝国首都巴格达、大马士革以及埃及的一些城市建立起来，其生产的纸张十分行销。以巴格达为中心的帝国的国内外贸易也十分发达。穆斯林商人从中亚经过“丝绸之路”与中国联系，贩卖丝绸与瓷器，通过红海进入非洲沿岸购买黑奴、黄金、象牙等，再将这些东西转运各地。埃及的亚历山大港、阿拉伯半岛南端的亚丁港，伊朗西部的西拉夫港，都是著名的海上商品转运中心。随着商业的繁荣，汇兑业悄然兴起。库法城是当时著名的汇兑业中心，商人们使用汇票，到异地兑换现金。此外，还出现了贸易契约，对双方的交易内容作比较详细的规定。

阿拉伯帝国初期所构建起来的繁荣的物质文明，有力地推动了阿拉伯—伊斯兰文化的发展。

二 阿拉伯—伊斯兰文化

1. 阿拉伯—伊斯兰文化的社会土壤

阿拉伯—伊斯兰文化是当时世界上最为繁荣的民族文化，它是阿拉伯人在伊斯兰教神学思想指导下，在充分吸收各地各民族文化传统的基础上进行文化创新的产物。地跨欧、亚、非三洲的大帝国的建立，既将南亚次大陆西北部、波斯、两河流域、叙利亚与埃及等古文明的核心地区纳入阿拉伯人的文化视野，也为东西方各种文化的交流、碰撞与融会提供了有利环境。随着与这些民族文化频繁接触，阿拉伯人开始了从粗放的游牧生活向稳定有序的农耕生活的过渡，并且逐渐熟悉了城市社会的文明生活，由此而开始了与被征服地区的民族相互交流、相互融合的时代，并日益显示出强大的文化整合力与创造力。

为了适应新的社会环境，强化对多民族、多宗教的大一统帝国的统治，特别是为了对文化层次较高的犹太教与基督教的“异教徒”展开思想交锋，传播伊斯兰教的宗教信仰，阿拉伯人极其重视教育与学术活动。伊斯兰教虽然提倡一神教的宗教信仰，但为了传播教义，却十分重视教育，鼓励穆斯林努力学习文化知识。许多信徒都有十分强烈的求知欲望，在心中深深扎下了求知即是圣战的信念。各地清真寺都开办了各级学校，让穆斯林广泛地接受教育。同时，阿拉伯人十分重视对被征服民族的文化遗产的借鉴与吸收。帝国的哈里发对学术活动更是大力支持，或建立庞大的图书馆，广泛地搜集图书文献，或请西方的学者来担任教师，讲授各种文化知识，对学者的学术研究活动，也多给予鼓励。正是在这样的文化背景中，阿拉伯人大量翻译外来文献，从中吸收异质文化的丰厚营养来进行文化创新，最终促成了阿拉伯文化的发展与繁荣。

2. 文学、史学、地理学、自然科学与建筑艺术

在半岛统一后，阿拉伯学者在各种方言的基础上创建了阿拉伯语，使之成为穆斯林的统一的民族语言与宗教语言，并开始从口头文学语言向书面语言过渡。到了8世纪初，经过一些学者的努力，阿拉伯语字母以及发音符号系统逐渐完善。此后学者们还在词法、语法结构上进行总结与争论，到了8世纪中叶，第一

部系统完整的语法著作、长达1 000多页的《西伯威书》问世。从此，阿拉伯语不仅流通于经济政治领域，而且成为中世纪重要的学术语言。

阿拉伯人留下了诸多优秀的文学作品。伊斯兰教的圣典《古兰经》实际上也是一部古代散文巨著，其中既包含了大量优美动人的神话传说，也体现了自由洒脱、富有音韵的风格，为后世文学创作提供了丰富的素材与典雅的文体范本。而《一千零一夜》则是阿拉伯文学中的不朽之作。这部作品是中近东地区的民间艺人、作家经过数百年的时间，对社会上流传的口头文学进行搜集、整理与提炼而成。它最初在8世纪开始流传，到了14世纪才得以定稿。该书由几百个故事汇编而成，其中有格言、寓言、童话、宫廷趣闻、传奇等，涉及了各阶级、各行业的人。它以离奇怪诞的题材与洒脱豪放的笔调，生动而朴实地反映了当时阿拉伯帝国境内各族人民的社会生活。

阿拉伯产生了不少著名的史学家与地理学家。塔巴理（公元838～923年）的《历代先知与帝王史》是一部最有名的编年体史书，共有13册，约7 500页。该书史料珍贵，文笔流畅，他由此被称为阿拉伯人编年通史的鼻祖。稍后的麦斯欧迪则是一位著名的地理学家与史学家，他在广泛旅行与考察的基础上写成《黄金草原》一书，记叙了当时北非、南欧与西亚、南亚等地不少国家的历史与阿拉伯帝国的兴衰史，广泛地涉及了当地的政治、宗教、文物、风俗、习惯乃至山川形势与气候物产，其中包含了不少珍贵的第一手资料，具有重要的参考价值。

阿拉伯的自然科学上成就巨大。数学上，他们接受了印度的数字与十进位法，不仅使数学计算更加简便精确，而且还将其传到欧洲，被称为“阿拉伯数字”。花剌子米著有《还原与对消的科学》、《代数学习》等著作，在几何学、三角学等方面取得显著成果，并首先提出“代数学”一词。在天文学上，阿拉伯人自古就对天象深有兴趣，并有以占星的方式来预测吉凶祸福。帝国建立后，阿拉伯人大量翻译其他民族的天文学书籍，在大马士革、开罗等一些城市建立天文台，制造了各种天文仪器来观察天象，天文学迅速兴起。他们曾实测过地球纬度一度的距离与太阳的高度，计算出太阳年的时间，还论证了地球自转与地球绕太阳运转的理论，制定出比较精确的太阳历与太阴历。在医学上，阿拉伯人的成就更为突出，知道了消毒与使用麻醉药品，并开始治疗伤寒、霍乱、白内障等疑难病症。著名医学家拉齐（公元865～925年）著有专题论文《天花与麻疹》，对临床观测作了详细记录，很有使用价值。他的《医学集成》则是一部医学大百科全书，总结了从古代到公元925年阿拉伯人从希腊、波斯与印度吸收来的医学知识，并增加了许多新的内容。另一位医学家伊本·西那（公元980～1037年）所著的《医典》，也是一部百科全书式的文献，其中不仅论证了许多医学原理，而且还介绍了大量的治疗方法与药物，仅药物就达760种之多，代表了当时世界上医学发展的最高水平。

阿拉伯人具有高超的建筑艺术水平，他们所创造的宗教场所、帝王宫殿与陵寝，兼有东西方的建筑风格，其中以清真寺为其主要代表。这一建筑式样在当时一般都有宽敞的大殿与荫蔽的廊檐，建筑外观宏伟气派，内部则进行了华丽精致的装修，并设有宣礼塔、圣龛、宣讲台、沐浴室等。大马士革清真寺，麦加与麦地那城的清真寺都是阿拉伯建筑的经典之作。

三　阿拉伯人与东、西方文明交流

1．“百年翻译运动”

在世界文明史上，阿拉伯民族在创造了辉煌的伊斯兰—封建文明的同时，也有力地推动了东、西方文明的交流。这一交流不仅覆盖了当时世界上的主要文明区域，包括了从物质层面到精神层面的许多领域，而且形成了文明碰撞与融合的趋势，由此而推动了东、西方文明的发展。

自阿拔斯王朝初期开始，阿拉伯人为吸收异质文化而展开了著名的“百年翻译运动”，这是东、西方文明交流在精神文化层次上的一个重要表现。其时，阿拉伯学者翻译的古典文献涉及的范围很大，囊括了古希腊、波斯与印度等许多地区的各种文化典籍。仅以古希腊文献而言，比较重要的就有亚里士多德的科学与哲学著作，如《工具论》中的大多数篇章，以及《物理学》、《动物志》、《政治学》、《伦理学》，柏拉图的《理想国》，希波拉底的医学著作，托勒密的《天文大集》与《地理学》，欧几里得的《几何原理》，阿基米德的《论球和圆柱》与《定律》等著作。在翻译外来文献的基础上，阿拉伯人更进行深入的研究，从中吸收异质文化的丰厚营养，来发展本民族的文化。以古希腊文化为例，在哲学上，阿拉伯的学者运用亚里士多德哲学中的哲学思辨与逻辑推理方法来诠释伊斯兰教的宗教信仰与信条，开辟了伊斯兰教中以哲学研究神学的路径，形成了著名的阿拉伯亚里士多德学派，推动了中世纪哲学与科学的发展。在自然科学上，阿拉伯人系统地吸收了希腊的数学、天文学、医学、地理学、物理学知识的营养，发展起自己的科学理论与知识。在语言上，阿拉伯人从希腊语中吸收了许多词语，如星盘、以太、纯金、磁石体、李子、祖母绿、腹绞痛、痰等，使本民族语言的词汇更加丰富。对异质文化的借鉴，有力地推动了东西方的文化的交流与融合，促进了阿拉伯文化的发展与繁荣。

2. 阿拉伯文明的西传及其对中古西欧文明的影响

在军事扩张与和平交往的过程中，阿拉伯伊斯兰教—封建文明逐渐传向西方，形成了东、西方文明大范围的撞击与融合，对中古西欧的基督教—封建文明产生了重要影响。

早在公元8世纪初，阿拉伯人就沿着北非西进并跨海征服了西班牙。公元751年，阿拉伯帝国发生军事政变，倭马亚家族的统治被推翻，该家族的王子拉赫曼逃到西班牙后建立了后倭马亚王朝。在阿拉伯人将近八个世纪的统治中，阿拉伯—伊斯兰文明在西班牙传播开来。一些新的农、果作物如水稻、甘蔗、棕榈、石榴、桑树等开始在西班牙种植，阿拉伯地区的沟渠水利灌溉系统也广泛推行，促进了农业的发展。养蚕业、养羊业、葡萄种植与酿酒业逐渐兴起。在此基础上，金属加工、武器、玻璃、呢绒等手工业部门纷纷涌现，城市也较快地兴起，不少城市通过海路与北非、意大利、拜占庭乃至两河流域通商，从陆路则与法国南部和意大利北部通商。首都科尔多瓦是当时欧洲最大的城市，约有50万居民，建有十分繁华与笔直的街道、多彩的花园以及众多的清真寺与公共澡堂。哈里发的宫廷更是华丽奢侈，仅次于巴格达和君士坦丁堡的王宫。科尔多瓦也是当时欧洲的文化中心之一，其图书馆的藏书约40万册，吸引各国的学者来此浏览。科尔多瓦大学是欧洲著名的学府，来自各国的留学生众多。这里的哲学、法学、医学、文学艺术与自然科学都十分繁荣，在西方享有盛誉，被称为“世界的宝石”。因此，西欧的许多基督教传教士与犹太人，纷纷冲破宗教信仰隔阂的壁垒，负笈远涉至此学习。他们在这里学习阿拉伯语言与阿拉伯—伊斯兰的百科学问。阿拉伯的一些数学、天文、物理、冶金、医学、哲学著作，通过西班牙传入欧洲。

阿拉伯文明西传的另一重要桥梁，则是位于地中海中部的具有连接欧、亚、非三洲的地理优势的西西里岛。公元827年，阿拉伯人开始了对西西里岛半个多世纪的军事征服活动，阿拉伯—伊斯兰教文明也随之在那里传播开来。到了10世纪末，伊斯兰教的信仰也在当地普遍被接受，仅在西西里首府帕勒莫就建立了大约300座清真寺。后来，诺曼人侵入该岛，并在1091年建立了政权。诺曼人对阿拉伯文化十分钟情。诺曼人的国王罗吉尔一世、二世大力实行奖掖文化、重用穆斯林学者的政策，帕勒莫的宫廷成为文人学者从事文化活动的理想场所。在罗吉尔二世的孙子——德意志皇帝腓力二世（公元1215～1250年在位）统治西西里岛时，阿拉伯文化在岛上更加深入地传播。腓力二世在军政大事与文化教育方面都依靠穆斯林。他让人翻译了许多阿拉伯文献，包括阿拉伯文的亚里士多德的《生物学》与《动物学》以及相关的注释。此外，他还在1224年创办了那不勒斯大学，这是欧洲的第一所官办大学，该大学的图书馆收藏有大量的阿拉伯文图书，在“东学西渐”的文明浪潮中发挥了积极的传播作用。

以穆斯林对外武力征服为先导而涌动的“东学西渐”的文化浪潮，通过西班牙、西西里岛这两个重要的“媒介”区域而流向欧洲，将阿拉伯—伊斯兰文化乃至印度的数学知识、中国的造纸术传播过去，对西欧基督教文明的发展与演进产生了重大影响。

在哲学领域，阿拉伯人不仅向西欧的学者带去了古希腊的哲学与科学的重要遗产，其中包括阿拉伯文的亚里士多德的全部著作，而且将他们在探讨中取得的研究成果与方法带到了西欧，推动了西欧经院哲学的产生。在科学上，阿拉伯人的科学成果，有力地推动了中古西欧自然科学的萌发。阿拉伯人将逻辑学作为其研究的工具，逐渐意识到科学领域中采用观察、实验、归纳、推理与总结等方法的重要性，成为英国著名的唯名论者罗吉尔·培根的学说的思想源头之一。阿拉伯天文学成果自12世纪始逐渐被翻译成拉丁文、西班牙文而介绍给西欧，日益引起人们的重视，对日后文艺复兴时期的哥白尼与开普勒等天文学家都产生了重要影响。阿拉伯学者花剌子米改革了计算方法，采用了印度数字以及十进位制，这一成果被西欧人很快采用。他的《积分和方程计算法》被译为拉丁文后，在16世纪以前，就一直被欧洲各大学当作教科书。伊本·西那的名著《医典》在12世纪～17世纪一直被西方人看做是经典性的权威著作，先后出版了16次，并成为西欧一些大学的医学教科书。拉齐的《医学集成》与《天花与麻疹》都成为西欧最受欢迎的著作。在语言、文学上，阿拉伯人也为西欧留下了历史烙印。中世纪西欧各国的民族语言，吸收了大量的阿拉伯语的词汇。西班牙语中，与阿拉伯语有关联的字词多达4 000个以上，英语中有大约400多个常用词汇源于阿拉伯语。法语、意大利语与德语中也有不少此类情况。在文学创作上，发源于法国南部普罗温斯的贵族抒情诗歌，既得益于西西里阿拉伯人迷人的音乐与典雅豪华的宫廷生活的熏陶，也受到阿拉伯诗歌风格的影响。阿拉伯的寓言与童话集《卡里来与笛木乃》与名著《一千零一夜》传到西欧后也颇受青睐，对日后文艺复兴时期的文学创作有相当的影响。

3. 阿拉伯文明的“东渐”对印度文明的渗透

在东方，通过征服战争与和平贸易活动，阿拉伯伊斯兰教—封建文明也向印度、中亚、中国乃至东南亚传播，其对南亚次大陆的渗透，为印度社会的传统文明打下了深刻的历史烙印（图5—1）。

早在公元7世纪、8世纪，印度社会完成了社会的封建化，但其文明传统的基

图 5—1　受阿拉伯文化影响的印度建筑
雕刻艺术——印度泰姬陵

本特征仍然保留了下来。其时，印度种姓制度进一步分化，农村公社继续存在，新兴的印度教仍然信奉婆罗门教的三大主神，并在教义上吸纳了佛教的某些说教。自十世纪始，印度文明开始受到阿拉伯文明“东渐”浪潮的强大冲击。处在阿拉伯文明圈的阿拉伯人、伊朗人、阿富汗人，在伊斯兰教“圣战”的旗帜下，不断地侵入印度。阿富汗的廓尔王朝在 12 世纪末征服了整个北印度，其统治者自立为“苏丹”，从此开始了印度史上的“德里苏丹时期”（公元 1206～1526 年）。

穆斯林的入侵，在相当大的程度上改变了印度文明的风貌。在此后的300多年中，“德里苏丹”统治集团以伊斯兰教—封建文明为模式，对印度进行政教合一的封建统治。同时，他们也将阿拉伯人重视工商业的风气与商品市场的管理、控制经验带过来，促使印度的工商业与外贸迅速地发展繁荣。另一方面，他们却实行民族歧视政策，强迫印度教徒改宗，使得民族矛盾与宗教隔阂交织在一起，造成了穆斯林与印度教徒的长期对立。然而，在新的社会环境中，阿拉伯—伊斯兰文明与印度文明在激烈的碰撞中仍然有相当多的相互渗透与融合。在长期相互影响下，伊斯兰教与印度教中都形成了一些异端教派，其中15世纪流行的伊斯兰教的马赫迪派，因其主张财产公有与信徒平等而成为广大印度下层群众反封建的思想武器与组织形式。

16世纪，在来自于中亚的穆斯林封建主所建立的莫卧尔王朝的统治下，阿拉伯—伊斯兰文明与印度文明的融合趋势日益加强。该王朝在阿克巴统治时，仍实行穆斯林的土地制度。但为加强中央集权，他改变了原来由穆斯林封建主垄断军政官员职位的做法，让印度教封建主参与政权，充任地方官与军官。此外，他还娶印度王公之女为妻，废除印度教徒的人头税，容许他们中的被迫改宗者恢复原来的宗教信仰。他还创立了自任教主的“神圣宗教”，欲图以此来统一宗教信仰。这些措施，大大地缓和了宗教、民族矛盾，有力地促进了两种文明的融合。不过，由于印度文明的独立性与延伸性极强，阿拉伯伊斯兰文明对印度影响只具有局部的意义，并不能完全改变印度文明的历史面貌。

受阿拉伯文化的影响，印度文化也发生了一些变异，尤以建筑雕刻艺术最为显著。穆斯林兴建的许多清真寺、市政建筑与帝王陵墓成了引人注目的新文化景观，其中要数阿格拉的泰姬·马哈尔陵最著名。这座陵园由印度、波斯、土耳其的能工巧匠修建，包括具有清真寺风格的殿堂、钟楼、尖塔、庭院等，全部采用白色的大理石修砌，并以琉璃、玛瑙镶嵌，显得华丽典雅，晶莹夺目，代表了印度中古建筑文化的最高水平。

思　考　题

1．如何认识伊斯兰教在阿拉伯国家形成与扩张过程中的作用？

2．简述阿拉伯帝国初期经济繁荣的表现及其成因。

3．试述阿拉伯—伊斯兰文化酝酿的社会土壤。

4．简述阿拉伯人文化成果的主要表现。

5．扼要叙述阿拉伯人的“百年翻译运动”。

6. 略述阿拉伯文明的“西传”途径及其对西欧文明发展的推动。

7. 如何估价阿拉伯文明的“东渐”对印度文明的影响？

第六章

从中古向近代过渡时期的西方文明

从14世纪到16世纪，西欧开始了从封建制度向资本主义社会的历史转型时期。资本主义经济的萌发、新兴资产阶级的产生、“新君主制”的出现与文艺复兴、宗教改革运动的勃起，是这一过渡时期西方文明的几个主要特征。尽管这一时期的西欧社会还没有完全蜕掉中古封建时代的色彩，但近代文明的“胎儿”已在孕育之中。

这一时期西欧社会文明的重大变革，不仅预示着近代西方文明的产生，而且将对广大“非西方”地区的文明史演进产生重大深远的影响。由于经济样式、政治结构与文化传统的差异，中世纪后期各地区、各民族的社会文明异彩纷呈，各具特色，同时也出现了不平衡的演进态势。此时，西亚与北非的阿拉伯世界的伊斯兰教—封建文明、南亚次大陆的印度文明、东亚地区的儒家—封建文明虽然已显示出“疲惫”与衰落的趋势，但仍然以坚韧的传统惯性而延续着。“晚熟”的东欧斯拉夫东正教—封建文明，远未完成其发展的逻辑进程。撒哈拉以南的“黑非洲文明”只是在局部区域受到阿拉伯文明的影响，而美洲的“印第安文明”，则素来就未与其他文明接触，故这两大文明相对于欧亚大陆的诸文明而言，始终缺乏自我拓展与自我更新的强大张力，也就体现了封闭滞后的状态，仍然在古老的“传统”的天地中徘徊。在这一人类文明史发展不平衡的大格局中，中古西欧的基督教—封建文明率先开始了实质性的重大变革，由此也开始了人类文明从传统向近代的形态更新。其结果，不仅为近代西方文明奠定了坚实的基础，而且将逐渐打破人类各个文明的地域界限，最终使得分散的“单元”式的各类文明连接起来，逐渐显现出“整体”的世界文明史发展脉络。

一 “过渡时期”的西欧社会

1. 资本主义萌芽的成长与新的政治变动

14世纪至16世纪的西欧，开始了从封建制向资本主义的历史过渡。资本主义萌芽的破土成长，成为这一“过渡时期”社会文明重大变革的显著坐标。与奴隶制、封建制相比，资本主义生产也是以阶级压迫剥削为基础的，但却有着其自身的特点。一方面，资本主义生产以其高效率、大市场的运作方式创造了此前人类社会从来没有创造出的高度的物质文明。另一方面，资本主义生产中的雇佣劳动关系，最终将整个前资本主义社会形态中的各种人身占有与人身依附关系彻底摧毁。因此，它的出现，反映了人类文明发展的新趋势。

经济发展与技术进步，是“过渡时期”西欧资本主义萌芽产生的历史前提。其时，在农业、畜牧业发展的基础上，手工业生产以其技术的迅速进步而日趋兴旺。在纺织业部门，最初是手摇纺车取代了较原始的手捻纺锤，接着又出现了纺线与卷线合一的自动纺车。新改进的卧式织布机也取代了旧式的立式织布机，漂洗呢绒的水轮带动重锤代替了原来的人工搓洗。由此，西欧的纺织业逐渐兴盛起来。当时的西欧还出现了两大动力技术革新，一是风力的广泛应用，另一项则是发明了水力带动的上射式水车，推动了磨粉、呢绒、采矿、冶金等部门生产的迅速发展。此时，手工业部门逐渐增多，专业化程度加强，行业分工更为细致，商品生产与交换不断繁荣起来，国内统一市场形成，国际贸易日益活跃。商品货币关系也广泛地渗到农村，引起了农民的急剧分化，促使封建生产方式的瓦解。所有这些，都为资本主义萌芽的产生奠定了基础。

此时西欧的资本主义萌芽还处于工场手工业阶段。采用雇佣劳动进行生产的手工业工场，最先繁荣在意大利的佛罗伦萨、米兰、威尼斯等城市，随后又在佛兰德尔、英国、法国、德意志的城市与矿山中发展起来。同时，在英国、尼德兰的一些地区，一些资本主义性质的农场也纷纷出现。在资本主义萌芽的成长过程中，充满了对广大小生产者与殖民地人民的残酷压榨与暴力掠夺。资本原始积累的“血与火”的历史，从一开始就昭示了近代西方文明的局限性。

西欧经济领域中的变革，导致了政治态势的新变化。随着资本主义萌芽的成长，早期资产阶级作为一支重要的政治势力开始登上历史舞台，他们反对教、俗封建贵族的特权地位，强烈要求获得参政议政的权利。与此同时，封建贵族开始没落，其中的一部分由于投入到商品经济的实业经营活动而富有起来，成为资产阶级化的新贵族。此外，雇佣劳动产生了早期的无产阶级，社会的剧烈分化使得大量的自由农民与手工业者破产而加入了无产阶级的队伍，他们深受资本主义与封建制度的双重剥削，不断进行反抗，阶级矛盾十分复杂尖锐，并且与政教之争、民族冲突、信仰裂变等纠缠在一起。正是在这样的情况下，英、法两国封建议会君主制、等级君主制逐渐向“新君主制”转化。所谓的“新君主制”，实际上就是封建君主在与资产阶级及新贵族联盟的基础上所建立的政治集权体制，因此被称为“瓦解中的封建君主制与萌芽中的资产阶级君主制”。此时英国的封建君主，在政治上大力引进新兴资产阶级、新贵族进入政府中充任各种官职，削弱封建贵族在政治上的消极影响。但为了加强集权，他们却竭力地限制议会、政府的功能，走向个人独裁专制，最终引起资产阶级的不满。法国君主甚至停止召开三级会议，强化君主的独断权力。此外，他们还采取种种措施来控制宗教神权。在英国，通过亨利八世（公元1509～1547年在位）的宗教改革，建立了脱离罗马教廷而听命于王权的国教——安立甘教。而在法国，自从1516年法王与教皇签订了波隆那协定以后，天主教实际上完全成为王权的统治工具。后来虽然经过宗教战争而被迫让新教徒保持自己的信仰，但天主教作为国教的地位并没有改变。在经济上，“新君主制”大力推行重商主义的政策，保护工商业，鼓励航海业与造船业，支持向海外进行贸易与殖民活动。这些措施推动了资本主义的发展。但封建君主同时也力图控制某些重要商品的交易活动，实行专卖政策，也日益引起了资产阶级与新贵族的不满。英国与法国的君主们还十分重视文化艺术的发展，支持学者文人的文化创造活动，以树立其作为文明之君的良好形象。

而在西欧其他地区，情况则各有特点。在意大利，资本主义萌芽的发展曾经促使资产阶级在佛罗伦萨建立了共和国，在威尼斯实际上也掌握了政权。但总的来说，分裂割据仍然是当时意大利政治的基本特征。西班牙在驱除阿拉伯人以后形成了君主专制体制，但却尽力维护封建教、俗大贵族的权益，被称为“亚洲式的君主专制”。它的统治，与从海外殖民地掠夺来的财富导致的在社会上层中所风行的奢侈消费现象，阻碍了其资本主义萌芽的成长。其国力增长的缓慢，注定了它在英国等强国的挑战下趋于衰落。在德意志，尽管资本主义萌芽有了一定程度的显现，但诸侯分裂割据的局面并没有改变。而在尼德兰地区，资本主义的充分发展，促使新兴的资产阶级、新贵族将反对西班牙统治的民族斗争与反封建、反神权的政治斗争紧密地结合起来，终于推翻了西班牙的统治，建立了历史上第一个真正意义的资产阶级共和国——荷兰共和国。“过渡时期”西欧社会所出现的某些政治新动向尽管还只具有十分有限的局部意义，但却为人类揭开了近代政治文明的序幕。

2.“西力东渐”与世界文明“整体”趋势的发端

在“过渡时期”，在社会经济、政治新动向的促激下，西欧各国与东方国家的贸易联系迅速扩大。为突破伊斯兰教的奥斯曼帝国对东、西方的传统商路的封锁，也为了解决因贸易扩大所造成的大量金银外流的问题，西欧人迫切希望开辟一条通往印度的新航线。其时，西欧的科学技术与造船业、航海术都有较快发展，又有大批素质优良的水手，更有支持海外探险的国王、商人与贵族，这些都为西欧人实现这一梦想提供了有利条件。

15世纪后期，一些葡萄牙人通过航海探险，先后到达非洲南端。其中的达·迦马还率领水手于1498年穿过印度洋到达了印度西海岸，其带回的货物产生了60倍的利润。与此同时，在西班牙王室的支持下，来自意大利的水手哥伦布从1492年起先后四次横渡大西洋，到达了美洲的西印度群岛、南美洲、中美洲的一些地方。1519年至1522年，葡萄牙人麦哲伦奉西班牙政府之命，率领船队成功地完成了环球航行。此后，英、法、荷兰等国再度兴起海外探险热，北美洲、澳洲也相继被发现。

随着新航路的开辟，西方各国纷纷走上对外殖民扩张的道路，加紧了对非洲、美洲和亚洲人民的掠夺与奴役。大量的贵金属与其他财富源源不断地运回西欧，造成了金银贬值、物价上涨的“价格革命”，由此而加速了社会的阶级分化与封建主阶级的没落，推动了资本主义的发展与近代西方文明的形成。

从整个人类文明史的发展进程来看，在当时西方社会发展领先于东方的条件下，新航路的开辟所引发的“西力东渐”浪潮，开拓了东、西方文明交流的新格局，由此而导致整个人类的文明面貌逐渐发生深刻变化。

在新航路开辟之前的数千年中，由于种种历史条件的严重制约，各地区、各民族文明之间虽然存在着不同程度、不同方式的交流，但却存在着相当大的局限性。交往范围仅集中在文明中心地区之间，交往的层面也多停留在物产和生产技艺的领域内。此外，交往多依赖陆路而靠人力、畜力进行，多受地域壁垒的阻隔，相互间的传播递进的速度十分缓慢。因此，各地区性、各民族文明实际上仍然大体上处于相互封闭或自我隔绝的状态，人类的文明依旧在“单元”式的分散发展的轨道上演进。而自从新航路开辟后，情况发生了巨大而深刻的变化，人类各文明之间的交流步入了一个崭新历史时期，逐渐呈现出一个多维度与立体式的格局。西方文明更是借助于新兴资本主义的强大势力从海路向全球迅速扩张，由此从根本上打破了传统农耕世界自然经济所造成的人类文明相互之间的封闭性与隔绝性。由此，延续了数千年的“游牧文明”与“农业文明”之间的文明碰撞模式，逐渐转化为新兴“工业文明”与传统“农业文明”的文明冲突模式；多年来由诸多分散发展的“单元”式文明无序“拼凑”起来的人类文明发展的图景，逐步交融与整合为有机联系的“整体”化的世界文明史。

在新航路开辟后人类文明史的发展轨迹中，东、西方文明之间开始向一个前所未有的广度和深度渐次展开。贯通西欧与美洲以及西非的大西洋航线，贯通美洲与亚洲的太平洋航线；绕道非洲南端好望角的印度洋航线，逐渐将世界各大洲都卷入了国际商品经济交换的大体系之中，各地区、各民族长期以来的封闭隔绝状态开始瓦解，新的人类文明模式开始逐渐渗透到人类生存活动的所有地区，物种、技术的交流与人种的重新分布也随之大规模地进行。就西方而言，人们的视野开始真正地踏出狭小的地中海区域，而转向整个世界的新旧大陆。欧洲人在16世纪所了解的世界空间，由原来的约5 000万平方英里（1英里＝1.6093公里)，一跃而达到3.1亿平方英里。西方传统的区域性的海上贸易，从此开始转变为面向世界市场的全球性贸易。而在东方，各民族从陌生的西方人那里，不仅感受到了血腥暴力对其物质财富的掠夺，而且也逐渐感受到了较为先进的生产技术、社会制度与思想文化对其传统文明的冲击，由此而必然要从中寻找变革传统的武器。正是在东、西方文明的冲突与交融中，人类文明史的发展开始了新的历史大跨越。

二 文艺复兴

1. 文艺复兴的性质与人文主义启蒙思潮

自14世纪开始，随着西欧经济与政治领域的巨大变动，西欧的思想文化领域出现了一次划时代的历史变革，那就是新兴资产阶级反神权、反封建的文艺复兴运动的诞生。文艺复兴运动首先在意大利滥觞与繁荣，形成了以佛罗伦萨为中心的“意大利文艺复兴”。到了15世纪中期，这一运动又逐渐向阿尔卑斯山以北的广大地区扩展，在法国、德意志、西班牙与英国渐成气候，最终又酝酿出“北方文艺复兴”。文艺复兴运动的萌发与拓展，标志着西方近代早期启蒙文化的形成，也反映了人类文明从传统形态向近代形态的局部转变。

“文艺复兴”（Renaissance）一词原意是古希腊罗马古典文化的“再生”或

"复活"。当时，意大利的人文主义者普遍认为，注重人的价值和人生需要的繁荣的古典文化，到中世纪黑暗时代为蛮族风俗的粗野与教会神学的蒙昧所取代而逐渐湮没,到他们生活的时代才开始得到"再生"或"复活"。由此，他们开始用这两个词来概括其新的文化活动的特征。长期以来，西方人大体都沿袭了这一看法，将文艺复兴视为希腊罗马古典文化的精神产儿，而把文艺复兴与中世纪的基督教—封建文明截然对立起来。近年来，有人开始注重寻找文艺复兴与中世纪基督教神学之间的内在联系，但由此又怀疑甚至否定文艺复兴作为西方近代早期文化启蒙运动的历史地位。这些有失偏颇的观点，值得重新审视与纠正。

文艺复兴酝酿与拓展的根源，是当时正在发生的经济与政治新变动。文艺复兴中的人文学者正是在新的社会发展趋势的感召下掀起这一文化启蒙运动的。从根本上讲，文艺复兴是新兴资产阶级经济活动与政治斗争的历史产物。立足于文化启蒙的现实需要，人文学者对西方文化传统的借鉴是广角度与多层次的。一方面，他们在新的文化创造活动中，注重吸纳希腊罗马古典文化中的某些营养来"托古改制"，借复古来创新。他们吸取古典文化中包含着些许自由、平等与民主等因素的"人文"观念与科学求知精神，来批判中世纪的封建等级特权制度、教会的蒙昧、禁欲说教与经院哲学僵化空疏的学风；阐扬罗马法中的财产与契约观念来否定教、俗封建主的掠夺与敲剥；用罗马帝国的统一与辉煌来针砭意大利分裂割据的动荡……当然，文艺复兴并非仅仅从古典文化中吸取思想营养。另一方面，文艺复兴并没有割断它与中世纪神学传统的天然联系，它对基督教的神学文化也作了相当多的批判继承。当时的人文学者都是基督教徒，其中有的还是教士甚至是高级教士。在浓厚的神学氛围中，他们的思维方式、语言习惯和创作素材都不可避免地要打上神学传统的烙印。然而，人文学者开始以一种新的视野来观照与选择神学传统文化。他们力图吸收基督教的原始平等观念来批判封建教、俗等级制与特权制，阐扬基督教的传统美德来批判教、俗贵族的荒淫与堕落，阐发传统的王权神授理想来否定教权高于王权的主张，或通过对基督教原典《圣经》的翻译、考证来动摇罗马教廷的中世纪拉丁语《圣经》的神圣地位，以最终动摇封建神权的理论基石。正是通过对古典文化营养的选择吸收和对基督教神学传统观念的批判继承，文艺复兴复兴运动才得以蓬勃地发展起来。

文艺复兴的精神动力是人文主义思潮。"人文主义"一词(英文为 humanism)在文艺复兴早期仅指"人的"含义,意即受过世俗教育。当时意大利的一些学院和大学中,兴起了以希腊文、拉丁文为基础的修辞学、哲学、逻辑、天算等科目,再加上原有的法学、医学等,合称为"人文学科"(拉丁文为 studia humana),以区别于大学中的神学等科目。人文学科的勃兴逐渐排挤了经院哲学的地位,占据了重要的教育位置。研究这些科目的学者被称为人文学者。随着文艺复兴运动的拓展,“人文主义”逐渐体现为一种新的思想观念。不过,只是到了19世纪时,西方史学家才开始明确地用“人文主义”一词来概括文艺复兴时期人文学者的世界观与人生观,而把当时的人文学者称之为“人文主义者”(humanist)。

人文主义思潮的勃发绝不是偶然的。在当时的西欧，随着城市资本主义萌芽的破土成长，广大的市民、平民和农奴逐渐摆脱了封建依附体制的束缚，走出中世纪小生产的狭窄天地，投身于商品经济的潮流，在商品生产的自由竞争和“等价交换”的过程中，逐步摈弃了传统的“群体本位”的人身依附观念，培植起新的“个体本位”的独立自主意识，从而为人文主义思潮的勃发与传播铺垫了底蕴深厚的社会土壤。

人文主义思潮在实质上就是以“个体本位”为基础的早期资产阶级的个人主义思潮。作为这一思潮的思想内核的人本观，展现出“以个人为中心”的鲜明特征，即一切以个人的意志、欲望和利益作为人自身观察、思考与评判万事万物的是非标准或价值尺度。针对罗马教会神学蒙昧主义的“神本”观，人文主义者主要是依托“借神颂人”的形式来表达他们的人本主张。他们借助上帝这个法力无穷、统驭一切的最高神圣权威，来否定教会“原罪”说的谬论，来颂扬人的自由意志和理性尊严。针对教会鼓倡的禁欲主义说教，人文主义者大力歌颂人的感情欲望和世俗生活享乐。在他们看来，既然上帝使人成为现实世界中具有意志自由和人性尊严的强大主宰，人就有权利和能力去追求世俗生活享乐。人文主义者的人本观并未与神学传统彻底决裂。他们的主张，几乎都没有对诸如“原罪”说、“预定”论等重要的神本学说予以公开大胆的正面攻击，仍然带有传统神学伦理的鲜明印痕。所有这些都反映了早期人文主义者的那种由社会过渡时代所造成的新旧观念相互交织的矛盾心理。尽管如此，人文主义的人本观毕竟包纳了新的价值取向与新的意识：这个世界是人的而不是神的世界，而人也是拥有这个世界的人，人应当而且也有能力设计自己的命运，规定自己的未来。这种新的人本观，将人的思想、感情从神学枷锁的束缚下解放出来，从而导致了“人的发现和世界的发现”。正是借助于人文主义思潮的滥觞、涌动并向整个思想文化领域渗透，才形成了文艺复兴这一文化启蒙运动。

2. 人文主义的新文学艺术

新文学艺术的诞生，是文艺复兴所取得的一个重大成就，它体现了人文主义者反对神学蒙昧与禁欲说教，张扬自由意志与世俗追求的愿望，反映了这一时期的西方人的思想解放与观念更新。在意大利文艺复兴中，产生了不少新型的文学家与艺术家，留下了不少充满着人文主义精神的传世之作。但丁（公元 1265～1321 年）是人文主义的先驱，他的《神曲》系用托斯坎纳语写成，分为《地狱》、《炼狱》、《天堂》三部分，共计 100 章，是人文主义的第一部不朽文学作品。《神曲》用象征隐喻的笔法来反映当时的社会现实政治和作者期盼摆脱苦难追求光明的心境。整个诗篇通过对善与恶、美与丑的冲突与斗争的描绘，形象地揭露了教会蒙昧主义的黑暗，表达了对人类智慧和理想的追求。《神曲》的语言精当而形象，对人物的刻画细致入微，对各种环境的渲染与烘托也相当生动逼真，具有很高的思想性与艺术性。但《神曲》仍然带有中世纪世界观的印痕。《神曲》出版后，立即在北意大利声誉鹊起，佛罗伦萨、帕都瓦等一些城市都开办专门讲座加以讲解，同时出现了一批《神曲》注释家，使之在民间广为流传，为意大利的民族语言奠定了基础。彼得拉克（公元 1304～1374 年）是当时的又一文化巨匠，以诗歌著称于世，37 岁那年曾获得意大利“桂冠诗人”的称号，他首先提出“人学”与“神学”是两个对立的概念，被视为“人文主义者的鼻祖”。彼得拉克宣扬人的本性与世俗生活，他用意大利语创作的《歌集》，共有 366 首抒情诗，表达了他追求现世幸福与爱情的愿望。《歌集》克服了以往诗歌创作中常常出现的抽象和隐晦的表达方法，而以具体生动的笔调来勾画大自然与人体形象的美，来描述人物内心世界的深刻变化和对爱情生活的切身体验。他在内容与形式方面，都为近代资产阶级抒情诗开辟了方向。薄伽丘是意大利文艺复兴的先驱者之一。他借用或模仿古典文学撰写了许多人文主义作品，以《十日谈》为其代表作。《十日谈》是一部精彩的短篇散文故事集，由一百篇故事构成，分别取材于中世纪欧洲的传说与东方的民间故事，作者对它们加以改造，使得反神权、反封建的人文主义理想成为贯穿全书的一根红线。《十日谈》的许多故事批判了教会禁欲主义的神学伦理，颂扬了人们的世俗生活欲望与自由平等权利。它完全摆脱了神学思想的桎梏，以现实主义的笔调描绘了人的七情六欲与世俗享乐，反映了新兴资产阶级的人生追求与社会理想。因此，《十日谈》问世后不胫而走，对西欧近代现实主义文学的发展产生了巨大影响。

受人文主义观念的熏陶，意大利文艺复兴时期的艺术创作也出现了巨大而崭新的变化，这主要反映在一批现实主义的绘画与雕塑大师应运而生。经过约两百年的发展，到了 15 世纪末，意大利文艺复兴以来的绘画雕塑艺术进入了它的繁盛时期，出现了达·芬奇（公元 1452～1519 年）、米开朗琪罗（公元 1475～1564 年）、拉斐尔（公元 1483～1520 年）等几位艺术大师，他们被称为“文艺复兴艺术三杰”。达·芬奇是意大利文艺复兴盛期的第一位著名画家（图 6—1）。他不

图 6—1 达·芬奇的名画——蒙娜丽莎

仅深有艺术造诣，而且精通数学、天文、医学、地质、机械、水利、建筑等领域的知识和技术。达·芬奇在艺术创作上善于选择贴近现实社会生活与适合抒发完美理想的题材，善于运用光学与透视学的方法来描绘具体的场景和人物。他发明的明暗转移法更使画面具有丰富的层次感与凹凸感，留下了许多艺术精品。他的名作《蒙娜丽莎》完全摆脱了传统宗教题材的束缚，直接取材于现实生活，栩栩如生地展示了一位市民阶层妇女的时代风貌，揭示了新时代女性追求人生幸福的强烈愿望和乐观主义精神，达到了思想性和艺术性的高度统一。米开朗琪罗是当时著名的雕刻家、画家和建筑师，一生中创作了不少佳作。他所作成的大理石圆雕《大卫》，塑造了一个舒展自如、满怀信心、昂然挺立的裸体青年——大卫的形象。此外，米开朗琪罗为教皇宫西斯廷礼拜堂的天花板所作的壁画《创世记》，虽然都取材于《圣经》，但并不拘泥于《圣经》故事所规定的情节，而是把刻画人的力量、伟大与崇高作为壁画的真正主旨。《创世记》的画面更是显得气势磅礴，精彩纷呈；画中的每个人体都作了英雄式的或大力士形的艺术处理，并且都刻画得生动逼真。《创世记》无论从思想性还是艺术性上看，都堪称是一部不朽作品。拉斐尔的绘画艺术虽然不如达·芬奇和米开朗琪罗，但却有自己独特的艺术风格。他一生中创作了许多绘画作品，尤以画圣母像最为有名。他在创作时，以人文主义的思想为指导原则，用世俗化的手法来处理圣母一类的传统宗教题材，以现实生活中的母子形象为摹本，将圣母和圣子加以理想化与人性化。罗马教皇宫殿中的壁画《雅典学派》，则是拉斐尔的经典性的代表作。这幅画以古希腊哲学家柏拉图兴办雅典学园为题，塑造了一幅奇特的“百家争鸣”的学术讨论场景。在这幅画中，既有古希腊杰出的哲学家柏拉图和亚里士多德等不同流派和不同时期的哲学家、科学家，也有古代波斯的神学家、中世纪阿拉伯的学者以及拉斐尔自己等诸多人物，形象都十分生动逼真。整个画面的一半多画上了穹形大厅，并且用三道拱门作为衬景，远处可见到蓝天和白云，由此造成了建筑物构造复杂、内部广阔深远的空间效果。反映了作者对古典文化的仰慕和对学术文化自由氛围的向往。

在“北方文艺复兴”中，新文学艺术也同样是硕果累累。在英国，早在文艺复兴刚刚萌发的14世纪，就产生了著名诗人乔叟（约公元1340～1400年）。早在14世纪60年代，乔叟就首先用本民族语言写作，是英国民族语言的奠基人。受但丁、彼得拉克和薄加丘等人文大师的影响，他写下了许多颂扬人的价值、荣誉与爱情的诗篇。他所创立的“双韵体”诗歌形式，后来为英国的诗人广泛采用，由此他被人们誉为“英国诗歌之父”。乔叟在晚年撰写了英国文学史上的第一部现实主义的杰作《坎特伯雷故事集》，其中的一些故事抨击封建教会的蒙昧禁欲主义说教和教士的虚伪与腐败，宣扬爱情至上、个人自由、男女平等的爱情婚姻观，具有浓厚的人文主义精神。这部故事集将民间传说、骑士传奇与圣徒传记汇集在一起，赋予它以较强的现实意义，并且在人物的刻画与故事情节的编排上也相当完美。此外，这本故事集用富有生命力的伦敦方言写成，奠定了英国文学语言的基础。到了15世纪、16世纪，随着人文主义的传播，在英国的牛津大学等学府中，出现了研讨古典文化的热潮与人文学者的学术团体，文艺复兴开始在英国发展。一批人文主义的文学艺术家相继问世，留下了诸多不朽作品。莎士比亚（公元1564～1616年）就是其中的一位典型人物。他一生中共创作了37部剧本和154首十四行诗和其他诗歌。他的作品歌颂了人的价值、人的尊严和人的世俗追求，批判了封建制度的腐朽和罪恶与教会的蒙昧禁欲信条，同时也揭露了资本主义原始积累时期资产阶级极端利己主义和拜金主义的丑行，贯穿了鲜明的人文主义精神。有的作品则反对封建分裂割据，主张国家政治统一，反映了新兴资产阶级建立“开明君主专制”的政治理想。在莎士比亚的笔下，从帝王将相、才子佳人到贩夫走卒，众多的人物被生动而形象地塑造出来，并且具有鲜明的个性与特征。在创作过程中，他善于吸取古代和当代文学与民间语言的精华，善于运用比喻、隐喻等形象化语言，从而使得他的作品具有强烈的表现力和感染力。他的作品是文艺复兴时代最伟大的文艺成就之一，他被后人誉为“英国戏剧之父”、“最伟大的戏剧天才”。

在法国，文艺复兴在15世纪就开始萌发，到了16世纪进一步发展，产生了不少新文学佳作，其中以拉伯雷（约公元1494～1553年）的五卷长篇讽刺小说《巨人传》最为有名。这部作品着重描写了高朗古杰、高康大和庞大固埃祖孙三代巨人国王的神奇故事，以夸张的艺术手法和滑稽的笔调，揭露和批判了经院哲学的愚昧和教会的腐败，嘲讽了教士的无能与寄生生活，并且热情歌颂人的伟大尊严、人的理性智慧与世俗渴求，鼓吹人的个性自由与解放。书中还提出了用新的教育方法来培养知识全面、多才多艺的人才。所有这些，都集中体现了拉伯雷的强烈的人文主义理想，反映了新兴资产阶级要求进一步发展的愿望。在拉伯雷之后，法国又产生了一位著名的人文主义文豪蒙田（公元1533～1592年）。他的代表作《随笔集》是既是一部散文作品，同时也是一部有关哲学与社会政治思想的名著。在此书中，蒙田歌颂了人的个性解放与人的价值，并且充分肯定了人的认知能力，提出“只有怀疑才能判断和论定”，认为对各种事物、学说或信仰都不能盲目相信与崇拜，而应当以一种怀疑的态度去审视和分析，最终作出自己的价值判断。蒙田在书中还提出培养学生的独立见解、让学生多接触社会的教育观；主张不同教派要相互宽容，不要屠杀新教徒；揭露了西班牙殖民者对美洲的血腥掠夺。

在德意志，随着人文主义思潮的传播，一些新文学作品也纷纷问世，其中以北方文艺复兴的最杰出的代表伊拉斯谟（公元1469～1536年）的讽刺文学作品《愚人颂》最著名。这部书于1509年在英国完成，主要针砭了当时德国的社会现实。在此书中，伊拉斯谟通过“愚人”的登台演说，对教皇、高级教士、经院哲学家的腐化、愚昧给予了无情的讽刺，对封建贵族的不劳而获、贪婪好战的行为给予了尖锐的批判。同时，他还大力鼓吹人的个性自由与尊严和人的世俗生活追求，反对教会神权对人的束缚与摧残。伊拉斯莫进而要求清除教会的腐朽积弊，建立合理与“廉价”的教会。

西班牙的文艺复兴运动虽然要相对弱小一些，但在文学艺术上仍有较大成就。塞万提斯（公元1547～1616年）的《堂吉诃德》是一部具有鲜明人文主义思想的长篇小说。在书中，他模拟骑士传奇的笔法，描写了穷乡绅堂吉诃德模仿骑士而带上侍从桑丘出门游侠、沉迷于幻想而又四处碰壁的故事，深刻地揭露了西班牙封建社会的黑暗，表达了作者提倡个人自由与个性解放的人文主义思想，但作者看不到解决社会矛盾的方法，而只是将改革社会的希望寄托在古老骑士的复活上，这反映了西班牙人文主义运动的软弱性。这部著作采用了幽默、滑稽和夸张的表现手法，成功地塑造了堂吉诃德的形象，文句优美生动，感人肺腑，是西方文学史上的一部难得的佳作。在当时的西班牙，还产生了一位著名的剧作家维加（公元 1562～1635 年）。维加写过不少剧本、诗歌和田园小说，至今人们能看到的只有 426 个喜剧和 40 多个街头宗教剧。他的最有名的剧本《羊泉村》、《国王是最好的法官》等，抨击了封建僧、俗贵族的贪残与腐朽，歌颂了广大人民的反封建斗争、特别是农民的英雄形象，反映了人民对自由民主权利的向往和追求。维佳的作品对后世的影响巨大，他被称之为“西班牙戏剧大师”和“民族戏剧的奠基人”。

3．“圣经人文主义”学派及其学术成果

随着人文主义思潮向神学领域的渗透，人文主义者对经院哲学家的僵化空疏的学风进行激烈的抨击，进而将“思想自由”的精神转化为学术自由的原则，对《圣经》等神学文献开始了新的探索，逐渐形成了著名的“圣经人文主义”学派。

所谓的“圣经人文主义”学派，是指 15 世纪中期以瓦拉为代表的从事《圣经》等神学典籍的翻译、注释与考证的意大利人文主义学术群体。实际上，在“北方文艺复兴”中，也有一些人文学者从事这一学术活动。

在对《圣经》的翻译、研讨与阐发过程中，“圣经人文主义学派”反对教廷的拉丁文版《圣经》的独尊地位与教会人士对《圣经》阅读与宣讲的垄断权，要求实现《圣经》的民族语言化与大众普及化。由此，该学派纷纷将《圣经》翻译成本民族的语言，提倡人人都应有学习《圣经》的权利，并怀疑教会对《圣经》内容解释的权威性，主张在《圣经》解释与体悟上的自主化。在当时，这一现象绝不是一场单纯的学术之争或文化之争，而实质上是一场宗教—政治权力领域的斗争。新的“经学”热并没有停留在学术层面上，而是进一步向纵深拓展，不仅主张以《圣经》的权威取代教皇的权威，而且主张返回到原版《圣经》的经文中，去阐发新的伦理内涵与信仰真谛，由此而对积淀了数千年的神圣至尊的“经学传统”给予了有力冲击，进一步动摇了罗马教廷神权统治的理论基石。

15 世纪意大利的著名人文学者瓦拉，是“圣经人文主义”学派的杰出代表。瓦拉学识渊博，思想敏锐，曾撰文对所谓的罗马皇帝君士坦丁在迁都时曾经将帝国西部的统治权赠给罗马大主教的断论，从史学、法学的角度进行了深入的剖析与揭露，最终考证出罗马教会的所谓“君士坦丁赐予”是一件伪作。在对《圣经》加以订正与注释时，瓦拉反对教会“经学传统”中那种致力于发掘“微言大

义”并从中导引出正统神学伦理的作法，力图恢复其中每一个特定教义或论点的精确历史内涵。为此，他追溯到古希腊文与希伯来文的原版《圣经》中去探究。1449年，瓦拉发表了《新约全书注释》一书，在拉丁文与希腊文这两种版本之间进行鉴定性的比较考察，用其广博的语言知识纠正了拉丁文版本中的许多谬误。例如，在“哥多林书”中，拉丁文译本中的有关圣保罗宣称的教义是，只有“靠上帝和我的慈悲”才能得救。而瓦拉通过对希腊语词汇的分析，断定这句经文的原文是“靠上帝的伴随着我的慈悲”。瓦拉由此而得出结论：“保罗并未说他能够赐予什么，因为一切都必须被看作是属于上帝的”。此外，当时的另一人文学者布兰多利尼撰写了《希伯来人宗教史》，旨在从《圣经》中和《约瑟亚书》中引出希伯来人的宗教史概要。他认为，经院哲学家对《圣经》的解释都是“琐碎无聊之举”，这只能使人们坠入“荒谬的浓雾之中”。他还把《旧约全书》看作是编年史，从历史的角度对它进行阐释与订正。在当时，除了瓦拉为代表的“圣经人文主义”学派外，人文学者曼内蒂、皮科等人都曾翻译或研究过《圣经》。皮科为了取得成果，先后掌握了拉丁语、希腊语、古犹太语与迦勒底语，并用译本名叫“卡巴拉”的犹太神学著作来对《圣经》作一索隐探幽。

“北方文艺复兴”的杰出代表伊拉斯莫，实际上也是新的“经学热”中的一位学术行家。所不同的是，他把批判的矛头指向经院哲学家那种将《圣经》教条化与神秘化的做法上，并极力主张阐发《圣经》原本中的伦理内涵，作为建立人文主义道德规范的价值源头。从此出发，伊拉斯莫呼吁每个基督徒都必须认真地学习和研究《圣经》，建立一个以基督为最高伦理典范、以基督为人们快乐地直接与上帝联系之媒介的社会。在1516年发表的《新约·导论》中，伊拉斯莫指出，研究《圣经》可以使人们以基督为道德榜样，从《圣经》中去获取塑造完美人生、符合人性的伦理哲学。他还强调，《圣经》是知识的源头，是评判万事万物的最后权威；应当将《圣经》翻译成民间俗语，使人人都可以阅读与理解《圣经》。为此，伊拉斯莫在探讨《新约全书》时，将罗马教廷官方钦定的哲罗姆通俗文本与一些希腊文的《圣经》手稿进行对照，修正了前者的许多讹误。在评注方法上，他也运用了“圣经人文主义”学派的方法，在对《圣经》中的历史意义、寓言、词语的比喻等进行注释的同时，更加重视对《圣经》进行历史主义的探讨，即结合历史背景来寻找经文的真实内涵。他特别强调语言知识与自然、历史知识的结合对圣经研究的重要意义，主张出版不同的版本来让读者加以对比和判断。通过考订、增删、校对与翻译，伊拉斯莫终于在1516年出版了较为精确的希腊文的《新约》，并附有自己所翻译的拉丁文译本。他所作的批判性附注，与罗马教廷的正统的评注大为相左，在当时引起巨大的反响。英王亨利、法王法兰西斯、西班牙国王查理等君主，都得到了他所赠送的四部《福音书》的评注。

以“圣经人文主义”学派为主体的人文学者在对《圣经》原典及其他教会神学文献的翻译、考证与探讨中，摒弃了经院哲学那种先验与狭隘的解释方式，逐步树立起求真证伪的怀疑主义与批判主义的学术精神，积累起一套新的知识结构与方法体系，并恢复了《圣经》原文，取得了许多重要成果。这些宝贵的精神财富与知识财富，从根本上动摇了罗马教会正统神学思想与大一统神权统治的理论基石，并为早期资产阶级的宗教改革运动提供了强大的推动力。

4. 人文主义的政治理想

大体来说，文艺复兴时期人文主义者的政治理想主要表现为三种类型，即共和政治理想、“开明君主专制理想”与早期空想社会主义理想。尽管这三种政治理想的主旨与要求各有所异，但它们都是文艺复兴运动的产物，都不同程度地体现了人文主义的思想内涵，对基督教神权政治的文化传统构成了有力的反叛。

反对君主政治，颂扬共和政治，是人文主义共和政治理想的主要特征。在15世纪初的意大利，以萨琉特蒂（公元1331～1406年）、布鲁尼（公元1370～1444年）等为代表的佛罗伦萨“市民人文主义”者，在号召佛城人民抵抗米兰公爵的侵略时，就较为系统地阐发了他们的“共和”政治主张。他们抨击君主制度凭君主个人的意志与好恶来统治国家，完全扼杀了公民的自主要求与参政愿望，却使得一些善于阿谀奉承的人得以升迁和重用，最终只能使国家贫弱衰亡。他们声称，佛罗伦萨的共和制是世界上最好的政体，因为它充分地保障了公民参政、议政自由的政治权利，保障了每个公民在法律面前的平等。布鲁尼在其《佛罗伦萨史》与《佛罗伦萨颂辞》等论著中，还将佛罗伦萨城的历史解释成为公民争取政治自由的奋斗史，把佛罗伦萨共和国的繁荣兴旺的根本原因归结为公民的政治自由。

人文主义者所描述的另一幅社会政治蓝图，则是“开明君主专制的理想”。这一蓝图将君主制视为惟一合理的国家统治制度，既要求君主采取强有力的政治集权措施，以确保国家的长治久安与社会秩序的稳定无虞，同时又希望君主集思广益，推行仁政德政，实现社会在物质生活与文化创造上的不断进步。人文主义的“开明君主专制的理想”是文艺复兴时期新政治学说的思想主流。在当时，由于新兴资产阶级的力量还比较弱小，难以发动政治革命来夺取政权，而只能在君主的羽翼下求得生存与发展。正是在这样的背景下，建立一个“开明君主”统治下的强大的中央集权政府，就成为大多数人文主义者的政治主张。

在意大利，由于长期存在着分裂割据与外族入侵的局面，人文主义者的“开明君主专制”政治理想极其浓厚。他们充分地阐发了实施君主制的必要性与优越性，将君主政制视为世界上最佳的政治制度。但丁撰写了《论世界帝国》一书，从摆脱教会神权控制、结束内乱的角度出发，主张政、教分离，要求建立君主统治下的"世界帝国"，以实现意大利的政治统一与富强。彼得拉克最初曾一度拥护共和制，反对君主制。1347年，罗马发生了以科拉为首的市民"共和"派反对城市贵族的起义，彼氏予以大力支持。他谴责历史上的恺撒集权独裁，镇压市民，欢呼罗马王政时代的结束使"我们时代的自由诞生"，以此来喻古讽今。但在科拉起义失败后，他开始放弃共和制的主张，转向鼓吹君主制。分裂动荡、战乱频仍的局面，使得这位人文学者极其渴望政治统一与社会安定，并将结束意大利分裂战乱的希望寄托在神圣罗马帝国皇帝亨利四世的身上。从1350年起，他先后写了十多封信给这位君主，规劝他给意大利带来和平与统一。同时，他还撰写了《恺撒传》，将恺撒颂为专制君主的榜样。而在晚年，他撰写了《治国术》一文献给帕都瓦的"君主"卡尔拉拉，希望他采取果断措施来镇压动乱与抗击外侵，确保社会安定，并尊重人民的意志，重视工商，奖掖学术文化。到了14世纪末15世纪初，米兰等地的一批依附于大公政权的人文学者，更加积极地提倡与颂扬君主政治，为米兰的"君主"——吉安·加利阿佐加强集权与在北意大利进行军事扩张鸣锣开道。当米兰进攻佛罗伦萨时，人文学者安托尼奥撰文歌颂米兰的"君主制"，诋毁佛城的共和制度。其后，人文学者迪塞姆拜奥著《国家政务》四卷献给大公腓里力波·马利亚，向他大讲治国之道。1436年，迪氏之子迪塞姆布里奥又撰写了热情夸张的《米兰颂词》，对著名"市民人文主义"者布鲁尼为反对米兰侵略作宣传鼓动而写的《佛罗伦萨颂词》进行反驳，在词中攻击布氏的共和政治观，盛赞米兰的"君主专制"。也大约在此时，帕都瓦的著名人文学者维尔吉利奥撰《君主政体》一书，对君主制政体倍加褒扬。而帕城宫廷人文学者的代表康维尔西诺所写的《论更好的生活方式》一著，通过政体的比较反复论证君主制的优越性。在15世纪末期的那不勒斯，人文主义者庞达诺相继推出了许多颂扬君主制的力作，其中有《君主论》、《论慷慨》与《论庄严》等。而在曼都亚，卡斯蒂里昂的《廷臣论》，卡尔发的《称职的廷臣》与《一个贤明君主的职责》等论著，都从不同角度反映了人文主义的君主政治思想。

马基雅弗利（公元1469～1527年）是意大利文艺复兴时期的著名政治思想家，他的《君主论》集中地反映了人文主义的"开明君主专制"的政治理想。在此书中，他悲叹"没有首领、没有秩序、遭到失败和劫夺、受到分割与蹂躏"的意大利已经濒临毁灭的边缘，意大利正"企求天主派遣一个人来，将她从这些野蛮残暴的行径中拯救出来"。他呼吁有一位大智大勇的君主问世，加强中央集权，建立一支强大的公民军，采取一切手段去击败侵略者，"将意大利从蛮族的手中解放出来”。马基雅维里主张君主在巩固与扩展统治权力时不择手段，但仍把“仁慈”、“庄重”、“忠诚”、“善体人意”等看作是君主必须具备的品格，规劝君主避免“残暴”、“奸诈”、“倨傲无礼”、“荒淫纵欲”等“足以使他亡国的罪恶”，强调君主应当多尊重民心与民情，保障百姓的家庭财产权，让“百姓大众心满意足”。

在法国，波丹（公元1530～1596年）所著的《国家论》一书，则从“国家政治主权”的高度来阐发其人文主义的“开明君主专制”的政治理想。在这部著作中，他提出了地理环境对国家政体有决定性影响和公民权利平等的主张，集中论述了国家主权。他指出，主权是一个国家绝对的和永久的权力，又是对公民和臣民的不受任何法律限制的最高权力，这种权力既不可分割，也不能被转让。波丹认为，主权者是一切法律的惟一渊源，法律的指定者，拥有统治国家的大权。不过，他指出，主权应当接受先于国家存在的神法和自然法的约束，主权者无权侵犯公民的政治自由和财产私有权，否则就是对神法和自然法的践踏。波丹的主张，奠定了近代早期资产阶级国家主权发展的基础。

人文主义者“开明君主专制”理想还带有“君权至上”旧观念的烙印，他们对君主制度的本质与意义并没有进行科学的分析与认识，而常常是从浅层次的表象上去认同与赞美君主政治，去抹掉君权政治的弊端。但这一政治理想却体现了一种新的价值取向，包纳着诸多新的思想内涵。在阐发自己的“开明君主专制”理想时，人文主义者彻底突破了基督教神权政治文化传统中“神权至上”、“君权神授”思想的禁锢，既反对教权对君权的制约，也常常力图剥去君主身上“神命”的宗教光环，并将君主是否尊重人民自由意志作为一个重要的评价标准。所有这些，都充分地反映了当时弱小的新兴资产阶级反神权、反封建与变革社会的政治要求，开启了近代西方资产阶级政治思想的先河。

文艺复兴时期，随着西欧资本主义的成长，资本原始积累的弊端日益显现出来，金钱物质对人的“异化”也初露端倪。在此情况下，一些人文主义者通过对现实的反思，提出了早期空想社会主义的政治理想。英国的著名人文主义者托马斯·莫尔（公元1478～1535年）撰写了不少政治与历史方面的著作，其中最为有名的是《关于最完美的国家制度和乌托邦新岛的既有益又有趣的金书》，简称《乌托邦》。这是早期空想社会主义学说的第一部杰作，它以对话的形式猛烈批判了当时英国的圈地运动对劳动人民的无情剥夺，揭露了资本主义原始积累的残酷性，并且把私有制视作是一切社会灾难的根源。针对这一社会现实，莫尔在书中设计出一个人人平等、按需分配、信仰自由、没有剥削压迫的“公有制”的社会。受阶级和时代的局限，莫尔允许在社会上使用奴隶，甚至主张建立殖民地。在意大利文艺复兴后期，受人文主义思潮的影响，还出现了早期空想社会主义的主张，这就是康帕内拉（公元1568～1639年）的有关“太阳城”的政治理想。在《太阳城》一书中，康帕内拉尖锐地揭露和抨击了现实社会的罪恶与贫富对立，并把它们归结为私有制和个人利己主义的产物。同时，他还构思出一个所谓“太阳城”的理想国度，把它描绘成一个完全废除了私有制、实行公有制的共同劳动、按需分配的美好社会。早期空想社会主义者的政治理想，不能正确地阐明资本主义的历史地位和资本主义剥削的本质，带有宗教迷信的鲜明烙印，而且也没有得以实现的经济基础和阶级基础，最终只不过是一种空想。尽管如此，他们对正在形成中的近代西方文明的弊端的批判，对人类社会文明发展前途的理论探索和对未来理想社会文明的天才勾画，对后世具有深远的历史影响。

三　宗教改革启蒙学说

1. 马丁·路德的宗教改革启蒙学说

随着人文主义思潮的不断流播，文艺复兴逐渐向纵深发展，最终在宗教信仰领域酝酿出早期资产阶级的宗教改革运动。这一运动克服了文艺复兴运动的那种精英化、贵族化的局限与人文主义思潮中的纵欲主义、拜金主义的消极影响，力图用宗教的文化话语与思想框架来表达早期资产阶级反封建、反神权的愿望，为早期资产阶级经济活动与政治斗争鸣锣开道，最终在广大民众的宗教文化心理结构与神学信仰中形成了一次巨大变革。由此，披上了神学外衣的近代早期新兴资产阶级的启蒙学说逐渐产生，将过渡时期的近代早期文化启蒙运动推向新的高峰。

马丁·路德（公元1483～1546年）的宗教改革学说是16世纪德意志社会现实的产物。当时的德国政治上分裂割据，各种社会矛盾日益激化，各种矛盾又聚焦在德国天主教会的封建神权统治上。许多高级教士本身就是拥有领地的封建贵族，全国三分之一的土地归教会占有。教会不仅征收什一税，而且还常常按照罗马教皇的旨意来出卖赎罪券等，搜刮大量的社会财富，德国被称为“罗马教皇的乳牛”。罗马教廷还时常干预德国的政治，竭力维持其分裂割据的局面。因此，在当时的德国，要消除封建割据以实现国家的政治统一，为资本主义萌芽的进一步发展开辟道路，就必须将矛头指向天主教会的神权统治。马丁·路德正是在这样的社会背景下发起宗教改革运动的。

马丁·路德是一位学识渊博的爱国主义神学家，在人文主义思潮的影响下，他对罗马教会在德国的神权统治与经济搜刮十分痛恨，立志要通过改革，建立适合资本主义发展与民族复兴的德意志教会。1517年10月，他发表了著名的《九十五条论纲》，尖锐地抨击教皇在德国销售赎罪券的行径，指责罗马教皇不能实施本为上帝才有的免罪权，提出人只能依靠内心的虔诚信仰才能获得上帝的拯救。这一举措受到了市民与萨克森选侯的支持，激起了德意志民族的反教廷风潮。此后，他陆续发表了《致德意志的基督教贵族书》、《教会的巴比伦之囚》与《基督徒的自由》等三篇重要文章，与罗马教廷与部分德国诸侯展开斗争。

为了改革教会，路德对教会的"经学传统"进行了激烈的批判，在翻译与注疏《圣经》方面作了大量卓有成效的工作。他对教廷神学家对《圣经》版本权与解释权的垄断及其对《圣经》的曲解深为不满，强调将《圣经》普及化与民族化的重要性。他在吸收伊拉斯莫的成果的基础上，以希伯来文和希腊文的版本为依据，花费了近20年时间，将《圣经》翻译成了人们容易阅读与理解的德语，出版了《全本德文圣经》，成为全德意志最为畅销的书籍。在此之前，德国这个在西欧最早使用印刷术的国度，出版业却异常萧条，在1518年仅仅出版了150本书。而路德的《圣经》到他逝世时，仅在唯登堡一城就出版了10多万册，获得了更为广泛的读者，有力地促进了德意志民族语言的发展。他的《圣经》还被一些西欧国家翻译成法语、英语、匈牙利语、芬兰语等多种语言，对欧洲文化产生了深渊影响。这样一来，在德意志，一千多年罗马天主教会对《圣经》版本权与解释权的垄断，终于彻底瓦解了。《圣经》这一基督教的原典，开始从罗马教会神学意识形态的理论基石，转化成为适应新兴资产阶级需要的新教信仰的精神源泉。

在如何理解《圣经》的问题上，路德彻底突破正统教会的经学传统的禁锢，表现出一种更为浓烈的自由主义的批判精神。他强调个人自由地解释《圣经》的权利，以求实求真的批判视野来解读《圣经》。因此，在解释《圣经》的过程中，他不畏触犯先知、使徒、圣徒与教父乃至罗马教廷的神圣权威，不受种种迷信、愚昧与荒诞的束缚，他对有关《圣经》作者、内容与价值等方面的许多问题，都做出了自己大胆的独立判断。正是在对《圣经》之思想内涵的深层次发掘中，路德构建起了他的宗教改革启蒙学说。

马丁·路德的宗教改革学说大致可以归纳几个主要方面。首先是"唯信称义"说。这一观点的核心是信仰获救。在马丁·路德看来，人的心灵比肉体更为重要，只有信仰才与人的获救有关，而信仰也是人此生中所必需的，诚实的人依靠信仰而生。他在批判罗马教会的获救说时指出，人的"原罪"使得人的本性败坏，人凭自己的意志无力遵从上帝的诫命，因而也就无法获得上帝救赎的恩典。要获得拯救，就应当将对上帝的信仰建立在内心体悟的基础上。只有在内心中有虔诚信仰，才能与上帝直接沟通与交往，才能去恶向善，获得上帝的拯救。而外在的一切苦修与事功都达不到这个目的，除了圣餐以外的一切宗教仪式都是多余的，都应当废除。其次是"《圣经》权威"论。马丁·路德认为，人的真正信仰来自于《圣经》，《圣经》是人们信仰的惟一的神圣权威。每个信徒都应当阅读《圣经》，并完全可以对《圣经》的含义作出个人的价值判断与理解，都有权利信仰他从《圣经》中所理解的东西。任何人都无权剥夺别人的信仰自由权利。其三是"凡信徒皆为祭司"说。马丁·路德认为，既然人人都能与上帝直接交通和自主地阅读与理解《圣经》，那么人人在上帝与《圣经》面前都是平等的，都是领受了圣职的教士，也就根本不需要教士等级和教会作为人们与上帝交通的中介。教会应当是教徒的结社，教士是教徒选举出的公仆。马丁·路德还鼓吹俗权高于教权，强调国家权力为神所授，是惟一合法的权力；每个国家都有权建立本国的民族教会。

马丁·路德的宗教改革启蒙学说，用宗教的思维方式、理论构架和宗教话语，较充分地表达了人文主义的自由、平等与民主的要求，形成了对罗马天主教大一统神权权威与整个封建制度的巨大冲击。他的宗教改革学说，满足了社会各阶层反神权、反封建的愿望，因此而能够得以广泛而迅速地流播，有力地推动了西欧思想文化的更新与社会变革。

2. 加尔文的宗教改革启蒙学说

加尔文（公元1509～1564年）是16世纪法国著名的神学家、宗教改革家，他的以"预定"论为核心的宗教改革学说，在当时的西欧社会产生了更为巨大的文化启蒙影响。加尔文年轻时曾经在法国巴黎学习法律与神学，深受人文主义思潮的影响。后因鼓吹宗教改革而受到教会迫害，逃到国外，在巴塞尔潜心研究《圣经》与马丁·路德的学说。1536年，他发表了《基督教原理》，次年又撰写了《信仰指南》。在这两部重要著作中，他概述了他的宗教理论和社会经济思想，提出了"预定"论学说。加尔文在提出"预定"论学说的同时，还大力将其宗教改革启蒙思想付诸实践。从1541年开始，他以瑞士的日内瓦为中心，积极推行宗教改革活动，创立了加尔文教。他废除了传统的主教制度与烦琐的宗教仪式，代之以共和式的长老制，并以讲道和阅读《圣经》为日常的宗教活动，对周边地区深有影响。

加尔文的"预定"论（Predestination，又译作"前定"论）表现为一种救赎理论，即尘世间的人如何才能够得到上帝拯救的学说。加尔文在提出自己的主张时，根据新兴资产阶级的现实需要，对圣·奥古斯丁的救赎观与马丁·路德的"唯信称义"说予以有选择的继承。他的"预定"论包括"神命"说、"拣选"说和“呼召”说三个部分。“天命”说就是把上帝的意志看做是绝对而永恒的天命，认为上帝是宇宙中至高无上的神圣的主宰，人类的历史和现实都是由上帝支配，而且都不断地处于“上帝的新的特殊旨意的管理下”。“拣选”说则是根据《旧约全书》中犹太民族是上帝选民的信条，并吸收了圣·奥古斯丁的救赎观来解释人们命运之差别的理论。他指出，世间的人们之所以有高低贵贱之别，其根本的原因是由上帝的意志决定的。被上帝“拣选”上的人被称为“选民”，能够得到上帝的恩典与庇护，死后还可以进入天堂，享受“永生”。而未被“拣选”上者则是弃民，将受到上帝的抛弃，死后则要下地狱，受到“永罚”。此外，选民只是少数，多数人都要被上帝抛弃；人们一旦被上帝“拣选”，其子孙都将成为选民。那么，人们凭什么才能够得到获选的资格呢？加尔文解释说，这并非是由人们的意志决定的，与个人的虔诚、善行和功罪无关，而是由上帝的绝对意志所决定的。因为“上帝在创世之前，他已经借着基督拣选了我们”，人们在未出生之前其命运就已经被上帝所决定了，因此无法知道上帝对自己的决定。不过，加尔文在此为人们留下了一条奋斗的路向。他声称，尽管上帝的决定秘而不宣，但上帝对人们的“呼召”使人们自己多少会看到一些迹象，找到一些证据，从而体悟到自己是上帝的选民。因此，蒙获“呼召”可以被看作是被“拣选”的外在标志和选民身份的体现，其征兆具体表现为：对基督虔诚信仰并且参加教会，这是成为选民的根本前提。此外，还必须具有敢于奋斗、百折不挠的精神，去争取获得事业上的辉煌成功。一个人事业上的成败，本身就是上帝意志的体现。因此，只有努力进取，勇敢拼搏，在失败中不断奋起而取得成功，就能证明自己是上帝的选民。高尚的道德品格，也是要成为“选民”所必须具备的资格，因为上帝的恩典可以有效阻止一个基督教徒的不良行为，并使之道德高尚，高尚的品德正是上帝呼召的结果。为此，加尔文提出了选民的道德标准是节制、忍耐、简朴、诚实、讲信用与谦逊等，其中特别强调节制。他指出，高尚的基督徒，既应当在各自的职业中尽力追求财富，但在使用财富时也应当加以节制，不可过分的奢侈、享乐与浪费。由此，他反对信徒穿奇装异服，搞化装舞会，或生活放荡、赌博嫖妓等。

由于当时的资产阶级还没有成熟，不可能提出公开而直接地表达其社会理想的世俗的哲学理论与政治思想，只能借助传统的神权权威来为自己的经济和政治活动辩护，以新的神学学说的方式来表达自己的要求与主张。加尔文的“预定”学说，集中地突出了上帝至高无上的神权权威，把人的得救与否完全归结为上帝意志的预定和拣选，这就从新的角度否定了罗马教皇及其神职人员的宗教特权，同时又借助上帝的意志肯定了封建制度衰落与资本主义兴起的客观历史必然性。

另一方面，加尔文的“预定”学说也充分反映了新兴资产阶级发展实业、变革社会的迫切要求。它用争当上帝“选民”的目标去鼓励人们鄙视懒惰与保守，积极开拓进取，勤勉敬业，在世间努力向上以求在天国得到褒赏；并激励人们在失败中吸取教训，坚持不懈，直到获取最后的成功。这样的主张，为资产阶级的经济活动与政治斗争批上了一件神圣的宗教外衣。因此，这一学说问世后就得以迅速传播，促进了资本主义萌芽的成长，并为日后尼德兰与英国的资产阶级革命提供了强大的思想动力。

思　考　题

1．简述14世纪至16世纪“过渡时期”西欧社会经济、政治变动的新态势。

2．如何理解新航路开辟对世界文明“整体”格局形成的巨大推动作用？

3．为什么说文艺复兴是西方近代早期的思想文化启蒙运动？

4．如何认识人文主义思潮的价值取向、表现形式与思想内涵？

5．试析人文主义文学艺术的思想性与艺术价值。

6．怎样评价“圣经人文主义”学派的历史地位？

7．简述人文主义的诸种政治理想模式及其理论意义。

8．简述马丁·路德的宗教改革学说及其启蒙意义。

9．为什么说加尔文的宗教改革启蒙思想体现了新兴资产阶级的要求？

第七章

近代西方文明产生的基础

16世纪以来，欧洲经历了科学、商业和消费三大革命。这三大革命导致工业革命，给近代西方文明奠定了基础。

一 科学革命

1. 占星术与天文学

文艺复兴带来人类思想的大解放，引起人们对旧世界的怀疑和对新知识的探索，产生了科学。然而，科学产生于旧有的知识，它与占星术与炼金术密不可分。

生产力发展到文艺复兴阶段，已经使科学的诞生成为可能。但是占星术与炼金术在科学发展史上具有重要的作用。天体学的革命，起源于占星术士的努力；化学、生物学的发展则来自炼金术士的发财梦想。在科学赖以产生的实验和观测中，充满了魔术与经验。从哥白尼到牛顿，曾有许多占星术士和炼金术士为科学的诞生做出了贡献。

古代的占星术士深受亚里士多德理论的影响。亚里士多德认为宇宙是和谐的，物质、精神和道德是一致的，是一个问题的两个方面。因此，天堂比地球美好；天堂是存在的，不可怀疑和不可挑战的。太阳、月亮和各个行星都是完美无瑕的，永垂不朽的。他们的运动轨迹是圆形，圆形运动是运动的最完美的形式。地球是宇宙的中心，是地狱的鬼魂与天堂诸神之间生命之链的中心。

亚里士多德的宇宙观与基督教对世界的解释是一致的。亚里士多德把天堂描写为一个紧密透明的圆，由太阳、月亮和行星按各自的轨道运行。神在圆圈之首，天使在圆圈之尾。亚里士多德的这种观点，在古希腊最伟大的天文学家托勒密的著作中有完整的记录。

但中世纪以来的占星术士则是新柏拉图主义者的信徒。以新柏拉图主义者米兰多拉等人为代表的新柏拉图主义者认为，世界是由理想和形式组成的，它们隐藏在物体的物理性质之中。宇宙的设计师拥有几何学家的精神，宇宙间最完美的原则是用音乐和数学来体现和阐明。这样，新柏拉图主义者给后代留下了一种以数学为基础研究科学的理论。这一学说对天文学的发展是极为重要的。这一学说首先对占星术士和炼金术士产生了影响，使占星术和炼金术向科学方向发展。

所谓占星术，是占星术士研究行星对人们行为的影响、研究行星运动与天堂的关系和研究宇宙之谜的学问。所以虽然中世纪的占星术是为了观测天象以找出天堂和诸神，而炼金术是为了得到黄金，但新柏拉图主义使占星术和炼金术向科学方向发展。

中世纪的占星术士们为找出天堂和诸神，进行了长期的观测。然而他们越观测，对亚里士多德的宇宙理论就越怀疑。他们感到不解的问题是：如果太阳在一个完美的轨道上围绕地球旋转，为什么一年四季中昼夜的时间长短不一？如果行星都围绕地球在作圆形旋转，为什么它们离地面的距离有时看起来较近，有时看起来则很远？而且为什么在一年中的不同时间里，这些行星有时明亮，有时暗淡？

当然，一般的占星术士并不能解答这些问题。然而他们却为解释这些问题，提出了许多天才的设想。在这些设想中，有影响天文学发展的“本轮说”。本轮说认为，如果太阳运行轨道不以地球为中心，其围绕地球运行的轨道不是同心圆，而是不正规的大圆，那就可以解释为什么一年中各季节中昼夜的时间长短不一了。在非正规的大圆内行星围绕地球旋转时，在远近不同的轨道上，有时看起来就会近些，有时看起来就会远些。当它们在轨道近处，看起来就要明亮些；当它们在轨道远处旋转时，看起来就会显得暗淡些。

这些设想，导致了欧洲一些著名的大学展开了对各种各样的非正圆圈旋转论和本轮说的大讨论。这场大讨论导致了天体革命，促使了哥白尼天体学说的诞生。

哥白尼（公元 1473～1543 年）开始时是攻读艺术的学生，后来改学神学。他还学习过医学，并获得医学毕业证书。然而欧洲关于非正圆圈理论的大讨论，使哥白尼的兴趣转到了天文学。1491 年，哥白尼在波兰克拉科夫大学学习时，认真参加了关于非正圆圈旋转理论和本轮说的讨论，得出了较为科学的结论。

哥白尼设想，如果地球不是宇宙的中心，而太阳是宇宙的中心，并且地球只是围绕太阳旋转的一颗行星，那么许多天文问题就好解释了。因此，他在 1543 年出版的《天体运行论》一书中宣布："一切行星运动的中心是太阳"，太阳是世界上最美丽的天堂，是照亮一切的明灯。这一理论并不正确，因为太阳不是世界的中心。哥白尼的这一理论还没有脱离传统的亚里士多德的天体观。所以他的太阳中心论具有局限性。然而哥白尼的太阳中心论向地球中心论发起了挑战，引起了天文学上的革命。

丹麦天文学家第谷（公元 1546～1601 年）进一步发展了哥白尼的学说。第谷原来也是一位占星术士和炼金术士，他在长期的占星活动中积累了丰富的天文学经验。1572 年，第谷发现了一颗燃烧着的极其明亮的、过去未知的新星。这是仙后星座中的一颗新星。这颗新星的发现，使第谷放弃了炼金术活动，完全投入了对天文学的研究。

第谷的发现，向过去传统的"永垂不朽的宇宙，是由明亮、透明的圆环组成"的理论发出了挑战。按照过去的理论，这一圆环是不可穿透的。这颗新星的出现使卓越的宇宙学说出现了漏洞。

第谷用新旧两种观点混合解释这种现象。他提出除了地球之外，所有的行星都围绕太阳转动。为了证明这一理论，他与其学生开普勒（公元 1571～1630 年）一起，绘制了当时最精确的行星运动表《鲁道夫天文表》。鲁道夫是奥地利国王的名字。因鲁道夫邀请第谷到布拉格天文台工作，第谷为感谢鲁道夫而用其名字作为天文表的名字。

开普勒是当时最伟大的数学家。经过计算，开普勒提出了行星运动定律。该定律的内容是：行星围绕太阳运动的轨道是一个椭圆，而不是一个正圆。根据这一理论，就可以解释为什么它们有时距离地球近，有时距离地球远。开普勒的更重要的贡献，是他证明了在行星围绕太阳运动时的速度和与太阳之间的距离，有一种精确的数学关系。开普勒的发现，证明了"日心说"的存在。开普勒的发现宣布了天堂与地球一样，是由物质组成的，因此也要服从于物理法则。

但是开普勒也是一位受占星术和炼金术影响的科学家，他探索行星运动的动机，是来自他探求占星术和炼金术的努力。他在读了新柏拉图主义者皮科·德拉·米兰多拉的一篇未完成的关于行星运动的论文后，全力研究行星运动。米兰拉多讨论了占星术的缺点，使开普勒放弃了占星术，转而从数学上去研究行星运动。这就使开普勒成为了奠定近代天文学基础的科学家。

开普勒从数学上证实的理论，意大利天文学家伽利略（公元1564～1642年）通过观测又加以了证实。伽利略用一个巨大的天文望远镜对天体进行研究，窥见了过去不敢梦想看见的天堂的一个部分。1610年，他发现罗马神话中的主神朱庇特居住的木星居然有四颗卫星。这一事实雄辩地证明了并非天堂里所有的星球都围绕地球转动。他还观察到月亮上的地形是高低不平的，伽利略把月亮描述为充满山脉、河谷和河流的星球。他断言月亮与地球一样，并不是完美的。他甚至发现太阳表面也有一些斑点，并设想太阳也是由物质组成的。这些发现都是划时代的。伽利略的最大贡献是把哥白尼的学说变成大众能接受的思想。经过伽利略的努力，科学的天文学基本取代了占星术（图7—1）。

图7—1　伽利略像

2. 炼金术与化学

炼金术是利用火来研究金属。中世纪的炼金术是为了得到金银。炼金术有其传统。在炼金术史上最有影响的人物是埃及人赫尔墨斯·特累斯梅杰斯（Hermes

Trismegistus)。特累斯梅杰斯生活在公元 2 世纪，据说他通晓宇宙之谜，一直被古代炼金术士奉为鼻祖。文艺复兴时期，有人发现了一件关于炼金术的文献。这个文献提出炼金术的核心是“宇宙精神”，宇宙精神代表一切；宇宙精神会自发地展示自己的秘密。由于这个文献被认为是特累斯梅杰的作用，所以得到广泛传播，使得许多炼金术士都致力于去发现“宇宙精神”。

这些炼金术士把新柏拉图主义学说运用于发现“宇宙精神”的实践。新柏拉图主义者菲奇诺（Marsilio Ficino，公元 1433～1499 年）和米兰多拉一样，都认为宇宙设计师是用音乐和几何学的观点去设计宇宙的，宇宙间最完美的原则是音乐和数学。因此，必须用数学来解释神秘的宇宙。这种理论使文艺复兴后的炼金术士们在寻求黄金白银的炼金活动中，加以数学的计算。而这种以数学为基础的炼金活动，使炼金术向科学方向发展。化学、生物学和医学正是这样发展起来的。

把炼金术与新柏拉图主义完美结合起来的是瑞士医生帕拉切尔苏斯（公元 1493～1541 年）。帕拉切尔苏斯曾跟一个德国著名炼金术士学习炼金术，后来学医，1516 年获得费拉拉大学医学博士学位。

帕拉切尔苏斯的真正爱好是炼金术。但是他的炼金活动不是为了获得黄金，而是为了确定金属的成分。因此，他的炼金活动不是传统的炼金活动，而是一种新科学。通过研究，帕拉切尔苏斯认为物质由三种要素组成：即由盐、硫磺和水银组成。他的“三要素说”很快取代了亚里士多德的“四要素说”，即物质由土、水、火和空气四种要素组成。

帕拉切尔苏斯根据上述学说，反对当时极具权威的古罗马医学家加伦（公元 129～199 年）的病理理论。加伦认为，人体健康有赖于 4 种体液的平衡。这 4 种体液是黏液、黑胆汁、黄胆汁和血液。在这种理论的指导下，传统医生治病，都是采用给病人放血或者让病人出汗的方法，使病人体液平衡，从而达到治病的目的。帕拉切尔苏斯认为加伦的理论是错误的。每一种疾病都有其产生的原因，都可以通过诊断而得到治疗。

帕拉切尔苏斯把炼金活动转化为化学，并把化学与医学结合起来。1530 年他发表了一篇关于梅毒的论文，指出口服适量的汞剂可以医治梅毒。他还指出“硅病”（即硅肺病）的病因，是病人吸入了金属蒸气，而不是因做了坏事而遭罪谴。他最早将甲状腺肿大这个病与饮水中是否含有矿物质铅联系起来。在经过多次实践之后，他配置了多种用汞、硫、铁及硫酸铜组成的新药来治病，效果很好。他还指出，小剂量的毒物有治疗疾病的作用。但是帕拉切尔苏斯主张，这些化学药品应由炼金术士或占星术士来控制。

帕拉切尔苏斯治疗疾病的发现遭到传统医生和药学院的反对。但是科学的进步是任何人也阻挡不住的。帕拉切尔苏斯把化学与医学结合起来对疾病进行研究的方法在具有新思想的人中广为传播，孕育了现代医药学。著名化学科学的创始人、英国科学家罗伯特·玻意耳（Robert Boyle，公元1627～1691年）就是在帕拉切尔苏斯理论影响下成长起来的。波意尔为医药化学的建立做出了重大贡献。

1662年，玻意耳出版了《不可知的化学家》一书，抨击了亚里士多德的“土、气、火、水四元素”理论。在这本书中，他也反对帕拉切尔苏斯的“盐、硫、汞三要素”说，而主张“基本微粒说”，认为物质是由大小和形状都很小的基本微粒组成，这些微粒的变化，就是物质的变化。他预言这些微粒将被证明是化学元素。玻意耳发明了“气体”一词，并进行了气体的实验。1662年，他发表了“玻意耳定律”，指出在恒温下，气体的体积与压力成反比。根据这一原理，他还制成了空气打气筒，即气泵。

许多科学家都从不同角度发展了医学。比利时医生维萨里（Vesalius，公元1514～1564年）研究了墓地里的人骨，参加过人体尸体的解剖。他在1543年出版了第一部现代解剖学画册《人体结构》，把解剖学上升为一门科学。然而维萨里并没有对人体机能做出解释，未能揭示生命的奥秘。这一工作是由英国医生哈维（Harvey，公元1578～1657年）完成的。

1682年，哈维发表了《动物心血运动研究》一文，首次阐明了血液循环的道理，阐明了心脏的功能。他认为心脏的作用有如一个吸筒，收缩时将血液挤出。左心室的血液流向四肢和内脏，右心室的血液流向肺部。血液不能通过室内间隔，心脏瓣膜及静脉瓣膜的作用，均为阻止血液倒流；动脉搏动是心脏收缩时血管充血被动形成的。

上述发展为自然科学体系的形成奠定了基础。

3. 新科学的创立

把近代科学的发展归纳起来上升为科学体系的，是英国最伟大的数学家和物理学家牛顿（公元1642～1727年）。牛顿曾对占星术和炼金术著作做了大量的研究，把占星术和天文学、炼金术与化学结合起来，总结了前人的成就，使之达到科学的高峰。

牛顿十分博学，在光学、物理学、天文学和数学等方面都有巨大贡献。他阐明了光的组成，发展了数学，发明了反射望远镜。但是牛顿的最大贡献是解决了当时最难解决的问题：即如果由物质组成的世界是运动着的，那什么是运动呢？绝大多数唯物主义者认为运动是附在物质上的。但是牛顿却提出，运动是物体内部相互作用的结果，这些相互运动是可以用数学方法来计算的。

通过实验，牛顿提出了著名的运动三定律：即如果没有外力作用，物体将保持静止状态或进行匀速直线运动；运动的变化与外力成正比；每一个作用力都有一个反作用力。用这三大定律就可以解释世界上的一切运动。根据开普勒的发现和伽利略的观察，牛顿认为在作用力和反作用力之间有一种数学关系，他称之为万有引力。牛顿的三大定律和万有引力定律阐明了物体的运动规律，奠定了现代物理学的科学基础。

科学的革命遭到了罗马教会的反对。这不仅因为科学与传统的知识和基督教教义相矛盾，而且因为科学的发展不受教会的控制。基督教反对科学，不仅是为了教会本身的利益，而且是为了捍卫基督教会的信仰。这种信仰涉及许多欧洲人。事实上，当时的许多主要科学家都信仰基督教。他们发现在科学与自己的信仰之间存在着矛盾。

为了使信仰与科学和谐，需要用一种学说来解释这种矛盾。笛卡尔（公元1596～1650年）提供了这种答案。1637年笛卡尔出版了《方法谈》一书，提出了“我思，故我在”的观点。从这一观点出发，他认为知识并不完美，必须有一种完美的东西去取代不完美的知识。而这完美的东西就是上帝，因此上帝是存在的。他断言：“新科学与上帝是可以协调起来的”。牛顿也是一位有神论者。当他无法解释行星的切向运动时，他就提出了上帝是第一推动力的说法。

从占星术和炼金术到科学研究，从经验的摸索到科学方法的形成，在欧洲培养了一种充满求知欲的严格的科学探究气氛，为近代欧洲的文明奠定了科学基础。

二　商业革命

1．欧洲商业的扩张

近代欧洲一直在寻求向外进行商业扩张的机会。新航路的发现，开始了欧洲人商业扩张的黄金时代。到17世纪和18世纪，欧洲商业的扩张达到高潮。欧洲商业的扩张引起了欧洲社会的革命性变化，对欧洲的生活方式、经济政策和对外政策都带来了深远的影响。

16世纪，世界所有地区的主要贸易路线已经开通。西班牙等老牌殖民国家在荷兰、英国和法国等新兴殖民国家的排挤下，不得不进行全球范围的撤退。欧洲各国划分了不同的贸易路线：西班牙的主要贸易路线是跨过大西洋到美洲；荷兰是通过非洲海岸前往印度洋；波罗的海贸易则把东西欧和北欧连接起来，其主要贸易活动是把英法等国的工业品运往俄国和波兰等国，而把他们的原料运往英法。地中海地区仍然是世界贸易的一个重点。

17 世纪，世界贸易的变化更为迅速。在 1600 年，亚洲贸易的 3/4 几乎都在陆上进行，其贸易路线主要是通过中东到达地中海。但是到 17 世纪末，由于荷兰与英国的兴起，海上贸易取代了陆上贸易，欧洲和亚洲的贸易就转到了海上。商业优势很快从地中海转移到北欧，全球范围的商品市场已经初步形成。

到 18 世纪，长距离的贸易已经把世界各地区逐步变成统一的市场。荷兰已经取代意大利，成为世界的贸易中心。欧洲人从非洲贩卖奴隶到西属拉丁美洲开银矿，开采的银矿大部分被运往西班牙。西班牙为了偿还国债，将这些银子运往欧洲各国抵债，其中大部分被运往阿姆斯特丹。荷兰又用这些银子在波罗的海沿岸各国购买粮食、木材和其他原料。这使波罗的海地区贸易十分发达。在 17 世纪 30 年代，波罗的海沿岸最大的港口是波兰的格旦斯克港，每年入港的荷兰船只达 500 艘。

在美洲开采的白银，甚至被运往亚洲去购买东南亚的香料、印度的棉花和中国的丝绸。在欧洲船只返航途中，欧洲人又在非洲出售印度的棉花，并购买奴隶运往南美的银矿。总之，商业革命把世界初步连成一个整体。

2．商业革命中的革新、管理和效率

世界贸易的发展，带来造船业的发展、贸易组织和管理手段的创新，使经济效率大大提高。

在造船业上，由于使用了东方的沥青和柏油，以及使用了斯堪的纳维亚国家盛产的铁和铜，大大提高了航船的质量。为了发展与波罗的海各国的贸易，荷兰人发明了一种平底船。这种船载重量大、速度快、机动性好，并且易于制造。这种船不设大炮，只需少量船员，经营成本低。而波罗的海地区环境安定，适于平底船航行。平底船的制造，对发展 17 世纪和 18 世纪欧洲大陆的贸易做出了重大贡献。

由于贸易扩大的需要，商业管理出现了创新，其中最重要的是贸易公司和股票市场的出现。英国 1600 年建立了英国东印度公司，荷兰 1602 年建立了荷兰东印度公司。这两家公司分别垄断了英荷对亚洲的贸易。英国东印度公司注册资金为 3 万英镑，而荷兰东印度公司的注册资金为英国东印度公司的 10 倍。这两家公司都被称为股份公司。公司通过发行股票来筹集资金，股票持有人拥有公司总资产的一个百分比，其大小根据他购买的股票的多少而定，并按此数目分红。

开始时，公司是根据每次航程的利润多少来进行分配利润的。但在实践中，这两家公司很快使公司与股票持有人分开，以使股票能进行交易。这样就出现了股票市场。股份公司的出现，是商业革命中最具有革命性的发明之一。其他欧洲国家也先后建立了类似公司,但由于经营不善而先后破产。英国和荷兰东印度司的成功,不仅是因为它们有特权,更重要的是因为它们注意降低成本和提高效率。

为了提高效率，寻求机会和最佳组合，欧洲各国都把双边贸易改为多角贸易。在双边贸易中，一个国家的产品只能换回另一个国家的产品。这就限制了贸易伙伴的范围。而多角贸易创造了一个较大的贸易范围。例如英国进行了三角贸易：英国把工业品运往非洲换取奴隶，又用奴隶在西印度群岛换回糖，然后把糖运回英国出售，从而获取最大的利润。这种三角贸易被称为奴隶贸易，是血腥的，充满了血和泪。然而三角贸易本身是多边贸易的一种形式，大大提高了市场效率。

在贸易组织的管理上，国家银行的建立是一个重要的发展。在 17 世纪初，欧洲币制十分混乱。各国、各个城市甚至个人，都可以铸造硬币。所以欧洲流通着几百种不同价值的硬币。而美洲白银的涌入，使十分动荡的货币变得更加不稳定。为了克服这一弊病，荷兰于 1609 年建立了阿姆斯特丹银行，为该国各种货币建立了统一的汇率。但是在国际贸易中，仍然是用硬币进行交易。针对这种情况，意大利发明了用电汇的方法进行国际贸易。在这种系统中，所有的商业银行用汇票进行贸易。这样，各国拥有的硬币就不必再运来运去，只用汇票即可。汇单的发明和使用，大大方便了国际贸易。

汇票制的使用，使票据业务又发展起来。银行发出的票据是支票的早期形式，商人可以把钱存入银行，然后可以通过票据从银行提取所需的款项。因此，票据就成为国际贸易中的最重要的手段。

但是汇票制有两个缺点：第一，所有的汇票最终都要返回银行，以赎回金属硬币；第二，当储户取钱时,账号内可能是空的,取不了钱。英国于 1694 年建立了国家银行,实行钞票制,克服了上述困难。英国银行从政府申请执照,获得发行自己的票据和钞票的权利。而这些票据和钞票,是以英国政府的一些特别税收作为担保的。这就使储户感到安全。这种安全的手段很快流行起来,各国都加以仿效。同时英国银行也发展为各种票据交换的中心,世界贸易迅速发展。世界贸易的发展,引起了欧洲的消费革命。消费革命改变了欧洲人的生活方式和文明习惯。

三　消费选择和消费革命

1. 消费选择

由于国际贸易的发展，新货物的品种增多，从而带来了消费的选择。一些体积小、质量高的货物不再是欧洲市场的抢手货。香料、丝绸等商品，大大超过了欧洲社会消费的需要。因为这些商品几乎达到饱和，价格不断下降。其中胡椒的价格自1650年以来，一直在跌落。

近代以来，欧洲与亚洲进行贸易，其主要目的是在寻找满意的消费品，而不是进行剩余产品的交换。因此，欧洲人把在美洲掠夺的白银的3/4都运往亚洲，换取珍珠、玉石、瓷器、染料、茶叶、棉布和各色各样的当地货物。这些货物运到欧洲后，往往是一本万利。

由于欧洲广大人民需要的是大众化商品，而不是昂贵的奢侈品。因此商人们极力降低成本，扩大货源，这就进一步促进了世界贸易的发展。消费选择自然就导致了消费的革命。

2. 消费革命

消费革命首先从服装革命开始。当时欧洲人穿的是亚麻布衣裳。欧洲从印度进口棉布，由于印度的印花布质地柔软，色泽光亮，在欧洲深受喜爱。在17世纪中期，这种棉布只用于做窗帘和台布。但是不久有钱人就以它代替亚麻布作为内衣和外衣，从而开始了欧洲的服装革命。

荷兰人首先认识到棉布在欧洲市场的潜力，开始从亚洲购买棉布。接着英国和法国也跟着进行这种贸易，并在印度建立了贸易点。棉布引入欧洲，不仅改变了欧洲人的穿着，而且对欧洲工业革命起到了推动作用。英国工业革命中，轻纺工业的革命，就是为了生产更多的棉布与印度棉布竞争而发生的。大量棉布的生产，使欧洲人逐步告别了穿亚麻布衣服的时代，开始了棉布衣服时代。

在饮食方面欧洲也发生了消费革命。咖啡和茶这两大饮料成为欧洲的最重要饮料。在16世纪，北欧开始从拉丁美洲进口咖啡，率先开始饮用咖啡。北欧各地都出现了咖啡馆。到17世纪，咖啡已经成为欧洲人的时髦饮料。然而当时咖啡的重要性远远赶不上茶叶的重要性。只有富裕人家才喝咖啡，而茶叶是普通欧洲人最重要的饮料，整个欧洲社会都离不开茶。茶对英国人来说特别重要，因为英国人发明了把中国茶与西印度群岛生产的糖混合起来喝的新习惯，在营养方面创造了一场革命。

糖在15世纪的欧洲是最昂贵的奢侈品。为了提高糖的产量，15世纪末葡萄牙人在亚速尔群岛种植甘蔗以榨糖。但是没有取得成功。后来他们在巴西殖民地种植甘蔗成功，开始了大规模人工种植甘蔗的时代。

英国最先在殖民地巴巴多斯种植烟草，但是失败了。于是英国在那里改种甘蔗，获得了意外的成功。巴巴多斯殖民地于是就成为英国第一个产糖殖民地。美洲糖产量的增加，降低了糖价，满足了欧洲消费市场的需要，然而却引发了臭名昭著的奴隶贸易。

热而甜的茶很快成为英国下层人民可以买得起的和离不开的饮料。因为糖茶与啤酒不同，这种混合饮料能很快提供能量。1706 年，英国进口的茶叶仅 10 万磅。但是到 1799 年，英国进口的茶叶已经达到 1 500 万磅。运往英国的糖为 5 000万磅。这一时期，欧洲还获得了救命的食物马铃薯。从南美洲引进欧洲的马铃薯栽培成功，欧洲人获得了高产的、富于维生素的廉价食品。

在消费革命中，还有一种商品也具有世界意义。这种商品就是烟草。烟草原来是英国北美殖民地的产品，在弗吉尼亚和马里兰殖民地大量种植。烟草一传入欧洲，就吸引了大批的消费者。烟草进入了近代文明生活之中。不过在烟草传入欧洲时，就有人呼吁禁烟。然而时至今日，吸烟还是屡禁不止。

从全球涌入欧洲各种各样的新商品，改善了欧洲人的生活质量。茶叶、糖、咖啡、杜松子酒、烟草和甜酒等新产品深受欧洲人的欢迎。在 17 世纪中期以前，欧洲几乎还没有人享用过这些东西。世界贸易的扩大，引起了消费的革命；消费革命改变了欧洲人的生活习惯，使他们的生活更上一个台阶。当然欧洲人生活质量的提高，除了工业革命外，主要是通过向外侵略和掠夺来提高的。这是一种把自己的幸福建立在亚非拉人民痛苦的基础上的做法。

思　考　题

1. 占星术和炼金术对近代科学的发展起了什么作用？
2. 新柏拉图主义对近代天文学的发展有哪些影响？
3. 试述近代天文学的发展过程。
4. 近代化学是怎样发展起来的？
5. 帕拉切尔苏斯在化学上做出了哪些贡献？
6. 何谓商业革命，商业革命的特点是什么？
7. 在商业革命中，世界贸易出现了哪些管理和制度上的创新？
8. 为什么说消费革命是近代文明产生的重要因素之一？
9. 名词解释：本轮说　非正圆说　哥白尼　伽利略

第八章

近代欧洲文明

科学革命、商业革命和消费革命促进了欧洲文明的发展，欧洲很快就发生了工业革命。工业革命引起欧洲政治、经济、思想、文化和社会生活的一系列变化，使欧洲出现了新文明。

一　近代欧洲工业文明

1．一幅描绘新时代的名画

法国著名画家莫奈（Monet，公元1840～1926年）在他的名画《巴黎圣拉查尔火车站》（现藏美国哈佛大学佛格艺术中心）中，描绘了近代欧洲文明的诞生（图8—1）。

这幅画描述了从法国诺曼底开出的火车到达首都巴黎圣拉查尔火车站的真实情况。铁路把法国的西海岸与首都连接在一起。在画中，乘客们正在下火车。他们受到迎接他们的亲友们的热烈欢迎。车站工人们正在卸货和运输行李。火车的烟囱冒着蒸汽，宣布着蒸汽时代的到来。

对巴黎人来说，火车是不可思议的东西。莫奈画中的机车正注视着人们：许多人围绕着火车，铁轨、铁灯柱和火车站的巨大的铁框架等吸引着人们。铁制的

图 8—1 巴黎圣拉查尔火车站

一切加上玻璃屋顶和玻璃窗户，不再是中世纪的石头建筑风格。这使巴黎火车站成为19世纪的象征。

火车的发明是人类文明的大跃进。从古代开始，罗马人就用4匹马拉轻便马车。但是到了19世纪，欧洲人仍在用4匹马拉长途客车。这种车行驶在泥泞的、不平的小路上，很不安全。上等阶级的乘客坐在马车内，呼吸着充满马蹄扬起的灰尘的空气。而一般乘客则坐在车顶，这些乘客一旦遇到车祸，就有伤亡的危险。而乘火车快速、便宜和安全，改变了人们关于时间、空间和速度的概念。在一天内，人们就可以到达曾经是十分遥远的地方。

莫奈的这幅画描绘了一个新的时代。铁路是人类文明的象征：它混合了蒸汽、煤和铁等最新的改变人们生活的发明。铁路改变了商业和交通的面貌，消除了地方的孤立状况。通过火车，人们把知识和信息传播到各地。铁路需要管理，例如需要成立调度室、会计科等。这些做法，为现代国家的管理提供了经验。在英国和美国，铁路时间表成为制定官方时间的依据，铁路成为欧洲工业文明的集中体现。

欧洲的工业文明是从传统经济向现代经济转型而实现的。传统经济的转型，始于农业革命。

2．农业革命

农业革命是工业革命的基础，是人类文明进步的转折点。欧洲发生农业革命的主要原因是欧洲人口增长。人口的增加，迫使欧洲人改进农业生产方式，提高农业产量。在1700年至1800年，欧洲人口几乎增长了50%，整个社会需要更多的衣服和粮食。在人口的压力下，荷兰首先开始了农业革命；接着是英国发生农业革命。不过这时的农业革命，不是农业机械的革命，而是农业耕作技术和农业耕作方法的革命。在荷兰和英国的农业革命中，既没有用机器代替人力和人力，也没有用新能源代替人力和畜力。

荷兰和英国的农业革命，是在人口压力下，把人类在此几个世纪之前就已经知道的耕作方法，加以系统的实行。但是这次革命的不寻常之处，是荷兰人和英国人以商业的眼光来运用这些方法，即为市场而进行生产。这次农业革命，首先要求在大面积土地上进行商品生产。单门独户的小农在小块土地上生产，连自给自足尚感困难，更无力投资改善耕作方法。在大面积土地上进行商品生产可以获利，因此产生了巨大的刺激力。于是在英国产生了巩固地产的运动和圈地运动。在圈好的土地上栽种单一的产品，在市场上进行交换，就成为十分有效的生产方式。同时，在圈好的大面积土地上，也有利于农业耕作技术的革新。

在荷兰和英国的技术革新中，最重要的是进行大规模饲料种植。种植的饲料主要是苜蓿和芜菁。这两种饲料既可以作为饲料，又可恢复地力。到17世纪末，英国诺福克郡的大地主汤森（Viscount Charles Townshend，公元1675～1738年）和其他地主发明了芜菁轮作制，利用土地开展4季轮作：按春、夏、秋、冬的顺序，种植小麦、芜菁、大麦和苜蓿。这种方法使地力得到了充分的利用。汤森当时担任英国内阁大臣，他利用职权，大力推行芜菁轮作制，因而得名“芜菁汤森”。

这4种农作物一度十分重要。小麦和大麦的价值自不必说，而芜菁和苜蓿的经济价值极大，主要用于饲养牲畜。牲畜的增加与粮食的增产一样重要。马和牛的繁殖比较快，因此可以为人类提供足够的肉食。而牲畜的粪便可用作肥料。

荷兰和英国为了饲养更多的牛羊，发明了冬天草地培植技术。在冬天，牛羊不仅需要苜蓿和芜菁，而且需要粮食。因此，发生了牲畜与人争夺粮食的事。为了解决这一问题，荷兰和英国就发展了冬天草地培植技术。荷兰和英国冬天一般比较温暖，地面不结冰。因此，荷兰农民和英国农民冬天在靠近溪流的地势较低的土地上进行灌溉。在灌水之后不久，又把水排出。这样土地在冬天就会长草。于是在冬天牛羊就可以吃到草了。冬天就有更多的牛羊存活。

这种饲养牲畜的办法，使牲畜和粮食的商品化大生产成为可能。根据情况，农民可以自由选择种粮食或是饲养牲畜。当羊毛与肉的价格比粮食高时，农民就养羊；反之，则种粮食。农民根据市场需要，就可获取较大利润，从而也就防止了粮食或牲畜的短缺。

荷兰和英国农业革命的第二个重大革新，是英国发明了在不同土壤和不同气候条件下，实行不同的耕作方法。在英格兰东南部，土地贫瘠，不适宜于种植庄稼，在传统上是放羊。而英格兰中部是粘土，虽然适于种庄稼，但却缺水，难于耕种。针对这种情况，英国农民进行了土壤改良。他们引进了饲料作物，以增加土地肥力。通过这种方法，英国东南部就被改良成为英国的粮仓，而英国中部则变为肥美的牧场。与此同时，英国的饲养技术也有了更大的改进。例如英国农民采取混合饲养等，这就增加了羊毛、牛奶、肉和皮的产量。

荷兰和英国的农业改革方法，后来经过200年的时间，传播到整个欧洲大陆。农业革命生产了大量价廉物美的食物，能养活更多的人口。同时，廉价食物也使人们能把钱用于其他的消费品，从而刺激了工业的发展。不过应当指出，英国的圈地运动，是以牺牲广大农民的利益为代价的。圈地运动使广大农民失去了土地，而失去土地的农民处境极其悲惨，被迫流向工厂和城市。他们一无所有，往往需要一代人或更长的时间，才能改变他们失去土地后的悲惨命运。

然而荷兰和英国的农业革命是历史发展的必然趋势，是人类走向工业文明的前奏。

3. 英国工业革命

18世界中期，英国发生了工业革命。

英国发生工业革命的最重要原因之一，是由于人口压力。在人口压力下，英国出现了能源危机和棉布危机。英国传统的能源是木材。但是由于人口增加，大片森林慢慢消失。英国必须找到新的能源，否则英国社会将会出现危机。同时，由于人口增加，落后的纺织工艺水平，已经不能满足日益增加的人口对棉布的需求。能源问题和棉布问题成为引发英国工业革命的直接原因。

面对木材的短缺，英国成功地利用了水力和煤作为新能源。水力和煤的利用，极大地提高了生产力。可以说，没有水力和煤的利用，就没有工业革命。煤矿业是英国进行资本投资的第一个工业部门，煤是18世纪的黄金。新能源导致新机器的产生。

为什么煤的利用成为引进工业革命的一个重要原因？因为在开采煤矿中，面临着的最困难的问题是如何排除矿井中的地下水。开始，人们采用人工办法来排除矿井里的水。矿主雇佣妇女和儿童到矿井中背出坑洞里的水，倒进装水的马车中，然后运走。后来人们使用水泵，用马拉动来抽水。然而当矿井变得比较深以后，这些办法就难于运用了。

需要是发明之母。1709 年，托马斯·纽可门（公元 1663～1729 年）发明了由蒸汽驱动的抽水机，可以通过一个管子把水从深坑里直接抽出。但是这种蒸汽机的发电机造价高，并且不能重复自动使用。

1764 年，英国格拉斯哥大学教学仪器修理工瓦特(Jemes Watt，公元1736～1819 年）在修理一架纽可门蒸汽机时发现，只要另设一个冷凝器，就可大大提高功效。此后他花了数年时间，在英国伯明翰鲍尔顿的铁厂工人们的帮助下设计了新型的蒸汽机。这种蒸汽机包括齿轮、平行运动连杆装置、离心调速器和压力表。瓦特改进蒸汽机后，蒸汽机被广泛应用于造纸厂、面粉厂、纺织厂和铁厂。蒸汽机的运用，大大降低了成本，提高了效率。从 1790 年到 1808 年，英国的生铁产量已经从 6.8 万吨上升到 25 万吨，条型铁的产量从 3.2 万吨上升到 10 万吨。

然而蒸汽机的改良还在进行。英国工程师和发明家特里维西克（Richard Trevithick，公元 1771～1833 年）对瓦特的蒸汽机进行了改良。他发明了高压蒸汽机，减小了蒸汽机的大小和重量，于 1803 年建造了世界上第一辆蒸汽机车。1808 年特里维西克在伦敦展出了世界上第一辆蒸汽火车头。1829 年，被称为现代铁路之父的史蒂文森(George Stevenson，公元 1781～1848 年)，在伦敦展出其被称为“火箭”的火车头。这个先进的火车头，使他赢得了 500 英镑的奖金。这笔数目在当时是一个天文数字。1830 年，英国建成世界上第一条铁路，即从曼彻斯特通往利物浦的铁路。蒸汽机的发明、改进和广泛应用，标志着近代文明的诞生。

另一个引起英国工业革命的重要原因是人们对纺织品的需要。由于人口增加，需要更多的衣裳。于是发明了各式各样的新纺织机器，其中最著名的是 1765 年织工哈格里夫发明的手摇纺纱机“珍尼机”和 1769 年阿克莱特发明的水力纺纱机。很快，由于蒸汽机用于纺织业，使英国的纺织能力大大提高。1770 年需要 200 个妇女纺的纱，在 1812 年只需一个女工就足够了。

在工业革命中，一个革新接着一个革新，一个发明接着一个发明。人们不断调整和改进生产方式，以降低成本，提高生产质量。因此工业革命并不仅仅是在发明蒸汽机、发明焦炭炼铁和发明新纺织机等方面取得突破，而是用千千万万新思想产生的新技术来不断解决生产中面临的问题。

当然，工业革命发生在英国，还有其他各种条件：英国有丰富的水力资源，各主要河流之间的距离较近，很容易由运河把他们联系起来，方便了运输。英国有丰富的煤矿资源，在煤矿附近又有丰富的铁矿，这是工业革命必不可少的。英国有大洋作屏障，不必花费巨额开支建设常备陆军。相反，英国可以投入巨额资金建设世界上最强大的海军，从而取得并保证英国在全球的商业霸权地位，使英国工业品有可靠的海外市场。英国还有资本来源。工业革命需要资本，英国农业的利润，都被转移到了工业中去。17世纪末，英格兰银行的建立，建立了可靠的信贷系统，保证了对大企业的投资。最后，就是人们常说的英国资产阶级革命后，建立了有利于资产阶级发展的政治制度和社会环境。

4. 没有革命的工业化

17世纪中期，欧洲大陆的科学家和发明家虽然也发明了某些机器，但其数目少、影响小，并不足以引起工业革命。欧洲大陆并不具备英国那样的开展工业革命的条件。只是在英国影响下，到18世纪欧洲大陆才开始工业化。

英国的工业革命使欧洲各国感到震惊，并引起了各国的兴趣。欧洲各国都想探索英国工业化之谜。各国的大臣、企业家乃至国家元首，都到英国访问，考察英国的工厂和矿山，希望学习英国的经验，以使自己的国家富强起来。因此欧洲大陆各国先后都开始了工业化过程。

欧洲大陆的工业化没有统一模式，英国工业革命的模式也不适于没有煤矿或铁矿的国家。但是所有的欧洲国家都从英国的经验中受益：他们不必再费力去发明珍尼机和各种新纺织机，也不必再去发明蒸汽机。他们在很大程度上只需引进英国的新技术和新机器即可。虽然英国政府禁止出口新机器，但是这些禁令是不可能长期起作用的。因此，欧洲大陆的工业化，并不像英国那样是一声晴天霹雳，而是一种缓慢卷入的过程，是一种没有革命的工业化。

法国就是一个取得工业化，但是并没有发生工业革命的国家。法国工业化的关键是解决国内市场，而不是寻求出口市场；同时要把新技术运用于传统的手工业。因为英国正在大量生产价廉物美的消费品、棉织品和生铁等产品，在国际市场上，法国是无法与英国竞争的。因此，法国十分重视发挥法国的优势：即生产价格高、利润大的传统奢侈品。法国拥有高技术的劳工，只需引入新机器，改造旧行业就可以了。

但是法国工业化过程十分缓慢，其缓慢的原因如下：

第一，18世纪法国人口增长缓慢，没有人口压力。同时，法国仍有丰富的能源，没有开展工业化的迫切要求。1700年，法国人口约有2 000万。但是在

1850年，法国人口仍然低于3 600万。相反，在同一时期英国人口增加很快，从1700年的500万增加到1850年的2 000万。法国人口增长缓慢的原因是法国在17世纪进行了农村人口改革。

17世纪，法国与英国同样面临人口压力。为了应付这一危机，法国农民被迫减少家庭人口。他们的方法是实行计划生育和晚婚。这样法国到了18世纪就没有人口的压力，因而也就没有要求放弃传统农业方式的紧迫性。法国农业生产能满足国内的需要，仍有足够的森林可供国内生活和工业之用。

第二，强大的行会仍然支配着法国的工业。虽然行会限制了竞争和增产，但是却有助于保持产品的高质量，因而使法国传统货物享誉全球。

第三，法国大革命在政治上给法国带来新的政治制度，但是法国革命政府的一些政策，从根本上来说，不利于工业的发展。例如法国大革命废除了封建地租，在农业上推广了精耕细作。这种做法当然有好处，但是这种做法巩固了小农制。既然法国农民能够生产足够的粮食以供国家的需要，就没有必要搞破坏传统农业的现代化农业大生产。即使有人想搞农业现代化，阻力也就极大。因为法国小农不仅能生活得很好，而且能留给其子女一份遗产，很少有人愿意打破这种平静的田原生活。由于在法国大量人口仍然是农业人口，进行自给自足的生产，因此缺乏货币。这样，工业生产只与小规模农村市场相联系。在整个18世纪，法国的经济继续分裂为地方性经济，而没有形成全国性经济。

法国大革命后，拿破仑推行大陆封锁政策，试图对英国关闭欧洲大陆市场。其结果是打击了法国本身，英国的反封锁使法国在19世纪失去了大量的海外贸易市场。这使法国经济成为国内型经济，不利于法国工业生产的扩大。

直到19世纪中期，法国仍然没有全国资本市场，甚至连地方性市场也未形成。法国生产者难于找到资本去购买昂贵的机器和修建最现代化的工厂。铁厂、煤矿和铁路这三大投资行业的工业化，主要依靠政府投资。因此法国经济发展缓慢。直到第一次世界大战前，法国也没有经历新工业城市迅速崛起的局面。法国也未经历英国那样严重的贫困问题和流浪汉等问题，人口缓慢增长减轻了工业化带来的灾难。传统的农村手工业也缓和了生活方式变化带来的问题。

19世纪中期之后，法国工业化有了迅速发展，其主要原因是铁路的修建。铁路创造了一个广大的国内市场，带来了冶铁业、机器制造业和现代资本市场的发展。因此法国取得了工业化，但是没有发生工业革命。

在德意志，工业化进程在19世纪中期以前也比较缓慢。因为德国工业化需要克服德意志帝国内的分裂状况，克服各个邦国的经济孤立状态和重要资源的分散状态。而且德国是一个农业国，各地农业经济并不一样。在德国东部存在着农奴制，农民依附于地主。农民每周大多数时间要服劳役，地主则安于这种剥削。农民和地主都没有兴趣采用新技术。在德意志中部，18世纪末，劳役已经改变为地租。不过虽然农民不再是农奴，但是仍有一系列的庄园关系把农民拴在土地上。只有德国西部为自由农民的天下。这些自由农民有两种：一种是自己拥有土地；而另一种虽然租种地主的土地，但是他们与地主只有经济关系。

德国富有资源并拥有熟练劳工，但却没有参加17世纪的世纪贸易。曾经十分繁忙的汉撒同盟的港口，由于大西洋经济的兴起而衰落。德国出口的主要产品是亚麻，产自萨克森和普鲁士的西里西亚省。而亚麻是按传统工艺进行生产，无法与英国机器生产的棉织品竞争。

1834年德国建立了关税同盟，对德国的工业化起到了极大的促进作用。但是由于德国内各邦国工业化的情况不一，从总体上看，德国工业化的步伐相对缓慢。只有普鲁士工业化较为迅速。普鲁士直接从英国进口机器，按英国标准建立现代工业制度。到1850年，普鲁士已经有铁路3 500英里。由于普鲁士拥有丰富的资源、高水平劳工和广大的国内市场，1870年普鲁士工业仅仅次于英国，居欧洲第二。到19世纪末，德国工业产品已经是世界第一流的了。

奥匈帝国的工业化更为缓慢。奥匈帝国是一个农业国，只有波西米亚纺织业发达。其境内2/3的土地不是山脉就是丘陵，使公路和铁路的建筑难度增大。然而具有讽刺意味的是，欧洲大陆的第一条铁路是在奥地利修建的。不过这条铁路不是用蒸汽机推动，而是用马拉。因此直到20世纪初年，奥匈帝国才实现工业化。与奥匈帝国工业化过程差不多的国家有意大利、西班牙、波兰和俄国等。

意大利北部工业发达，特别是纺织工业发达，但是南部地区是农业经济，十分落后。

西班牙加泰罗尼亚省的棉织业发达，该省的棉织品的产量比整个比利时生产的棉织品还要多。西班牙巴斯克地区富于铁矿，采矿业比较发达。然而西班牙的资源主要集中在北部和东部地区边缘，其中部是广阔而干旱的平原。西班牙缺乏水路和起码的道路，仍然保持着传统的农业生产方式。西班牙的人口不断在减少，市场的需求不足。

波兰是一个传统的农业国，在工业化过程中，未能充分利用其国内资源，所以其工业化程度不高。

俄国在工业化开始时尚存在着农奴制。在莫斯科和彼得堡工厂里工作的劳动力主要是农奴。

这些国家的社会结构、农业生产模式和商业政策度阻碍着他们采用新技术、新机器和生产新产品。传统的农业生产方法不能产生剩余劳动力和提供资本去支持工业的发展，而工业也不能生产价廉物美的工业品以满足农民的需要。虽然上述国家都实行了保护关税政策，但是其目的都不是为了发展生产，而是为了保护国内没有生产效率和质量低下的产品。这些国家由于缺乏资本，不能采用昂贵的蒸汽机。所以其按传统工艺生产的商品，如亚麻和丝，都很昂贵，在世界市场根本没有竞争力。

因此这些国家的工业化十分缓慢。只是到了 19 世纪后半叶，奥、俄采取了一些新政策，如奥匈帝国引进了英国的机器，俄国进行废除农奴制的改革后，它们的工业化才逐步实现。

荷兰和比利时等欧洲国家很快实现了工业化，成为欧洲比较富裕的国家之一。

美国的工业化进程开始也很缓慢。但是在南北战争后，国家分裂的危险被消除，生产力得到解放，国家的资源得到充分利用，因此其工业化进程极其迅速。到 20 世纪初年，美国已成为世界第一工业强国。就这样，工业文明在欧洲和美国得到了确立。

二　工业革命时期西方的社会、家庭和文化

1．工业文明与社会

工业化的迅速到来，引起了人类社会结构的巨大变化，推动了人类社会的发展，但是也给人类社会带来了一系列灾难。

以英国为例，在农业革命中进行的圈地运动，使大批农民失去土地，出现“羊吃人”的现象。工业革命开始后，资本家残酷剥削工人，降低工人工资、延长工人工时等。再加上当时机器刚刚发明不久，工人的劳动强度很大。这一切都给工人阶级带来了灾难和痛苦。

大量农村人口涌入城市，使城市迅速发展。1750 年英国城市人口为 15%，但是到了 1850 年，城市人口已经上升到 60%。城市人口的增加，带来了许多问题。城市里贫民窟一间接一间。贫民窟里只有很小的通风口，终年难见阳光。在爱丁堡，从一家的窗户可以进入另一家的屋子，工人们全家都住在一间屋里。在利物浦，有 3.8 万人住在没有窗户的地下室内，经常被雨水和海水渗入。在工人的家里，鸡、猪甚至马都挤在同一间屋子里。

许多城市缺乏供水与厕所，没有任何卫生设备。工人们从私人公司买水，一担水要供全家人几天之用。吃、喝和洗涮都靠它。室外厕所是奢侈品。在曼彻斯

特，7 095人共同使用33个厕所；在议会街，每380人才有一个厕所。

恩格斯在《1844年英国工人阶级状况》中描写了他在曼彻斯特的见闻，其中描写了一个住着60人左右的牛棚。在工人区，街道通常没有铺砌过，肮脏、坑坑洼洼，到处是垃圾；没有排水沟，有的只是臭气熏天的死水洼。

由于工业的发展，整个社会的财富大大增加。从1801年至1851年，英国人均年收入增加了7.5%。但财产的增加，并不是人民生活质量的提高。因为财富分配不均，富人越来越富，穷人越来越穷。而且由于经济危机周期性地发生，当时又无法克服这些危机带来的困难，人民受到的打击更为沉重。如在1842年的经济危机中，英国波尔顿（Bolton）有60%的工人失业。

当欧洲大陆开始工业化后，整个欧洲都出现了上述问题。工人工资低，而女工工资更低。当劳动妇女不能养家糊口时，其中许多人被迫充当妓女。这使中产阶级家中的"天使"与街头的卖淫女成为文学作品中的引起鲜明对比的题材。妓女的增多，引起了梅毒等现代社会的疾病。

18世纪欧洲最大的问题是贫困问题。在引起贫困的原因中，人口增长过快是一个原因。人口的增多有许多原因。

随着科学技术的发展，婴儿的死亡率降低了。在近代初期，生小孩是痛苦和危险的，产妇随时都有死亡的危险。然而到了18世纪，不仅有了接生婆，而且有了经过医疗训练的男女接生员和护士。在接生事业的发展中，苏格兰人威廉·斯梅利（Smellie，公元1697～1765年）做出了重大贡献。他发明了接生用的镊子，在对母亲和婴儿都不会造成伤害的情况下，帮助妇女生产。这一发明奠定了产科学的基础。

由于现代农业和医药事业的发展，小孩的存活率在上升。由于工业化，西欧女人结婚的年龄降低。在东欧，妇女结婚年龄更早。又由于婚外性生活的普遍发生，道德标准下降，造成了18世纪末私生子的增多，变成一个近代以前没有的社会问题。

在18世纪中期，欧洲战争在规模上减小。欧洲列强争霸殖民地，把战争转向了海外。而殖民争霸战争主要是海战，战争消灭的人口数目实际上在减少。

由于广泛使用检疫手段，使东西欧相互传染的疾病得到控制。城市卫生水平的提高和医疗卫生事业的发展，都减少了人口死亡率。

人口增多，而社会财富又分配不均。因此穷人的数目就大大增加。18世纪，在10个法国人中，就有1个乞丐，有5个靠救济也不能解决问题的人，有3个处于被疾病或债务和法庭困扰局面的人，只有一个人是有钱人或能满足其生活需要的人。

但是人口增加并不是引起贫困的主要原因。引起贫困的主要原因是社会财富分配的不均。人口增加使食物价格上涨,但是工人工资的增加跟不上物价上涨的幅度。18 世纪下半叶,法国生活费上涨了 36%,而工资只上涨了 25%。在西班牙,生活费上涨了 100%,但工资只增加了 20%。物价上涨,使土地的价值增加。18 世纪初,由于人口增加,土地拥有者拥有的土地的面积在缩小。传统的把土地分配给儿子们的做法已不适应新的社会。因为每一个儿子所得到的土地,不能养活一大家人口。到 18 世纪末,80%的法国农民每人所拥有的土地不足 25 英亩。

贫困增加带来了严重的社会后果。由于农业劳动工资化,使男性比女性更有价值,因此欧洲农村开始溺死女婴。同时解决大量农村穷人存在的合乎逻辑的办法是移民。然而这些移民大部分不是移民到新的农业区,而是移民城市。这就使任何国家都无法处理这些数量庞大的移民。于是各国政府建立了监狱、医院和工作场地来关押或安置移民。

工人阶级为了改善自己的工作条件和生活条件,进行了英勇的斗争,迫使各国政府作了一些让步和调整,推动了社会的进步。各种政治家、改革家、宗教思想家和革命家,都提出了自己的解决社会贫困的方案。

经济学家马尔萨斯(公元 1766～1834 年)提出,饥饿、疾病和死亡等自然手段可以控制人口的超额增长,因为它们使人类有足够的资源与食物;同时马尔萨斯也提出,节制生育是控制人口增长的有效手段。但是马尔萨斯的信徒们认为,饥饿是控制人口的惟一有效手段,贫困是社会所必须的。如果政府干预,只会使事情变得更糟。

但是改革家、革命家和部分政治家认为贫困不是自然造成的,而是社会造成的。因此解决贫困问题是社会的责任。为了治愈贫困,他们提出了各种方案。最著名的是欧文、傅立叶和圣·西门等人的方案。其中,欧文的方案最先引起了社会的关注。

罗伯特·欧文(Robert Owen,公元 1771～1858 年)10 岁就开始在一家衣料店当学徒工,后来当了棉纺厂的经理,发了财。1816 年,他在苏格兰买了拉纳克郡的新拉纳克纱厂。为了提高工人们的生活,他在工厂外办了一家高质量的百货公司,并投资办了一所学校。他禁止雇佣 10 岁以下儿童,规定儿童工作时间为每天 10 小时。他办的学校招收 1 岁的婴儿,使妇女从家务中解放出来,参加工作。他发给老人和残废工人退休金和抚恤金,而从工人工资中强制性扣除这些费用。欧文的改革只是社会改革的初步尝试,但是却对后来的社会进步产生了影响。

在工人阶级的斗争下,以及在改革者、革命者及全体人民的努力下,各国政府采取了一些改革方案。如英国政府于 1833 年通过了"工厂法",禁止雇佣 9 岁以下童工,规定 9 岁～13 岁的儿童每周工作时间为 48 小时。13 岁～18 岁的儿童每周工作时间为69小时。

1842年英国社会改革家、医生查德威克（Edwin Chadwich）写了"关于英国劳动人口卫生条件的报告"，描写了英国工人阶级的悲惨生活。这份报告迫使英国政府关注社会改革问题。查德威克时任英国皇家济贫法改革委员会秘书，在他领导下英国开展了卫生改革运动。1848年英国通过了公共卫生法。该法令规定，公共卫生应由地方政府管理，法令鼓励人们自己保护自己。根据这一法令，英国建立了卫生部和药物检验办公室。1853年英国议会通过了"种牛痘法"，1864年通过了"传染病法"，有效地防治了天花、霍乱等疾病。

英国议会的上述做法，开始了国家干预社会问题的过程。法国、比利时、德国和美国等国家也开始了类似英国议会的做法，整个西方的文明正缓慢前进。

2．家庭、妇女与中产阶级

工业革命改变了欧洲和美国的经济基础和社会结构，也改变了这些国家的家庭结构和日常生活。随着国家功能的扩大和公共社会机构的出现，家庭的社会作用日渐改变。整个欧洲和美国被迫抛弃大家长制，核心家庭出现。由于工业革命的需要，家庭成员不得不外出寻找就业机会，小家庭就被建立起来了。

欧洲的家庭结构和家庭生活，在工业革命开始前后发生过一些变化。以英国为例，中世纪时英国妇女一般是晚婚，年龄在25岁左右。但是工业革命开始后，结婚年龄提早，一般是在23岁结婚，在工业区，结婚年龄下降到20岁。早婚有两个主要原因：第一，工人们自食其力，用不着等待从父母那儿继承家产，然后才能结婚；第二，农民进城后，从传统大家庭中解放出来，负担减轻；在农村，由于手工业的发展，需要劳动力，也需要多生子女。

然而人口的增加，很快就给工人阶级带来灾难。因为他们工资太低，养不活太多的孩子。于是到19世纪中期，欧洲工人又开始晚婚，并进行节育和人工流产。这种变化影响到家庭结构，一般家庭都只生一个孩子。随着禁止童工的法令生效，儿童作为劳动力几乎没有价值。而中产家庭为了享受更好的生活，也不愿多生小孩。因此，到19世纪下半叶，小家庭成为欧洲家庭的主要模式。

工人阶级的家庭生活十分贫困和悲惨。恩格斯在《1844年英国工人阶级状况》一文中准确地描述了工人阶级家庭的生活状况：丈夫失业、妇女工作、孩子没人照管。

妇女在工业革命初期占有非常重要的地位。因为纺织业中大量雇用妇女。妇女是英国和欧洲大陆纺织厂的主要劳动力。妇女在操纵复杂的纺织机上比男工更熟练和更灵巧，而且工资比男工低。妇女比男工温顺、更容易管理。因此，许多欧洲人认为，没有妇女，就没有工业革命。

然而到了1830～1840年，童工成为比女工更为便宜的劳动力。同时由于女工迅速增加，造成一些社会问题，因此英国议会通过了一些法令，限制妇女工作，要求妇女回到家中去照顾儿女。这些法令引起了英国家庭生活的变化。

在家庭与社会生活中，妇女都没有地位。在西欧，男女不平等。法律规定，妻子要服从丈夫。英国法律更规定，男人可以中止他们的婚姻，但妇女则没有这种权利。这个法律鼓励了男人离婚，伤害了妇女。

为了争取平等权利，西欧妇女进行了长期的斗争。她们的斗争，得到社会进步人士的支持。例如查尔斯·傅立叶（公元1772～1837年）等人认为妇女应当与男人一样，例如享有受教育的权利。但是整个西欧则否认妇女有受教育的权利，欧洲男人希望妇女成为好妈妈。拿破仑一世提出了一句名言："摇篮的手治理国家。"这句话成为把女孩子教育成贤妻良母的借口。

在现实社会中，妇女被剥夺了政治、经济权利，没有选举权和平等保护权；已婚妇女不能拥有财产，也不可以宣布监护她们自己的孩子。

在西欧社会和家庭中，中产阶级家庭是非常有特色的。

在18世纪的欧洲，一个人的社会地位是根据出身来判断的。而从19世纪开始，人们的社会等级则根据经济地位来决定。在这一时期，欧洲兴起了中产阶级。中产阶级起源于12世纪，指城市中有职业的新兴的有产阶级。到17世纪，法国首先用中产阶级一词来描述城市的有产阶级。到19世纪中产阶级一词就普遍使用起来。在19世纪初，中产阶级指既不属于贵族，又不属于工人和农民的阶级，其包括的面很广：富有的制造业主、银行家、商人以及其他各种各样的有产者，都属于中产阶级的范畴。到19世纪中期后，随着经济的发展，产生了许多工程师、律师、会计师、建筑师、医生、承包商和投机商等等阶层，使中产阶级的人数迅速增加。

中产阶级的上层是富有的资产阶级，而中产阶级的下层则包括了企业和政府的雇员。到19世纪70年代，城市工薪阶级中，有10%的人达到中产阶级下层的水平。他们主要是下级官员、职员、教师和店员。

19世纪下半叶，法国有8万教师，有5万邮电局职工。下层阶级有上升为中产阶级的机会，中产阶级对下层人士有很大的吸引力。例如一个贫苦的农民，如果成为邮电局职工，那么他就挤进了中产阶级的行业。英国中产阶级的人数增长最快：在1805年，英国中产阶级的人数占总人口的15%，但是到1881年，其人数已经上升到25%。

中产阶级，特别是中产阶级下层，都有固定的职业，专业化程度很高。因此对他们的行业需要订立标准，提出要求。如医生，需要接受特殊的训练。对政府人员来说,需要有专门的要求。到19世纪,普鲁士已经建立了文官考试制度。法国革命后,对某些政府官员提出了专门要求,到19世纪80年代,法国建立了文官考试制度。1870年英国通过了文官考试法。美国在19世纪末也建立了文官考试制度。

中产阶级的出现，使整个社会的生活方式更加丰富多彩。中产阶级的生活是各不相同的。中产阶级的生活与工人阶级截然不同。中产阶级的地位是根据其家具、马车、钢琴和仆人等的多少来决定的。富有的企业家和大资产阶级住在富丽堂皇的建筑和豪华的别墅里；中产阶级的中层住在私人的房子里或豪华的公寓里；至于中产阶级的下层，则住在朴素的公寓里。一般来说，中产阶级的生活都很舒适：他们的家里都有自来水设备，有好的家具，有足够的居住空间，有换洗的衣裳和丰富的食物。在他们的食物中，有奶制品、咖啡和茶。闲暇时间，他们阅读小说、报刊和杂志，并有佣人侍候。

在19世纪的欧洲，至少要有一个佣人，才算得上中产阶级。因此，城市中出现了为中产阶级服务的佣人行业。绝大多数佣人是妇女。他们受到残酷的剥削和压迫。女佣人的工作时间长，每周工作时间达52小时。她们住在地下室或顶楼上，这些地方不是热就是冷，或者十分潮湿。她们还受到主人的体罚和性虐待。许多女佣人在怀孕后就被解雇了。当女佣人怀孕后，她们要么失业，要么抛弃孩子。因此溺婴现象很普遍。

尽管如此，佣人这一行业对贫穷的农村妇女来说，仍然是一种吸引人的工作。因为主人免费提供食宿和衣服，并且佣人还有一笔工资收入。这笔收入相当于一个男工一年工资的1/3或1/2。

到20世纪初，佣人仍然是一个普通的职业。但是在人口中所占的比例越来越小。例如1861年在德国巴门市，佣人占总人口的16%，但是到1911年，佣人总数只占当地人口的2.5%。当工业进一步发展起来后，对佣人的需求就减少了。例如，由于出租车行业的发展，一个家庭就可以省去车夫和马匹。而且19世纪末，由于佣人工资上涨，只有中产阶级上层才能雇佣佣人。

中产阶级对生活有特定的态度，他们相信自己的成功不是由于出身，而是由于自己的才能和努力。他们按上述观点来衡量事物，并遵循着严格的道德标准。英国维多利亚时代，就反映了英国中产阶级的价值观。

3. 工业革命时期的文化

工业革命时期的文化，反映了新老时代的交替、反映了新老社会的转变。新社会是在旧社会的基础上逐步发展起来的。许多工业革命时期的艺术家，用他们的作品，描写了这种转变。这些作品既保留了前工业化理性家庭的一些因素，又用浪漫主义的笔调，表达了新社会的力量。例如英国名画家赖特（公元 1734～1790 年）在其名画《炼铁》（图 8—2）中就描绘了这样一个炼铁工人的家庭作坊，再现了工业革命初期的英国社会。

图 8—2 炼铁

画中有 5 个人物：老人、年轻男人、妻子、女儿和一个工人。在这幅图中，主宰着这个家庭的不再是老人，而是那位体格健壮的年轻男人。这位年轻的家长满足而骄傲地站着，注视着他前面的巨大的炼铁炉。这个炼铁炉是用水力推动，而不是用人力推动。这表现了巨大的新能源在支持这个家庭。其妻子背对着他，形象地说明了妇女在家中的地位，即妇女的责任是生儿育女。坐在画前方左边的老人，曾是这个大家庭过去的主人。现在他不再主宰这个家庭，但是他仍分享着这个家庭的快乐。一个小孙女依偎在他的膝下，依然带有旧家庭的影子。背对着这个家庭的工人，也可能是这个家庭的一员，正在钳着火红铁块锤炼。

这幅画用写实主义手法，把工业与科学、浪漫主义和古典英雄主义画法相结合，反映了新机械时代的到来，再现了工业革命初期的英国社会。

反映这一时期欧洲农村社会的绘画作品很多，其中法国画家米勒（Millet，公元1814～1875年）的画《种马铃薯》（图8—3）反映了工业化时期仍然落后的、然而又能自给自足的法国农村。在这幅画中，一对正在弯着腰种植马铃薯的农民夫妇被描绘成好像在祷告丰收。作者描绘的是19世纪的法国农村，但是令人吃惊的是男的农民仍然还在用一个短锄去挖坚硬的土地。整幅画表现了一种气氛：这对农民夫妇好像是环绕着他们的大自然的一个部分。他们弯着腰，正如画上弯弯的树枝垂向大地。这反映了当时人们还非常依赖于自然的恩赐。

图8—3 种马铃薯

然而这幅画表达的主题意义却非常深远。

在欧洲历史上，没有什么粮食比马铃薯更为重要。从16世纪末开始，欧洲人从南美洲引入了马铃薯。很快，从爱尔兰到俄国，马铃薯就成为欧洲农民的主食。马铃薯解决了当时欧洲农村城市人口的吃饭问题。马铃薯含有丰富的维生素、矿物质和碳水化合物，给欧洲农村穷人提供了丰富的能量。而马铃薯在种植之后，不必花很大功夫去照管，适合在潮湿、寒冷的欧洲土地上生长。马铃薯产量很高。在一小块土地上就可以收获很多果实。一英亩土地所种的马铃薯，可以养活一个4口之家。

在爱尔兰，马铃薯是农民惟一的粮食。一个爱尔兰成年男子一天要吃掉12～14磅煮熟的马铃薯。因此在1845年在爱尔兰发生马铃薯病害时，爱尔兰就发生了大饥荒以及随之而来的各种疾病。爱尔兰死亡人数大约100多万，大批爱尔兰人移民国外。在5年内爱尔兰人口就下降了25%。所以米勒的这幅画成为反映这一时期欧洲农村社会最为著名的画。

查尔斯·狄更斯的小说《艰苦的时间》和《大卫·波菲尔》生动地再现了工业革命时期，人们为了就业而被迫抛弃传统大家庭，建立小家庭的过程。

英国伟大的现实主义作家奥斯汀(Austen,公元1775～1817年)开创了“家庭文学”。她写了6部小说:《爱玛》、《理智与伤感》、《曼斯菲尔德花园》、《诺桑觉寺》、《傲慢与偏见》和《劝导》。这6部小说创造了一幅19世纪中产阶级家庭生活的图画。其中,她在1813年所写的小说《傲慢与偏见》和1815年写的小说《爱玛》中,描写了在新的社会中,父母和监护人都无法干预儿女的婚事。年轻人已经从一个世纪前由父母包办婚姻的痛苦中解放出来,根据爱情和其他爱好而结婚。

家庭观念的变化，也引起了性观念的变化。妇女由于生活所迫，不得不走出家庭，寻找工作。这样，她们的接触面宽了，有利于思想的解放。更重要的是由于家庭和社会的变化，以及科学与思想的进步，改变了人们的性观念。在法国画家马奈(Marnet,公元1832～1883年)的画中,就充分反映了人们性观念的解放。

马奈把现实主义画法发展为印象主义画法，完成了从保守向开放的绘画革命。他在1863年画了名画《草地上的午餐》(图8—4)。这幅画是西方绘画艺术从保守走向开放的革命性的标志。在这幅画中,他画出了两个开放的、裸体或半裸体的女性。他一反当时流行的保守画法,用写实主义的和浪漫主义的手法,描绘了真实的、时髦的和解放的新女性。那位突出在画面前方的裸体妇女的形象,与传统的淑女完全不同。这幅画问世后,在法国引起了轩然大波。保守的法国人不接受这种离经叛道的新作,法国皇家学院举办展览时拒绝接受这幅画参展,人们也对马奈进行批评,这对马奈的前途产生了灾难性的影响,使他一生穷困潦倒。

图 8—4　草地上的午餐

然而马奈的这种画法，鼓舞了新一代艺术家。后来印象派画家发扬了马奈的画法，用手中的画笔去追求自己的想像、理想和自己的世界。

总之，英国工业革命后，欧洲的社会、家庭和文化都发生了相应的变化。适应这种变化，欧洲产生了新的意识形态。

三　新的意识形态

1．理性主义和启蒙主义

由于科学的发展以及社会的进步，资本主义产生了与之相适应的意识形态。这种意识形态的特点是反对旧传统、旧知识和旧社会。新的意识形态包括理性主义、启蒙主义、自由主义、民族主义、浪漫主义和保守主义，同时反对资本主义的社会主义思想也发展起来。为了建立新的意识形态，欧洲先进的思想家和仁人志士进行了长期的宣传，开展了一系列的斗争。其中影响最大的是 18 世纪法国启蒙运动。

启蒙主义思想是在文艺复兴时期人文主义基础上发展起来的。启蒙主义思想强调理性、正义和公平。著名的启蒙主义先驱有英国的约翰·弥尔顿、洛克和以弗朗西斯·哈奇森等人为代表的苏格兰理性主义者。弥尔顿反对君主制度，要求建立保证人们自由意志的政府;洛克强调人权,认为人有生命权、自由权和追求财产权的权利;哈奇森等人则主张用"天赋人权"为武器,进行革命、追求自由,建立一个美好的社会。

18世纪是启蒙主义的世纪。在法国,启蒙主义得到充分的发展。法国启蒙主义的代表伏尔泰、孟德斯鸠、卢梭以及《百科全书》派诸君子,发扬了英国理性主义的精神,以自由、平等和正义为武器,反对偏见、传统和权威,使启蒙主义精神在法国遍地开花,并传遍了整个的欧洲。在启蒙主义影响下,欧洲反封建的运动蓬勃发展,到1789年法国革命时达到了高潮。法国革命政权实行的政策,基本体现了启蒙主义的原则。这些政策包括《人权宣言》和1791年宪法等。

启蒙主义对欧洲进步的影响是全面而深刻的。除了人们的思想大解放外,也触及了一些封建君主的思想。这些封建君主按照启蒙主义的原则进行了一些改革,被称为开明君主,其中,俄国女皇叶卡捷琳娜二世(公元1762~1796年在位)(图8—5)、普鲁士的腓特列二世(公元1740~1786年在位)和奥地利的约瑟夫二世(公元1780~1790年在位),是比较有代表性的人物。他们的启蒙主义改革虽然不彻底,但是对欧洲历史有深刻影响。经过他们的改革,启蒙主义深入到社会的各个角落。

图8—5 叶卡捷琳娜二世

在启蒙主义指导下，欧洲文化出现了全面的更新。这种新文化的特点是反对传统，要求自由、平等和正义，以及追求美好的生活。在文学艺术中，爱情则是核心的永恒主题。

法国画家华托（公元1684～1721年）的画《发舟西台岛》（图8—6）就是一幅反映爱情生活的典型的作品。在画中，一对对恋人就要离开爱情之岛“西台岛”。这些恋人在此相会，山盟海誓，在宁静和快乐中享受着爱情。画中的男人们拿着手杖与旅行袋，说明了他们从远处而来，向他们心目中的女神表达爱情。

图8—6 发舟西台岛

然而，甜美的时刻就要过去了，他们就要离开西台岛。画中的细节揭示了这种情况。这幅画的右边，是维纳斯的石膏塑像，装饰着花篮。在西方文化中，维纳斯的这种装饰，表示爱情之路就要结束。在画前面的三对恋人和其他几对恋人就要回家了，他们的姿势和表情似乎在表达着爱情。然而他们的姿势也都表明，画中的男人们要把女人们带回人间。但是女士们却仍然不愿启程。一切都表明，华托描绘的爱情的黄金时刻正在消失。他的画表现了爱情的崇高，也表现了爱情的完美时刻总要过去。爱情总是这样，有甜有苦，这正是人们的经历。这幅画歌颂了爱情与自由。西台岛是人们反叛旧传统，寻求爱情的乐园。因此，这幅画成为启蒙主义的代表作。

在小说、诗歌音乐和史学等方面，都出现了启蒙主义的作品。如伏尔泰的名著《路易十四时代》既是史学又是文学的代表。

除了理性主义和启蒙主义外，还产生了各种新的思想。这些新思想包括自由主义、民族主义、浪漫主义、保守主义和空想社会主义等。

2. 其他各种新思想的产生

19 世纪下半叶，在欧洲中产阶级中广泛传播着一个词：自由主义。虽然自由主义这个词有非常广泛的含义，但是却有两个基本要点：第一，构成自由主义的基础是个人主义；第二，要求缩小政府的权力。作为一种政治学说，自由主义以启蒙主义中的理性主义为思想基础，提出了包括投票权、公民自由权、在法律面前人人平等、实行宪法政府、奉行议会主权和自由市场经济政策在内的各种要求。自由主义者认为小政府优于大政府，反对政府干预人们的政治经济活动。他们认为政府的惟一目标是促进自由。

18 世纪的法国大革命传播了自由主义思想。法国共和主义者、波拿巴主义者和君主立宪主义者，都想保住从大革命中得到的好处。因此都要求保证有秩序的统治，都奉行自由主义。

自由主义最初使用于西班牙，指支持以法国 1791 年宪法为模式的西班牙政党奉行的狭隘的政治思想。英国很早就流行自由主义，约翰·司徒亚特·密尔（公元 1806～1873 年）在《政治经济的原则》一书中，从经济角度分析了英国的社会条件。他要求进行社会改革，改善穷人的处境，要求妇女的平等权利和生育控制权。另一位著名学者大卫·李嘉图（公元 1772～1832 年），1817 年写了《政治经济的原则和税收》一书，并提出了"铁的工资规律"的观点。所谓"铁的工资规律"是指工人工资的增加，将引起工人阶级人口的增加；结果是在劳动市场上引起竞争，反过来又会引起工资的减少，降低生活标准。上述观点成为了自由主义的内容之一。

到 19 世纪中期，自由主义成为了欧洲的思想主流。在自由主义产生的同时，出现了民族主义。

民族主义早期是一种鼓励人民团结起来反对国王的专制统治和外国压迫者的政治学说。在 1850 年前，它还只是一种不成熟的理论。法国革命的成功和拿破仑战争，促进了民族主义的发展和传播，使它从反对国王的专制统治向保卫民族国家利益的方向发展。

民族主义者强调民族的历史文化传统，并努力复兴自己的历史文化，建立统一的民族国家。民族主义在德国特别流行。德国民族主义者赫尔德(公元1744～1803年)大力宣传民族文化,种下了建立民族国家的种子。格林兄弟(Jocob Grimm,公元1785～1863年,Wilhelm Grimm,公元1786～1859年)根据德国的民间传说创作了"格林童话",为建立德国民族性做出了杰出的贡献。哲学家黑格尔(公元1770～1831年)强调历史对民族的重要性,强调了国家对民族的重要性。

德国哲学家费希特（公元1762～1814年）发表了更为重要的观点，即必须通过战争建立德意志民族国家。在1807～1808年间，费希特在柏林发表了《对德意志民族的演讲》，论述了德国民族复兴的过程。1813年正当德国努力争取民族独立时，费希特又作了《关于一场真正战争的设想》，鼓吹通过战争建立统一的德国。

在19世纪前半叶，许多民族主义者既是自由主义者，同时又是民族主义者。民族主义者渴望自由，要求推翻暴政，取得政治解放。但是民族主义的经济政策不同于自由主义的经济政策。

德国经济学家李斯特(公元1789～1846年)是民族主义的经济学家,他提出了国家主义的经济政策,以反对大卫·李嘉图的自由主义的经济政策。李斯特认为自由贸易只有利于政治和经济力量强大的国家,英国的自由贸易政策是一种经过伪装的帝国主义政策。他提出了保护关税政策的理论,以保护德国的工业发展。

与德国的民族主义相同，意大利的民族主义者也主张统一国家。其代表人物是自由民族主义者马志尼（公元1805～1872年）。

在政治和意识形态领域之外，民族主义为那些反对外国人统治自己国家的人民所接受。因此，当国家机器在不断加强时，这些国家机器不仅没有削弱民族主义，相反却加速了东欧和中欧人民要求独立的愿望，特别是加强了哈布斯堡王朝和奥斯曼土耳其帝国统治下的欧洲人民要求独立的愿望。因此民族主义成为影响现代人类历史发展的一股不可忽视的力量。此后在启蒙主义、自由主义和民族主义发展的基础上，产生了浪漫主义。

浪漫主义是一种强调个人价值、反对传统、反对理性、面向未来、主张革命和要求社会公正的一种思想。但浪漫主义表现为18世纪末至19世纪中的文学艺术活动。许多人是自由主义者和民族主义者，但同时又是浪漫主义者。从总体上说，浪漫主义反对传统限制，拒绝接受理性的统治，主张进步和发展。

在英国，桂冠诗人华兹华斯（公元1770～1850年）这位杰出的、影响最大的浪漫主义者于1814年出版了长诗《漫游》。该诗是他计划要写的长诗《隐者》的第一部分，他在这首诗中，表达了浪漫主义的一些最重要的信念和最典型的态度。华兹华斯1791年到巴黎旅游，1792年创作了诗歌《晚步》，歌颂了法国革命。

华兹华斯与柯尔律治（公元 1772～1834 年）合作，于 1798 年创作了《抒情歌谣集》。他们在这个诗集的两次再版序言中，都主张不仅要写伟大的历史事件，也要写普通人民的生活；要歌颂永恒的事物，更要发挥想象的力量，特别要反对旧的偶像和传统。上述原则为英国浪漫主义诗歌的创作提供了理论依据。

在法国，浪漫主义的奠基人之一是斯塔尔夫人（公元 1766～1817 年）。斯塔尔夫人是 19 世纪法国的文学家和文艺理论家。但是她在欧洲思想史上的地位，远远超过她在文学上的成就。在她的努力下，法国形成了浪漫主义思想。她的历史著作、小说、文学批评和政治短文，都反对拿破仑的暴政。她特别强调用个人的努力，争取理想的实现。她深受法国启蒙思想家卢梭的影响，提出了“高尚的灵魂，来自自我意识的诞生”的思想。1794 年，她对德国浪漫主义进行了研究。1796 年她写作了《论激情对个人与民族幸福的影响》一书。在这本书中，斯塔尔夫人提出了许多当时在法国还没有产生的新思想。例如她认为文学作品应当表现一个国家的历史与现实。这本书成为欧洲浪漫主义的主要文献之一。她的两篇长篇小说《黛尔菲娜》（1803）和《高丽娜》（1807），体现了浪漫主义的文艺思想，指导着法国 19 世纪文学的发展。

但是浪漫主义最为活跃的国家是德国，德国产生了许多浪漫主义大师。在浪漫主义的群星中，最为耀眼的明星是康德（公元 1724～1804）和哥德。康德是一位伟大的哲学家，也曾是一位启蒙主义思想家。他在《论感觉界和理智界的形式和原则》和《纯粹理性批判》这两篇哲学著作中，提出了许多浪漫主义原则：反对形而上学、反对理性、鼓吹先验论、主张要有能动的思想。他说：“在认识中不是心灵去符合事物，而应当是事物要去符合心灵。”

另一位浪漫主义大师歌德（公元 1749～1832 年）则是一位文学家，他强调应当去歌颂德国民族的集体主义文化和德国国家的起源。他的这一观点成为德国狂飙突进运动的思想核心。

狂飙运动是 18 世纪中后期开始的一种浪漫主义文学运动。狂飙突进运动的精神是反抗当时德国的政治与社会，其宗旨是实现法国启蒙学者卢梭的民主主义思想，继承德意志的民族意识，宣扬天才论。在 18 世纪 40 年代，诗人弗里德里希·克普斯托尔（公元 1749～1832 年）首先起来反对文学创作上的清规戒律，反对理性束缚，主张抒发友谊、爱情、自然和对祖国的感情，从而掀起了一场非理性主义的文学反抗运动。在此基础上，赫尔德、席勒和歌德等人开创了狂飙突进运动。

赫尔德（公元 1744～1803 年）是狂飙突进运动的奠基人之一，他在德意志民族语言、文学、哲学和历史等学术研究领域内都提倡浪漫主义。如 1772 年他在《论语言的起源》一书中，否认语言是源于上帝的传统说法，而认为语言是社会生活现象，是人类在漫长的历史长河中形成的。他的人文思想十分进步，他赞成人权，提倡反抗封建压迫。

席勒（公元 1759～1805 年）是狂飙突进运动中的另一位斗士。他在《强盗》这出戏中，猛烈反对君主专制，强烈主张“德国应该成为一个共和国”。他的另一名剧《阴谋与爱情》揭露了黑暗的封建专制社会，呼唤着资产阶级的自由、平等和民主。

歌德的影响则更为重大，他的诗《浮士德》鼓舞了德国和欧洲数代人的成长。歌德根据德国民间传说创作了这首诗，塑造了一个自称为“浮士德”的人。浮士德为了换取巨大的知识，把自己的灵魂出卖给魔鬼。实际上，这首诗在批评传统守旧的西方文明（图 8—7）。

图 8—7　浮士德

浪漫主义者鼓吹人的感情胜过理性。在这种思想的指导下，文学家和艺术家都努力从形式的抒发中解放出来，歌颂有生命力的内在美的东西。德国音乐家贝多芬开创了浪漫主义的音乐。他的“英雄交响乐”等著名乐章，歌颂了德国的民族主义和英雄主义精神。法国音乐家柏辽兹(公元 1803～1869 年)继承了贝多芬的新的音乐传统。1846 年，柏辽兹创作了合唱剧《浮士德的沉沦》，把浮士德和浮士德所体现的浪漫主义精神从诗歌搬到了舞台。同时，他还把体现浪漫主义精神的莎士比亚的剧本《无事生非》写成喜歌剧《贝特丽丝和培尼狄克》;创作了合唱交响乐《罗密欧与朱丽叶》。柏辽兹把浪漫主义发展到了一个新阶段。

波兰作曲家和钢琴家肖邦的作品主要体现了具有民族主义的浪漫主义精神。肖邦谱写了许多爱国主义诗词的乐曲，其中《革命练习曲》特别富于激情。他的代表作有《g小调叙事曲》和《幻想即兴曲》。此外，他还写作了一些具有强烈民族感情的马祖卡与波洛涅兹舞曲。

匈牙利爱国主义作曲家和钢琴家李斯特（公元1811～1886年）聆听了柏辽兹的《幻想交响乐》首场演出后，开始学习柏辽兹的浪漫主义配器技巧。在认识肖邦后，又受肖邦民族主义音乐风格的影响。他创作了充满匈牙利民族风格的作品《匈牙利狂想曲》和一些浪漫主义交响乐章。其中最著名的有《浮士德交响曲》、《但丁交响乐》和《b小调奏鸣曲》等。

在绘画艺术上，画家们也用色调来表现对旧传统的叛逆，反对旧习惯和旧形式。其中英国浪漫主义画家特纳（公元1775～1851年），还以古代帝国为主题，作了许多画。通过这些画，他预示了大英帝国必将衰落的结果。

著名法国画家德拉克洛瓦（公元1798～1863年），则用油画《街垒上的自由》宣扬了革命，表现了争取自由的精神。

浪漫主义反对旧传统、旧文化，反对特权和等级制度的思想是非常革命的。浪漫主义思想和浪漫主义文艺开创了一种观察实际的新的世界观和新方法，帮助欧洲形成了一种新的政治觉悟。但是在浪漫主义产生和发展的同时，欧洲又产生了一种新的思想“保守主义”。

保守主义是西欧社会制度转型时期产生的一种中间思想。保守主义并不反对西欧社会出现的政治、经济等方面的变化和进步，但是保守主义在如何实现这种进步的方式上与启蒙主义、自由主义和浪漫主义等不同。保守主义主张以社会的合作精神代替个人主义精神，沿着传统前进，逐步取得社会的进步。因此保守主义不主张革命，而主张渐进；不主张民主，而主张在旧制度基础上革新。

英国的保守主义主要体现在英国政治家伯克(公元1729～1797年)的著作中。伯克在1790年出版了《关于法国革命的感想》一书,他在书中明确提出,自由不是摧毁旧社会,应该在旧社会的逐步发展中去取得自由。因此伯克对法国大革命十分仇视,要求英国发动反对法国革命政权的战争。伯克并不希望实现法国革命提出的“自由”、“平等”的原则,而主张调和社会存在的各种矛盾。

法国保守主义者博纳尔（公元1754～1840年）是一位正统的王权主义者。他公开否定法国大革命的价值，拥护由国王和教会来治理国家。这种思想，反映在他的保皇主义代表作《政治权力与宗教权力说》中。1830年，他写成了《社会形成原则的哲学论证》一文，坚持反对民主制度。为了反对浪漫主义学说，他还专门著文批评希腊艺术。他认为希腊艺术是在民主环境中发展起来的，因此其艺术水平很低。他的政治理论的哲学基础还反映在他对人类语言与思想的看法上。他认为人不能发明语言，因为语言是思想的先决条件，人类的语言来自上帝的启示。

另一位有影响的法国保守主义者是迈斯特尔（公元1753～1821年）。迈斯特尔是一位政治家和外交家，也是一位保皇主义者。后来他到意大利做官。他曾经担任意大利撒丁王国驻彼得堡公使，对俄国沙皇制度大加赞赏。1814 年，他写了《政治组织和人类其他制度的基本原则论》一文。1812 年他又写了《圣彼得堡之夜》一文，公开赞扬镇压革命的沙皇及其刽子手们。他把这些人歌颂为社会秩序的保卫者。后来在他担任撒丁王国的文官长和国务大臣期间，推行基督教处于优先地位的政策，坚持君主制，要求服从教皇的专制统治。他反对科学与进步，反对自由主义信仰，反对培根、伏尔泰、卢梭和洛克等启蒙主义哲学家的经验主义方法。

而奥地利首相梅特涅把保守主义转向了公开的反革命行动。他镇压自由、民主,反对议会制度,推行所谓的“梅特涅制度”。1813～1815 年,奥地利学生拿起武器,反对法国,进行民族解放战争,争取民主改革。但是梅特涅为了维护旧秩序,坚决镇压学生运动。1819 年,在他的推动下,普鲁士政府通过了《卡尔斯巴德法令》。该法令规定解散各大学学生会,解聘具有自由主义思想的教授,对大学生实行严格监督,向校园派出警察,加强书报检查制度。他在美因兹设立了中央调查委员会,侦察各地的革命活动,并进行镇压。梅特涅推行《卡尔斯巴德法令》的目的,是要消除法国大革命和拿破仑统治时期在德国产生的宪政思想和民族感情。

除了上述资产阶级的意识形态外，在欧洲社会转型的激烈时期，还产生了社会主义思想，其中以法国空想社会主义思想最为典型。

英国的欧文在英国进行的社会主义的实践，对欧洲和整个人类社会都产生了积极的影响。但是法国空想社会主义者圣・西门、傅立叶和约瑟夫・蒲鲁东等人的学说也对整个欧洲思想界有重大影响。

圣・西门（公元 1760～1825 年）认为工业发展是社会的一种进步。但是应当创立一个社会财富分配更加平等的未来社会，以此避免资本主义的弊病。他所谓的未来社会，是指领导权掌握在实业家以及学者手中的社会。实业家指工厂主、商人、工人和地主。学者则指科学家、艺术家和道德家等人。精神权力应当集中在科学院，世俗权力则集中在实业家委员会。在这种社会中，国王、议会和内阁均可保留，但是他们只能行使立法权。国家的财政预算编制和检察机关的权力等要移交给新建立的机关。国家主要的任务是把更多的人组织起来，利用人类积累的一切知识，向自然开战，造福于人类。他提倡“各尽其能，各尽其劳”的原则，并认为在这种完美与正义的新社会，生产性的工作是一个人特权与权力的基础。

查尔斯·傅立叶（公元1772～1837年）是一位成功的商人。他对资本主义进行了深刻的揭露与批判，提出了乌托邦社会的设想。在他设想的乌托邦社会中，工作不是可憎的负担，而是必须完成的任务。妇女和儿童则通过劳动得到快乐。人们的收入按工作、资本和才能等贡献来决定。

傅立叶认为乌托邦社会是一种和谐的社会，其基础是法郎吉（Phalange）。在法郎吉中，人们生活的每一个方面，都按公社组织起来，大家共同劳动、共同生活、男女平等、共同分享公共收入、实行普及免费教育等。在法朗吉中，贫富差别已经不存在。法朗吉将通过教育来提高人民的觉悟，消除人们的分歧，使人们和睦相处。傅立叶关于建立法朗吉的新社会的蓝图，吸引了大批追随者。这些人在美国建立了40个法朗吉。但是由于财政问题和内部分歧，所有的法朗吉都失败了。

另一位有影响的空想社会主义思想家是约瑟夫·蒲鲁东（公元1809～1865年）。蒲鲁东承认工作的价值，但他拒绝接受工业社会。他主张建立一个正义的社会，在这个社会中，进行自由贷款和平等交换。由于他幻想建立一个平等社会，因而反对拥有财产。1840年，他写了《什么是财产》一书。在这本书中，他认为工业化摧毁了工人的权利，包括工人出卖劳动力的权利。

然而蒲鲁东在攻击财产的同时，却主张保留小私有制。他认为有限地拥有财产，可以使人民拥有从自己劳动中挣得的东西。他提出应当建立一个只是拥有有限权力的政府的思想。在这种政府之下，人民有权自己统治自己。因此，有人称蒲鲁东主义为无政府主义。

虽然空想社会主义只是一种设想，缺乏科学论证，但是这种思想却有不朽的历史贡献：它鼓舞着人民去建立更为美好的社会。欧洲的许多革命与改革，都受到过空想社会主义思想的影响。

四　近代欧洲和美国的革命与改革

1. 近代欧洲和英属北美殖民地的革命

在近代文明产生的过程中，欧洲和美洲发生了许多波澜壮阔的革命运动，其中有1640年的英国资产阶级革命、1775年的北美独立战争、1789年的法国大革命、1830 年欧洲革命和 1848 年欧洲革命。

1603 年至 1714 年，在英国历史上被称为革命世纪。这是英国历史上最重要的历史时期。1603 年，苏格兰国王詹姆士继任英格兰王位。1707 年英国议会通过法令，使英格兰与苏格兰的关系进一步巩固。

在 17 世纪初年，英国在人口压力下产生了严重的社会危机。统治英国的斯图亚特王朝无力解决这些危机，相反其政策却加剧了这些社会危机。例如为了提高羊毛、棉布、粮食和各种农产品的产量，英国部分贵族地主开始进行商品化生产。这部分人被称为新贵族。新贵族要求废除封建束缚，发展资本主义。这样，在经济、宗教、法律和社会制度等等方面，新旧贵族之间产生了激烈的争论。

斯图亚特王朝国王詹姆士一世统治时期，英国王室的经济收入入不敷出。詹姆士一世为解决财政困难而实行专卖制度。但是这一政策不仅未能解决财政问题，反而激化了英国王室与自由贸易者之间的矛盾。于是财政问题成为引起英国革命的重要原因之一。1638 年苏格兰起义，1639 年苏格兰军队进攻英格兰。国王查理一世为筹措军费而召开议会，于是引发了 1640 年英国革命。

经过两次内战，革命取得初步胜利。1649 年 1 月 30 日，英国国会处死了当时在位的国王查理一世；5 月 19 日英国宣布成立共和国。1688 年，英国发生政变，代表新生资产阶级和新贵族利益的荷兰执政威廉担任英国国王。同年国会通过“权利法案”，确立了君主立宪的统治。

1714 年，乔治一世已担任英国国王。但是此时的英国已经是君主立宪的资产阶级国家。他已经无权任免大臣和进行独裁统治，一切权力已经转移到议会手中。1603 年的英国，只是一个二流小国，但是在 1714 年，英国已经是世界第一强国。

在英国国王詹姆士一世统治时期，英国开始向北美洲殖民。到 1733 年，英国已经在北美建立了 13 州殖民地。由于英国政府把北美殖民地作为经济剥削的对象，引起了北美殖民地人民的不满。在 1756 年至 1763 年的英法七年战争中，英国虽然打败了法国，建立了海上霸权，但是却因战争经费而陷入困境。为了把战争经费转嫁到殖民地人民的身上，英国向殖民地征税。因此围绕征税问题，殖民地人民与英国展开了斗争，最后终于在 1774 年爆发了独立战争。

当时北美殖民地的政治、经济和社会发展已经达到了相当的水平，但是却受到英国的殖民统治。为了进一步发展，就需要推翻英国的殖民统治，建立独立的国家。经过数年的战争，北美人民赢得了胜利。1783 年，在凡尔赛条约中，英国承认了北美殖民地的独立。英属北美殖民地的独立，具有伟大的历史意义：美国的诞生，将在一个世纪后给整个世界以巨大的冲击。

18 世纪末法国也发生了大革命。18 世纪的法国处于一个启蒙时代。法国是一个产生新思想的国度，但是也是一个按照封建旧传统进行统治的保守国家。法国社会希望进步，要求改革。但是遵循旧传统的国王、教会和贵族掌握着政权，反对进步和改革。因此，只有革命才能解决这些矛盾。

法国社会经济十分落后，而法国的社会政治思想却十分先进，出现了许多启蒙主义思想家，深刻影响欧洲各国政治思想的发展。然而这也就产生了十分矛盾的现象：当法国改革派在大谈进步时，而法国的农民却仍然在使用木犁耕地。这种现象使法国的社会矛盾分外尖锐，新旧势力斗争激烈。1877 年、1878 年和 1879 年法国遭受了天灾，农业歉收，出现经济危机和财政危机，从而引发了 1879 年大革命。

法国革命推翻了封建专制政府，建立了资产阶级政府，贯彻了启蒙主义的原则，带来了新的社会理论、新的实践和新习惯。法国革命对欧洲和世界的影响是巨大的。法国革命后，荷兰、比利时和爱尔兰受到了猛烈的冲击，被迫进行了改革，从封建专制统治向君主立宪转变。法国革命后，拿破仑战争又把法国革命的原则贯彻到欧洲各地，为欧洲的进步奠定了基础。

但是 19 世纪 20 年代整个欧洲社会是不稳定的。英国工业革命和欧洲其他国家的工业化给欧洲社会带来的社会问题日益严重。工人、中产阶级和争取权利的妇女组织，对由少数政治精英组成的政府不再信任。他们开展斗争来争取自己的权利。但是不同国家采取了不同的斗争方式：有的国家发生了革命，有的国家则采取游行示威等斗争手段，激烈程度各不相同。如法国发生了 1830 年革命，英国则展开了大规模要求改革的宪章运动。

法国之所以发生 1830 年革命，有其深刻的政治历史原因。波旁王朝复辟后，十分仇视革命，迫害人民，反攻倒算，进行恐怖统治。整个 19 世纪 20 年代，法国社会政治对抗十分严重。1824 年在位的国王查理十世，从未接受过君主立宪制度。他恢复了革命前的专制统治，与天主教联盟进行统治，采取了许多不受欢迎的措施。例如，他恢复了对渎圣者的死刑。

当时法国有三种政治势力：极端保皇派、君主立宪派和自由派。国王依靠极端保皇派进行统治。君主立宪派主张实行君主立宪统治，希望与封建势力妥协。而自由派则要求经济自由、实行宪政和拥有政治权利。他们成立秘密组织，进行各种活动和斗争。

1829 年，法国的冬天空前寒冷，物价飞涨了 75%，人民生活极端痛苦，随时都有发生起义的可能。自由派借机加紧活动，抗议国王的反动政策。但是查理十世并未认识到这一问题的严重性，反而加紧打击自由派。1830 年 5 月，查理十世下令解散议会，重新选举。但是在新选出的议会中，自由派仍然占大多数。

这一选举结果是不利于国王政府的。因此查理十世采取最后的行动来打击自由派。7月，他颁布了“四条敕令”：下令解散刚选出的议会；下令再次选举；修改选举法，以利于把他提出的候选人选出来；下令进行新闻检查。

这四条敕令，导致了1830年巴黎7月革命。起义者占领了巴黎街头。当时整个法国人民正在反对生活费用的高涨，但是商人仍然屯集居奇，牟取暴利；而政府税收仍然依旧。因此巴黎工人的起义很快就得到全国城乡人民的响应。这次起义推翻了波旁王朝的统治，查理十世逃亡国外。

起义的工人要求建立共和国。但是由于缺乏组织和政治经验，起义成果被自由派资产阶级窃取。他们拥戴查理的堂兄、接近资产阶级的奥尔良公爵路易·菲力普继任国王，建立了君主立宪政体。这个王朝被称为“七月王朝”。但是七月王朝只为大资产阶级的利益服务，而没有考虑工人阶级和人民大众的利益。七月王朝制定的宪法与波旁王朝的宪法一样，只给资产阶级选举权。于是法国工人运动继续高涨，发生了1831年至1834年的里昂工人起义。在这些起义中，“无产阶级”一词在人民的用语中逐步普及。

无产阶级一词出现在19世纪中期以前，用于描绘从事机器生产的一无所有的劳工。到19世纪中期，欧洲工人阶级受到社会主义和共产主义思想的影响，反对资产阶级的斗争水平有了提高。这时的工人运动已经与早期开展的捣毁机器的运动不同，工人阶级逐步成熟起来，开展了政治斗争，成为独立的政治力量登上了政治舞台。巴黎工人运动是这一时期欧洲最有代表性的工人运动。因为巴黎的社会矛盾最严重，人民的生活最困苦，所以许多革命最先发生在巴黎。

1810年，当拿破仑处于权力高峰时，曾想以巴黎作为他幻想的世界首都和世界艺术的圣地。因此他说巴黎是世界上“从未有过的最美丽的城市”。但是拿破仑的梦想没有实现。到1840年，巴黎肯定是一个时髦的城市，也是欧洲的文化中心。但是，巴黎并不如拿破仑描绘的那样美丽。巴黎当时又是一个黑暗、肮脏和零乱的城市，到处是老鼠出没的贫民窟。

19世纪初，巴黎仍然是一个中世纪的城市。然而其居民已经进入了工业时代。1820年巴黎人口约有50万，但是到1840年，其人口已达100万。在1830年至1850年间，巴黎人口增长速度最快，共增长了35万人。但是巴黎人口的增长主要是移民人数的增加，而不是出生率增加。巴黎人口的1/2是来自移民。巴黎像一块磁石，吸引着法国各地寻找工作和机会的人。巴黎人口增多，然而它基本上仍然是一座中世纪规模建筑的城市。城里没有公共卫生设施，没有下水道，到处是污水，供水不足，住房拥挤，疾病流行。有65%的巴黎人非常穷困，无力交税。巴黎人中有50%被官方定为“贫困”，他们可以得到数量不多的“贫穷救济金”，但却饱受污辱。

1832年，巴黎暴发了流行性霍乱。这场霍乱持续了189天，使1.8万人死亡，3万人染病。绝大多数死亡和染病的人都是生活在社会最底层的人民。资产阶级宣称霍乱是由于穷人而引起的。他们说，穷人肮脏的生活引起了这种疾病并使之流传。虽然当时人民很少知道霍乱暴发的原因，但是他们却发现一个事实：即染病和死亡的都是穷人，而富人却不会这样。因此，工人阶级认为霍乱是资产阶级人为制造的。资产阶级给工人阶级的供水是受过污染的水，资产阶级这样做的目的是为了使工人生病死亡，以减少工人阶级的数目。因此巴黎人民要求起码的生活条件：降低物价和改善卫生条件等。但是法国政府并没有采取任何措施去改善巴黎人民的生活条件。相反，法国政府却以保卫巴黎为名，在巴黎城外修建了一道防御城墙和防御工事。这种做法是别有用心的。19世纪，欧洲所有的城市都开始拆除城市的防御工事，只有巴黎是惟一大修防御工事的城市。很明显，法国政府修筑防御工事的目的，不是对付外敌的侵略，而是为了对付可能起义的巴黎人民。因为要塞的大炮，既可对准城外的敌人，又可打击城内的目标。

法国1830年革命，很快引起了欧洲一些国家的革命。1830年希腊发生了争取独立的斗争。1830年8月比利时发生工人起义，反对荷兰的统治，要求独立。比利时工人起义很快扩大到农村。虽然俄国、普鲁士和奥地利都希望把比利时革命镇压下去，但是英国和法国出于反对荷兰的考虑，不愿干预比利时革命。因此比利时人民起义获得胜利，建立了自己的政府。

在法国革命的影响下，德意志的萨克森、不来梅、汉诺威和巴伐利亚也爆发了反对封建制度的革命运动。1830年11月，在俄国统治下的波兰华沙也发生了起义。波兰的土地贵族和乡绅们借机组成了临时政府，要求制定宪法。但是由于起义者在如何制定宪法上发生分歧，加上波兰农民拒绝支持这些贵族地主，所以当俄国沙皇政府派出18万部队到波兰进行镇压时，起义就失败了。1831年2月，意大利人民也发生了起义，进行推翻奥地利在意大利北部的斗争。但是在奥军的镇压下失败了。

由于欧洲主要国家的革命都失败了，所以1830年的欧洲革命被称为“被遗忘的革命”。但是1830年欧洲革命具有重大历史意义：这次革命表明欧洲是一个整体，欧洲国家之间的命运是密切相联系的；1830年革命反映了欧洲各国国内动荡不安的社会状况和欧洲国家秩序的不稳定状况；1830年革命更充分说明了欧洲人民政治觉悟的提高。在这次革命中工人运动与其他下层人民的结合，为1948年欧洲革命奠定了基础。

1830年革命后，欧洲局势动荡不安。到1846年，就出现了革命的迹象。

1846年，欧洲出现了严重的饥荒，食物缺乏、物价飞涨、工厂倒闭、工人失业和经济瘫痪。而当时欧洲各国都在开展争取民主或民族独立的斗争。例如英国宪章主义者要求扩大选举权；法国资产阶级改革者则要求全体男子都有选举权。由于法国改革运动的领导者希望开展晚餐募捐活动，以筹集活动经费，所以法国争取扩大选举权的斗争以"宴会"的形式著称。同时欧洲的民族主义也在发展。中欧、东欧和南欧人民争取民族独立和统一国家的斗争高涨。到1846年波兰又发生了起义，要求摆脱俄国统治而独立。这次起义虽然失败了，但却鼓舞了意大利和德意志争取国家统一的斗争。

所以1848年2月法国发生革命后，很快就引起了全欧的革命。普鲁士和德意志各州紧接着法国而爆发了革命。在奥地利统治下的东欧，包括维也纳、布达佩斯和布拉格都发生了革命。意大利也发生革命。这些革命轰轰烈烈，席卷欧洲大陆。但是很快各国革命都被镇压下去。

1848年欧洲革命失败的原因很多，但是主要原因是革命派内部有分歧，温和派与激进自由派有矛盾；中产阶级则害怕人民群众，所以宁愿接受旧政权而不愿革命胜利。1848年欧洲革命虽然失败了，但是却具有伟大的历史意义：这次革命是欧洲历史的转折点。因为在1848年后，在人民革命推动下，保守主义者和激进主义者都转向了现实主义政治，寻求改革；而各国反动政府为了能继续统治下去，被迫进行改革，不敢再忽视经济动荡和社会动乱。这就使欧洲历史向资产阶级民主的新阶段发展。

在资产阶级向民主发展的新阶段，1871年的巴黎公社革命具有重大的历史意义。这次革命是巴黎人民在普法战争失败后举行的一次无产阶级革命。巴黎人民推翻了资产阶级政府，成立了巴黎公社，推行了一系列保卫工人阶级和人民大众利益的革命政策。虽然这次革命后来被法国资产阶级镇压下去，但是这次革命给世界无产阶级革命留下了宝贵的经验教训，成为俄国革命的榜样。

19世纪欧洲发生了如此众多的革命，而在欧洲文化基础上发展起来的美国，也发生了革命战争和改革。美国独立后，资本主义得到迅速发展。然而由于美国南部存在种植园奴隶制度，束缚着美国资本主义的进一步发展。在美国向西部扩张的过程中，北部资本主义和南部奴隶制发生尖锐的矛盾。双方都想把自己的政治制度扩大到西部新成立的州。因此不解决黑人奴隶制的问题，不仅美国资本主义得不到迅速发展，而且国家的统一都要受到威胁。在此情况下，1861年爆发了南北战争。战争的结果是南方失败。南北战争后，美国由于消除了种植园黑人奴隶制，生产力得到解放，资本主义迅速发展。接着美国进行了一系列的改革，特别是开展了进步主义运动，推行民主、效率、国家干预和社会正义。虽然这些改革是资本主义的改革，但是却进一步解放了生产力，使美国经济飞速发展。到19世纪末，美国跃居世界第一工业强国。

2. 1830年后至20世纪初欧洲和美国的改革

从1830年以后到20世纪初，欧洲和美国进行了一些改革。这些改革推动了社会的进步，巩固了工业革命后产生的社会制度。

在欧洲各国的改革中，主要是选举权改革和经济改革。由于1830年革命的冲击，迫使法国统治阶级扩大了选举权，法国选民人数增加了一倍。到1848年欧洲革命后，由于拿破仑三世(图8—8)上台，建立了高度中央集权的独裁统治，所以，法国的改革只能是经济改革。拿破仑及其政府认为经济的繁荣可以解决所有的社会问题。拿破仑三世执行的是自由主义的经济政策，其经济改革政策如下：

图8—8 拿破仑三世

第一，鼓励金融改革，建立新的银行制度，使银行能为工业发展提供资金。在拿破仑统治时期，法国建立了许多金融机构，如信贷公司、地产信托公司和巴黎证券交易所等。这些金融机构在法国现代化过程中发挥了重要的作用。

第二，政府支持修筑铁路。修筑铁路是法国工业化进程加快的重要措施。从1852年到1860年，由于修筑铁路，为人民提供了许多工作岗位，吸引了投资，开辟了国内市场，带动了相关产业，特别是农业的发展。在工业化过程中，尽管富人越来越富，但是人民像19世纪前半叶以前那种极端贫困的状况正在缓解。

第三，拿破仑三世进行的最充满活力和生气的改革，是重建法国首都巴黎。在19世纪中期以前，巴黎是欧洲最不卫生、充满罪恶和暴力的首都之一。1852年，拿破仑开始重建巴黎。在15年内，它就改变了模样，成为一个充满阳光，街道宽广，有各种纪念碑、公园、花园和各种景点的美丽的城市。

拿破仑三世政府在巴黎过去的贫民区修建了许多豪华的公寓。广大的工人阶级由于无力居住在这些昂贵的公寓里，被迫搬到郊区去住。巴黎成为名副其实的西方城市的楷模和西方文化的中心。巴黎笔直的街道，成为西方各国学习的模型。从1870年到1900年，莫斯科、布鲁塞尔、马德里、罗马、斯德哥尔摩以及巴塞罗那等欧洲城市，都学习巴黎，修建了宽广的大街。

拿破仑三世的经济改革基本上是成功的。

而英国的改革，是在法国1830年革命的推动下取得迅速进展的。英国的改革主要集中在政治改革，特别是选举权改革上。英国工业革命发生后，人口地理的分布发生了巨大的变化，农村人口大量流向城市，农业人口减少。然而英国的选举制度并没有进行调整，以适应这一变化。新兴的大城市没有议会代表，而正在缩小的郡县却保留了其在议会的原有席位。这些选区被称为“衰败选区”，代表着过时的选举制度。城市地区人口众多，但是议会代表人数不足，不能保证资产阶级的利益。所以自由主义者希望按照人口的分布为基础，来调整议会席位的分配。

然而，由于涉及有关各方的利益，议员们争论很激烈，很久达不成协议。1830年法国革命开始后，英国资产阶级害怕英国也爆发革命和内战，因此开始考虑这个问题。两年后通过了“1832年改革法”，作了妥协。这个新法案是英国历史上第一个议会改革法案，它加强了城市中的中产阶级和商业资产阶级在议会中的作用。这个法案通过后，几乎所有的中产阶级都有了选举权，为社会的改革开辟了道路，并鼓励了各种政党的成立。然而1832年选举改革法案，只加强了富有资产阶级的权力。选举权仍有财产资格限制，只有20%的人口有选举权，广大人民仍然没有选举权。因此人民继续进行斗争。

1838年，英国手工工人组织“伦敦工人协会”的领导人起草了一份文件，这就是著名文件“人民大宪章”。“人民大宪章”表达了人民的意愿，其最重要的内容就是要求全体成年男子都有选举权。此外，“人民大宪章”还要求秘密投票；废除对担任公职人员的财产资格限制，并发给全体议员工资；各地区选举平等；每年进行选举等。

“人民大宪章”公布后，得到广大人民拥护，英国全国各地都开展了争取实现“人民大宪章”的运动。英国几乎所有工业城市的所有家庭都参加了宪章运动。甚至连妇女也组织了宪章学校，鼓吹实现“人民大宪章”。这种情况使资产阶级十分担忧，他们特别害怕革命的爆发。

1848年4月10日，在欧洲大陆革命的鼓舞下，2.5万宪章派工人在伦敦集合，向议会前进，要求实现“人民大宪章”。英国政府除派出警察前往镇压外，还动员了20万“特殊警察”前往制止“暴民”革命。这些所谓的“特殊警察”是伦敦的财产所有者和熟练工人。熟练工人由于工资高，排斥非熟练工人。这时天下起小雨，宪章派工人们全身被雨水淋湿，在疲劳、饥饿和寒冷状态下的宪章派工人被迫解散。这样1848年英国没有发生革命，而且宪章派工人的示威游行失败。虽然宪章派运动失败了，但是资产阶级却十分害怕由此引起工人革命。自由派为了防止革命爆发，就在议会开展活动，来实现选举权改革。

1867年，英国保守党政府引入了第二个议会改革法案，使城市小业主、职员和工人都有了选举权。到1884年，英国议会又通过了一个选举权改革法案。这个法案使农业工人也有了选举权。但是妇女仍然没有选举权。直到第一次世界大战后，英国妇女才得到这一权利。

在选举权改革后，自由党首相格拉斯顿在其第一任期内(公元1868～1874年)，引入了秘密投票制度。同时格拉斯顿还进行了一系列其他政治改革，其中包括陆军改革，推行短期兵役制；进行教育改革，建立小学；进行文官制度改革，实现文官考试制度等。由于格拉斯顿是一位自由主义者，所以他鼓吹自由贸易，反对国家干预经济的发展。他废除了关税，进行减税和削减国防开支等政策。

但是在英国的政治改革中，保守主义也留下了其标志。在狄斯雷利（公元1804～1881年）的领导下，保守党政府主张国家干预经济的发展。因此，在1875年通过了“工厂法”，规定工人每周的最多工作时间为56小时。与现代相比，这个工厂法还很落后。但是在当时，这是一个很大的进步。同时狄斯雷利政府还通过了“卫生法”、“工人居住法”、和“工会法”。“卫生法”规定了公共健康的标准；“工人居住法”限定了最小住房标准；“工会法”允许工人和平罢工。狄斯雷利还主张保护关税，反对自由贸易政策。

19 世纪末，为了使政府的管理有序，克服地方当局互不隶属的混乱状态，英国进行了行政改革。1888 年和 1894 年，英国分别通过了两个地方政府法案，集中了权限，调整和简化了地方行政机构。这一改革，有效地提高了英国地方政府的工作效率。例如，1881 年，英格兰有彼此不相隶属的地方当局 27 069 处，每个地方当局都向英格兰人民征税，人民苦不堪言。但是根据 1888 年的“地方政府法案”，英格兰只设立 62 个行政郡，以及 60 多个居民人数在 5 万以上的郡级市。这样就精简了机构，使行政管理工作有序进行。

俄国改革却与英国完全不同，其改革比较保守。俄国沙皇彼得大帝在位期间(公元 1682～1725 年)，曾进行改革。但是他的改革主要是军事改革。虽然他的改革使俄国强大起来，但由于这种改革是在农奴制基础上进行的，俄国仍然是一个落后的农业国。

由于克里米亚战争（公元 1853～1856 年）的失败，使俄国统治者认识到必须废除农奴制，进行改革。在克里米亚战争中，俄国没有铁路，仍然使用马车运输后勤作战物资。敌人三周就可完成的后勤供应工作，俄国要花三个月时间才能完成。军事运输的迟缓，是俄军战败的一个重要原因。沙皇亚历山大二世认识到这一点，他认为如果俄国不进行改革，将打不赢任何一场对西方国家的战争。俄国统治阶级还认识到，如果解放农奴，既可扩充兵源，在俄国建立一支训练有素的军队，又可为工业的发展提供自由劳动力。

因此，在1861 年 3 月沙皇颁布了“解放农奴宣言”，解放了5 200万农奴。但是沙皇的解放农奴政策并不彻底。沙皇政府把土地分给获得自由的农奴，但是要他们支付赎金，分 49 年还清。农民以分期付款的形式向国家付款，国家则以债券或赎金券的形式偿还地主。这样，国家在地主和农奴之间达成了妥协。然而农奴和地主都没有从中得到好处。因为这些措施，使从前的农奴在解放后仍然对国家负有义务，也没有给地主改善其地位的足够资金。同时，俄国还进行了一些改革，如建立地方议会、建立法庭、建立陪审制度和实行义务兵役制等。俄国 1861 年废除农奴制的改革虽然有局限性，但是这次改革扫除了资本主义发展的障碍，使俄国开始了资本主义的发展。

1850 年后欧洲各国进行的改革，是按各自的文化社会经济发展水平来进行的。法国是在高度中央集权化的政府领导下的社会经济改革，是专家治国型改革。英国是通过自由派议会民主进行改革，是自由主义议会型改革。俄国是自上而下改革，是专制主义型改革。但是所有这三类改革，都反映这些国家面向新的挑战和国际竞争而做出了进步的决策。这些改革都加强了国家在经济和社会生活中的作用，适应了社会的发展，使这些国家走向了现代。

五　德国和意大利的统一

1．德国的统一

1848 年法国革命后，普鲁士各州也发生了示威运动。普鲁士国王腓特列·威廉用武力镇压。到 3 月 18 日，普鲁士人民举行起义。在强大的人民武装面前，国王威廉四世被迫下令停战，并满足了人民的要求：宣布立即召开国民议会、制定宪法、改组政府、释放政治犯和撤退城内驻军等。

3 月 29 日，威廉四世任命大资产阶级代表康普豪森和汉塞曼组成新政府，自由资产阶级掌握了政权。普鲁士政坛的这一变化，在德意志各州引起了连锁反应，自由资产阶级在各州都掌握了政权。这种政治变化为德意志的统一创造了条件。

1848 年 5 月，德意志各州政府共同选举了一个议会，并在法兰克福召开全体会议，研究制定宪法和统一德国的问题。在议会成员中，中产阶级占了绝大多数，其中包括政府官员、律师和知识分子。但是议员中却没有一个工人代表。

德国的统一是一个非常复杂的问题。其中有两个问题最为突出：第一，有许多非德意志人居住在德国各州，包括波兰人、捷克人、斯洛文尼亚人、意大利人和荷兰人。在统一德国中，将如何处理这些人呢？第二，在统一的德国中，许多日耳曼人并不住在德国各州，而住在奥地利、丹麦、波兰和俄国的欧洲部分。要把他们统一到单一的德意志民族国家中来，是一个非常困难的问题。

为了解决上述问题，法兰克福议会产生了两种观点：第一种是主张成立一个排除奥地利的德意志国家，这一派人被称为“小德意志派”；另一派则主张成立一个包括奥地利在内的大德意志国家，这一派被称为“大德意志派”。到 1849 年 3 月，法兰克福议会决定采纳小德意志派的统一方案。

德意志统一的助产士是普鲁士首相俾斯麦（公元 1815～1898 年）。俾斯麦通过军事征服，在不到 10 年的时间里，先后打败了丹麦、奥地利和法国，于 1871 年实现了德国的统一。俾斯麦在统一德国中的作用，画家沃纳（公元 1843～1915 年）在他的一幅油画中作了充分的表现（图 8—9）。

在这幅画中，原普鲁士国王、德国统一后的新皇帝威廉带着傲慢的表情，站在昂贵的法国地毯上宣布德国的统一。旁边是他女婿巴登大公爵和他的儿子菲特列·威廉亲王。巴登大公爵高举着手，在欢呼新建立的国家。在俾斯麦左边，那位侧身对着新皇帝的人，是总参谋长毛奇（公元 1800～1891 年）。他领导军队进行战争，支持俾斯麦的统一计划。因此，他得到许多勋章佩戴在胸前。毛奇一只脚迈向前半步，表示着他是一个面向未来，善于行动的人。

图 8—9　宣布德国的统一

然而这幅画真正要突出的人物是那位自称是德国助产士的俾斯麦。新的德国皇帝被安排在油画的左边，而俾斯麦却被安排在油画的右间。如果说油画中大多数亲王的眼睛是看着画中的皇帝的话，那么油画欣赏者的眼睛却必然注目着这位新帝国的首相。俾斯麦身着白色制服，特别显得突出。油画在告诉人们，真正的英雄是俾斯麦，是他创造了新德国。

德国是在俾斯麦领导下，通过王朝战争来实现统一，而不是通过民主方式来统一的，所以统一后的德国没有建立代议制民主政府，而是建立了一种保守的政府。

2．意大利的统一

在欧洲民族主义发展的气氛中，意大利也实现了统一。

1848 年马志尼领导的青年意大利运动和加里波的领导的红衫军，都主张通过直接的反奥战争来统一意大利，建立共和国。他们的主张得到了意大利人民的拥护，但是他们的斗争都失败了。他们斗争失败的原因，是奥地利军队十分强大。因此意大利的统一，要借助国际关系的变化，掌握有利的时机。

撒丁王国是意大利诸国中惟一没有被外国势力控制的国家，在意大利统一中处于举足轻重的地位。撒丁王国的首相是加富尔。加富尔是一位自由派政治家，主张统一意大利，实行共和。因此他劝说撒丁国王颁布宪法。1852 年他担任撒丁王国首相后，在国内推行自由主义经济政策，对外建立反奥同盟。1858 年 7 月在普隆比埃尔举行的秘密会议上，加富尔和拿破仑三世达成协议，发动反奥战争。1859 年 4 月，法意反奥战争爆发。6 月，法意军队把奥军赶出了伦巴底。1860 年 1 月，加富尔把意大利中部各个公国统一起来。这就奠定了意大利统一的基础。

1866 年，由于普奥战争的爆发，特别是在萨多瓦战役中，奥军主力被普鲁士击溃后，奥地利被迫把威尼斯地区归还意大利。1870 年，普法战争爆发。拿破仑三世在对普鲁士作战失利后，不得不把驻扎在罗马的军队调回法国。于是意大利军队和加里波的志愿军于 9 月 20 日占领罗马。教皇被剥夺了世俗政权。至此，意大利的统一最后完成。

德国和意大利的统一，标志着欧洲民族主义发展到高峰，鼓舞着东欧和南欧各个民族争取独立的斗争。

思　考　题

1．为什么说铁路是人类近代文明的象征？

2．什么是农业革命？举例说明。

3．为什么工业革命发生在英国？
4．工业革命引起了欧洲社会结构的哪些变化？
5．工业革命时期的文化反映了怎样的社会现实和理想？
6．什么是浪漫主义，浪漫主义在文学艺术上的表现如何？
7．法国空想社会主义者有哪些，他们有哪些主要思想？
8．试述 19 世纪 30 年代法国的社会状况。
9．路易·波拿巴上台后实行了哪些改革？
10．试评 19 世纪英国的议会改革。
11．试论德国统一与意大利统一的历史背景。

第九章

现代西方文明

工业文明的兴起，迅速改变着人类的生活。在19世纪末20世纪初，欧洲和美国工业化进程刚刚完成，人类文明就从近代进入了现代。其发展速度之快，令人瞠目。虽然现代物质文明有了很大进步，但是西方的精神文明还处于新老交替的过程之中，社会上还存在着许多不文明的传统和习惯。为了改变这些传统和习惯，西方人民进行了英勇的斗争。在这些斗争中，妇女争取平等权利的斗争最为突出。

一 自然科学的发展与社会科学的进步

1. 新科学、新技术与新文明

人们从古代起就幻想着美好的生活环境：人们希望黑夜也能看见光明，希望消除和缩小白天和黑夜的差别；人们也渴望探索物质世界，了解太空的奥秘。但是千百年来，这些都只是幻想。然而从1880年至1914年之间，这些幻想逐步成为现实。在这一时期，自然科学取得了突飞猛进的发展。人类用科学和技术改造了世界，走向了文明的新阶段。

首先是物理学的进步改变了人们的生活。物理学的新发现层出不穷。19世纪末，英国科学家麦克斯韦（公元 1831～1879 年）发现了电流和磁场之间的关系。他从数学上证明了振动电流的变化能产生电磁和辐射。根据这一原理，人们发现了 X 光射线和无线电波等。这些重要发现导致了电子工业的产生，人类不久就发明了无线电和电视。仅仅在一代人之内，爱迪生、威斯丁豪斯、贝尔和西门子等人就做出了许多新发明，把人类推向了电器时代。电灯、电话和电动机的发明，完全改变了人们的生活。

1896 年卢瑟福发现了放射性现象；1898 年居里夫人（公元 1867～1934 年）及其丈夫皮埃尔·居里（公元 1859～1906 年）发现了镭与钋。在上述发现的基础上，马克斯·普朗克（公元 1858～1937 年）、爱尔伯特·爱因斯坦（公元 1879～1955 年）和波尔（公元 1885～1962 年）否定了古典物理学的绝对性和决定性原则，而把现代物理学建立在相对和不稳定的原则上。普朗克于 1900 年提出"量子力学"理论，爱因斯坦 1905 年提出"相对论"，而波尔则把卢瑟福、普朗克和爱因斯坦的思想结合起来，把光谱学与量子学结合起来，彻底推翻了古典物理学的僵化原则。

在物理学飞速发展的同时，化学和生物学也取得了突破性的进展。1869 年，门捷列夫发现了化学元素周期表。在 19 世纪末，达尔文学说已经为人们接受。在遗传和变异理论的基础上，科学家们建立了现代遗传学。

随着化学、生理学和微生物学的发展，生物化学也发展起来。人类在免疫学上取得了突破。在 20 世纪上半叶发明了伤寒疫苗、白喉疫苗、破伤风疫苗和卡介苗疫苗。人类发明了向病人输血，在做手术时进行麻醉等等。上述成就，极大地改善了人类的健康状况，提高了人类的文明程度。

2. 社会科学的新成就

在社会科学上，人类也取得了与自然科学同样重大的成就。1870 后，社会学、经济学、历史学、心理学和考古学都形成了新的理论，诞生了许多新的思想家。在这些理论中，最值得一提的是达尔文主义、马克思主义和无政府主义。在这些主义中，达尔文主义和马克思主义不仅影响着 20 世纪的历史，而且影响着 21 世纪人类社会的发展。

查尔斯·达尔文（公元 1809～1882 年），可以说是他所处时代最伟大的思想家。从 1831 年至 1836 年，他乘船进行环球航行，收集物种与化石。此后，他花了 20 多年时间进行研究，在 1859 年写成了《自然选择与物种起源》一书。这是一本改变世界的书。达尔文认为生命起源于物种之间的竞争，而这种竞争是由"自然选择"来决定的。物种之间的竞争，使物种产生机体上的进化。

然而达尔文的理论中也存在着偏见和错误。1871 年，达尔文出版了《人的血统》一书。他在书中写道："在物种中，雌性在自然智力上是低等的。作为较弱者，雌性需要雄性保护。在人类进化中，女人依靠男人，从而增加了男人在自然选择中的竞争性。"最后，达尔文的结论是："物种在性别上是不平等的。"达尔文的这种理论，被一些人用来排斥妇女，歧视妇女。达尔文的进化论是进步的，但是也被一些人用于观察社会，特别被一些人用来证明种族和等级之间的差别，产生了社会达尔文主义。社会达尔文主义认为白人优于有色人种。社会达尔文主义给人类造成了严重的后果，使种族迫害和种族歧视横行，至今仍然危害人类社会。

卡尔·马克思（公元 1818～1883 年）是一位历史上最伟大的人物。他出身于一个犹太律师的家庭，但是他的父亲已经改宗基督教。因此马克思受到了比较开放的教育，成为一位勇于反抗旧传统和旧习惯的开拓性人物。马克思深受黑格尔（公元 1770～1831 年）的影响。但他反对黑格尔的唯心论，发展了黑格尔的辩证法。1844 年，马克思与恩格斯合作，为创立科学社会主义理论而奋斗。

恩格斯是一位天才的思想家，一直致力研究工人阶级的处境问题。他写了《1844 年英国工人阶级状况》一文，揭露了工业化的社会后果和资本家对工人的剥削，在西方国家引起强烈的反响。

马克思和恩格斯以唯物主义去观察世界，指出劳动创造了人，劳动创造了一切。根据这一观点，马克思和恩格斯认为，人类社会自进入阶级社会以后分为两个阵营：剥削阶级和被剥削阶级。社会不平等的根据是阶级的存在。他们提出了科学的劳动价值论，提出阶级斗争是社会发展的动力。他们断定在工业社会里，资产阶级用低工资剥削工人，工人最终将起来反抗，推翻资产阶级的统治。因此马克思和恩格斯不仅批判资本主义，而且主张用革命来改变这个社会。马克思和恩格斯的学说被称为马克思主义。

马克思主义鼓舞了整个欧洲的革命运动。在马克思主义的指导下，欧洲各国建立了许多工人政党。1864 年，在马克思和恩格斯的帮助下，各国工人在伦敦成立了"国际工人协会"，国际工人运动出现高潮。但是在国际工人运动中出现了各种各样的社会主义流派，其中无政府主义比较有影响。

在批判资本主义上，无政府主义是深刻的。无政府主义者认为现存的社会经济制度是不合理的，应当用革命重组社会。然而他们的行动计划却是行不通的。因为他们不愿把工人们组织起来，也不愿参加议会斗争，而是主张不论客观条件是否成熟，都要立即采取革命行动。

无政府主义的主要代表人物之一是巴枯宁（公元 1814～1876 年）。巴枯宁是一位俄国贵族，后来流亡西欧，成为西欧无政府主义的主要代言人。巴枯宁曾是社会主义者，并自称是马克思的朋友和学生。然而他很快就与马克思分手，脱离了广大无产阶级。

巴枯宁的后继者是克鲁泡特金（公元1842～1921年）。克鲁泡特金把共产主义的一些观点与无政府主义的观点结合起来，提出在公社内对物资的分配原则，应当是“按劳取酬、按需分配”。这种观点曾经吸引了许多人。但是由于无政府主义不是依靠有组织的工人力量进行斗争，所以从未对资本主义社会构成过真正的威胁。

只有俄国布尔什维克党在列宁的领导下，把马克思主义与俄国具体情况结合起来，才取得了1917年十月革命的胜利，建立了社会主义的新国家。社会主义制度的建立，深刻影响着人类历史的发展。

在这一时期，社会科学的其他领域发展也非常迅速。考古学家发现了古代文明的证据。谢尔曼（Schliemann，公元1822～1890年）发现了特洛伊城；伊文思（Evans，公元1851～1941年）在1900年用科学方法重现了古代文化。历史学家也用新的方法研究过去。德国史学家兰克（Ranke，公元1795～1886年）反对用传说和传统的文学著作来论证历史，而主张用历史文件和真实的史料作为根据来反映客观历史的发展。

经济学的发展也取得了丰硕的成果。新古典经济学家马歇尔（Marshall，公元1842～1924年）及其他一些经济学家在论述生产过剩的问题时，认识到了个人在市场选择上的重要性。经济学家们提出了一些问题，例如：怎样才能谋取最大利益？人们如何对价格加以回应？对上述问题的讨论产生了边际效用理论。通过这一理论，生产者可以计算成本，从而根据消费者对价格变化的回应来获取利润。

在心理学上，取得了许多划时代的发现。德国心理学家、实验心理学的奠基人冯特（Wundt，公元1832～1920年），1879年在莱比锡创造了第一个备有一套实验室的心理学研究所。通过实验，他得出结论：思想是物质世界的反映。俄国心理学家巴甫洛夫（Pavlov，公元1849～1936年）用狗做了一系列实验，得出了条件反射的结论。而弗洛伊德（Frued，公元1859～1939年）提出了“潜意识论”，指出人的许多行为出自不曾意识到的潜意识。他的学说不仅给心理学的发展以巨大影响，而且还对社会文明的发展以巨大推动。

涂尔干（Durkeim，公元1858～1917年）是现代社会学的奠基人。他第一个对日常生活的特定现象进行社会学研究，并系统地形成了一套有生命力的社会学学说。他对社会学的贡献至今没有人能超过。他特别研究了自杀问题，认为自杀是一种社会现象。他认为人之间的差异是由环境和遗传因素所决定的。但是他的学说也存在严重的问题。例如他提出了遗传可以解释人的一切行为，而贫穷、酗酒、犯罪和生育下降等问题都是由遗传因素所决定的。他的这种说法，成为种族主义与血统论的根源之一。法国心理学家比奈（公元1857～1911年）根据涂尔干的这一说法，设计了智力测验量表，来衡量儿童的智力。他的智力测验量表不承认在发展知识中的文化因素的重要性，因而是不科学的。

自然科学的发展，以及社会科学的进步，改变了人们的生活和思想，使人类进步到新的现代文明阶段。

二 西方的妇女与文化

1. 妇女解放运动

19世纪末20世纪初，与科学技术进步相适应，西方社会也发生了巨大变化。在这些变化中，妇女地位的变化是最令人瞩目的发展。

妇女解放运动自19世纪中期以来，一直是欧洲政治文化的一个重要课题。虽然人类社会到19世纪已经进步到要求自由平等的时代，但是妇女却仍然没有自由平等可言。在19世纪，欧洲仍然崇拜传统的家庭模式，整个社会仍然认为妇女必须呆在家中，成为贤妻良母。这种社会思想加强了妇女对男子的从属地位。

欧洲年轻妇女在婚前都要工作，以挣钱帮助父母维持生活和准备嫁妆。但是许多已婚的妇女在婚后由于家庭困难，也仍然不得不工作。然而在19世纪中叶，欧洲文化关于妇女的概念是，妇女是做家务和取悦于男人的。而有“公共价值”的妇女，其含义就是妓女。因此外出工作的妇女往往被人瞧不起。对于有工作的妇女来说，存在严重的不平等，同工不同酬。妇女做与男工一样的工作，只能得到男工工资的1/3或1/2。

欧洲社会有种种不合理的歧视妇女的规定。例如在英国，直到20世纪初年妇女都无权提出离婚。只有男子才有这种权利。在法国，已婚妇女工作所挣的钱并不属于自己，而被视为丈夫的财产。整个欧洲的妇女被剥夺了经济权利和政治权利。至于许多到了结婚年龄而没有结婚的妇女，受到的歧视更为严重。因为按照19世纪的价值观，老处女是一个受嘲笑和代表失败的词。欧洲妇女为了改善自己的处境，争取与男子平等的权利进行了长期斗争。

在19世纪末，妇女要求解放的呼声日益高涨，出现了新的妇女解放运动，涌现了许多新的女性，其中最著名的妇女解放运动的斗士是南丁格尔。南丁格尔

(Nightingale，公元 1830～1910 年）出身在一个富有的乡绅家庭，受过男子应受的古典教育。按照当时的规定，妇女的穿着有一定的规定：要穿有衬架支撑着的女裙，要穿紧身胸衣，走动要有规矩，说话要轻声。对这些规定，南丁格尔都不遵守，她认为这些规定是不平等的，应当废除。对于妇女在婚姻中的不平等地位，她加以强烈的反对。她说："男子通过结婚获得一切，得到配偶；但是妇女却不是这样。"她大声疾呼，要求废除这些不合理的规定，采取措施，改善妇女的地位。

南丁格尔并不是一位典型的劳动妇女，但是她的斗争代表了广大劳动妇女的利益。她反对传统，要求解放。为此她毅然离家，选择了护理伤员作为她的职业。这使她成为了英国护理学先驱和妇女护士职业的创始人。她访问了欧洲所有的护理机构，去学习护理技术与方法。她的这种旅行，在她所处的时代是没有一个妇女曾经这样做过的。她选择作为一个护士，使她的家庭感到吃惊。因为他们认为这一职业相当于侍者和妓女。但是她用行动改变了他们的看法。

在克里米亚战争中，她到君士坦丁堡城郊去组织医疗救护队，抢救伤员。战争结束后，她被看成英国国家英雄。1860 年，她募捐建立了世界上第一所护士学校"南丁格尔护士学校"，开始培养女护士。妇女进入护士行业有着重大的社会意义。因为它是妇女进入职业工作的开端。此后妇女开始进入办公室勤杂工的行业，在政府和企业等单位做房屋管理工作。妇女开始走向社会。

但是在政治和法律上，妇女处于与男人完全不平等的地位。到了 19 世纪中后期，男女不平等更加发展。竞争和事业是男人的事，而照顾家庭和护理病人则是妇女的责任。为了争取平等地位，欧洲各国妇女继续进行斗争（图 9—1)。

19 世纪末，出现了许多和南丁格尔一样的新女性。这些女性在戏剧、小说和各种文艺作品中都有反映。这些新女性反对旧文化和旧传统，追求知识，渴望自由和爱情。挪威剧作家易卜生（Ibsen）1906 年创作了剧本《玩偶之家》，剧中他创造了诺娜这个新女性。诺娜为了爱情和幸福而离家出走。

在欧洲妇女解放运动中，女权主义一词十分流行。女权主义是 19 世纪 30 年代首先在法国出现的一个词，用以表示争取妇女的权利。女权主义者主要来自中产阶级家庭。她们有时间和精力从事妇女解放运动。19 世纪欧洲的女权运动与近代早期的女权运动不同。早期的妇女采取大规模示威游行的抗议方式，来争取自己的权利。而 19 世纪的女权主义者主要是组织政治集团，走和平斗争道路。1878 年，女权主义者在法国巴黎召开了"第一次国际女权大会"。这次大会标志着女权主义者走上了政治舞台。

英国女权运动的主要内容是争取妇女的选举权。潘克赫斯特夫人(Pankhurst，公元 1858～1928 年)是最著名的女权主义者。1889 年，潘克赫斯特夫人建立了英国女权联盟。1894 年，她们赢得了已婚妇女在政府选举中的选举权，但是她们还没有获得参加下议院选举的权利。1903 年，她和其他一些人一起，成立了曼彻斯特妇女和政治联盟。英国政府对潘克赫斯特夫人十分仇视。在 1908 年到 1909 年间，她曾三次被捕入狱。

图 9—1　英国妇女争取选举权的斗争

潘克赫斯特夫人领导的英国女权联盟感到用和平方式争取选举权成效太微。因此从 1912 年开始，转向了暴力反抗斗争。她们烧毁邮筒，向郡议会投掷炸弹。但是在第一次世界大战前，她们的斗争并没有取得什么成果。

在德国和法国，女权主义者也十分活跃。但是由于德国和法国的保守势力强大，即使是温和派和左翼政治家都反对给妇女选举权。所以女权运动也没有取得什么成绩。

经过战时的努力，1918 年，英国妇女获得了有限选举权。直到 1928 年，英国妇女才获得与男子一样的平等选举权。苏俄妇女在 1917 年得到平等选举权，德国妇女和美国妇女也分别在 1918 年和 1920 年先后取得了选举权。只有法国妇女在第二次世界大战之后才获得选举权。

2．西方文化的发展

19 世纪末，西方文化有了迅速发展。这个时期西方文化发展迅速的原因之一是对外文化交流频繁。随着科学技术的发展，西方与世界文化交融的手段增多，丰富了西方文化的内容和表现形式。19 世纪中期以来，西方各国举行了许多世界商品交易会，建造了许多公共博物馆。这些交易会和博物馆在文化交流中起了非常重要的作用。从 1851 年的伦敦世界博览会到 1893 年的美国旧金山和哥伦比亚博览会，都把工业文明的物质文化从宽广的基础上带给了人民群众，把欧洲、美洲、亚洲、非洲和世界各地的文化展现在欧洲人民的面前。

上述文化交融促进了西方文化的发展。这些发展在艺术上表现特别明显。例如在毕加索的画中就有充分的反映。毕加索（Picasso，公元 1881～1973 年）抛弃了欧洲的传统画法，引入了非洲雕刻的艺术风格。他擅长画美女，但是在他所画的美女画像上，人人都戴着非洲人的面具。这种掩饰人的自然面貌的画法，体现了他对西方传统画法的否定。在毕加索的名画《阿维尼翁妓女》（图 9—2）中，他把那些女人作为原始风格的象征加以描绘。

与绘画艺术一样，在小说、诗歌和音乐等方面，西方文化都与亚非拉各国的文化产生融合。亚非拉各国的文化给予了西方文化深刻的影响。西方文化与亚非拉文化的融合，创造了许多带有各民族特点的文化和对世界有影响的新文化。例如欧洲文化与美洲和世界其他一些文化的融合，产生了美国文化。

美国文化的根是欧洲文化，但是美国文化吸收了印第安人的文化、非洲黑人文化和从各国来的移民的文化，创造了新的文化。在这些文化中，爵士乐和摇滚乐是欧洲文化与黑人文化的结合。因此美国文化是一种多元文化的融合。移民们带来多种文化，在新的土地上融合成独特的美国文化精神。这种美国文化精神反映了美国文化独立、进取、改革与民主的性质。

图 9—2　阿维尼翁妓女

美国融合出了一种新的文化精神，但却没有融合出一种一元化的文化，美国仍然保留着多种文化。各种各样的美国人除了有共同的美国文化精神外，仍然保留着自己的文化传统。尽管美国统治阶级中许多人都企图消灭多元文化，但是随着大批移民进入美国，多元文化的传统又得到加强，使那些企图消灭多元文化的人的努力变得毫无结果。

加拿大由于是以法国和英国移民为主创造的国家，所以深受法国和英国文化的影响。英国在 1756～1763 年的“七年战争”中打败法国后，成为主导加拿大的主要民族，英语成为加拿大的官方语言，英国文化成为加拿大的主流文化。但是法国人经营加拿大多年，在加拿大有深厚的基础，所以法国移民及其后裔保留了他们的文化和习惯。这样在加拿大就出现了一国两种文化的现象。

西方文化的发展,受到了世界其他国家文明的影响。但是反过来西方文化又给予亚非拉各国文化强烈的冲击,特别是随着工业化的扩大和世界经济一体化的发展,西方新文明对亚非拉国家的影响逐步加深,使他们的文明在传统基础上向前迈进。

例如西方的审美观被融入了非洲的绘画艺术中。一幅名为《刚果夫妇》（图9—3）的画就把西方和非洲文化结合在一起。这幅画有传统的非洲画面结构：画中人物是一对刚果夫妇：丈夫富有战斗精神，而妻子正在喂奶。但是他们的打扮不是传统的非洲装束，而是西方衣着和非洲传统服装的结合。丈夫穿着西装，拿着枪，充满了现代的气息；而妻子仍然穿着传统的非洲妇女的裙子，并挂着非洲人传统的脖环和戴着手环。画家把他们放到了一个新的比较宽广的世界背景上，把非洲文明与西方文明联系起来。

图 9—3 刚果夫妇

而在另一幅世界著名的木刻画《外国水彩精神》（图 9—4）中，画家从广阔的层面揭示了西方文化与拉丁美洲文化的结合。这幅画的人物是一位西印度群岛的年轻女郎。这位女郎穿着西方时髦的连衣裙，但是却在玩蛇卖艺。

图 9—4　外国水彩精神

世界各国在保持自己文化传统的同时，吸取了西方文化的长处，创造了各国的现代文化。世界文化处于不断的交流之中，各种文化在交流中向前发展。然而文化的交流并不意味着世界文化将会一体化。正如美国不能把其国内的多元文化融合成一元文化那样，西方也不可能把世界多元文化变成一元文化。

三　经济干预、大众政治与西方文明的扩张

1. 经济干预

19 世纪后半叶至第一次世界大战前，欧洲和美国的经济组织发生了革命性

的变化，有了许多创新。在1873年至1875年期间，欧洲和美国的经济出现了周期性的危机。产生这些危机的重要原因之一是经济组织混乱和生产无序进行；同时由于农产品产量的提高和海陆运输价格的降低，使欧洲和美国既可从国内得到大量的农产品，也可从海外得到廉价的农产品。然而由于人们购买力低、生产率下降和利润减少，因此无论工业还是农业，都出现了生产过剩的情况和失业危机。

为了克服经济危机，需要对经济进行调控。通过调控市场，消灭经济发展的不稳定状态，因此出现了经济组织的革命。为适应这种状况，工业生产中出现了垄断组织卡特尔。卡特尔是公司之间达成协议，给工业品固定价格，保证公司的利润。例如在钢铁卡特尔中，所有的公司都同意规定生产的配额和固定价格；或者达成协议，对从原料供应到最终产品完成的所有生产环节，都加以控制。德国、法国和奥地利等国都在不同程度上通过卡特尔来控制市场。在欧洲大陆，国际卡特尔穿越了国界，控制了市场和价格。

英国由于有广阔的海外市场，所以没有出现欧洲大陆那样的卡特尔。英国的生产和价格大都被私人控制。在美国则出现了垄断程度更高的组织托拉斯。托拉斯垄断了本行业从原料供应、生产到销售的一切环节，控制了价格和市场。在托拉斯发展的同时，银行和股票业发展十分迅速。

银行和股票业发展迅速的原因是生产对资金的需要。工业生产一直面临着一个重大问题，即社会的发展需要把科学技术运用于生产。而把科学技术运用于生产，就需要大量的资金。1880年以后，西方发生了能源革命，出现了两种新能源：电力和石油。为了使电力和石油能运用于生产，必须投入大量资金。因此各种公司就通过股票公司、银行和国家去获取资金。在这种情况下，银行和股票公司业务迅速发展。

银行是控制经济发展最强有力的组织之一。这时银行也结成国际财团，以满足工业对资本的需求。国际财团与卡特尔相比，对生产的调控要有力得多。国际财团的利率与资本都通过双边协议来控制。

然而上述经济组织必须在国家的调控下，才能对经济起到很好的调控作用。实践证明，国家在经济生活中发挥着越来越重要的作用。19世纪末，除英国外，几乎所有资本主义国家都实行了国家干预经济的做法，例如推行保护关税政策，以保护本国经济的发展等。在19世纪末，许多经济学家已经认识到国家干预经济的作用。到20世纪上半叶，英国也开始实行国家干预经济的政策。国家干预经济的理论，经英国经济学家凯恩斯作了系统阐述后，被世界各国所接受。

2. 大众政治

与经济发展相适应，这一时期西方政治生活也出现显著的变化，即产生了大众政治。资本主义的发展带来了失业、公共卫生、住房和教育问题。于是各国工人阶级进行了英勇的斗争,来改善自己的处境。各国工人阶级都组织了工会,形成了独立的工人运动。工人阶级组织起来,参加国家的政治生活,捍卫自己的利益。

通过斗争，工人阶级逐步取得了一些胜利。例如在英国，从 1867 年到 1885 年，人民的选举权已经扩大了 4 倍。欧洲大陆工人阶级的斗争也取得了一些胜利。在德国，俾斯麦被迫实行了一些社会福利政策。在法国，虽然工人运动受到改良主义和无政府主义的影响，但是工人阶级争取政治权利和改善生活条件的斗争仍然取得了一些成就。法国工人阶级的代表拉法格就被选入了议会。但是在欧洲，只有英国的政治生活变化较大。

英国工人阶级力量强大。1892 年苏格兰矿工詹姆士·哈第（公元 1863～1915 年）和其他 4 位工人被选入议会。1893 年 1 月，在哈第的领导下，英国成立了独立工党。哈第等人主张通过议会斗争，来达到工人阶级的目的。1900 年英国独立工党、工联、费边社和社会民主同盟等工人组织，联合召开了工人代表大会，会上组成了“工人代表委员会”。1906 年，工人代表委员会改称工党。到 1906 年，英国议会已有工党议员 29 名。这时，许多知识分子也参加了工会的斗争。他们要求市政改革，要求提高工人的工资和改善工人的福利待遇。此时由于物价上涨，工资停滞，英国工人运动掀起高潮。

1906 年后，由于自由党的一些选票转移到工党，迫使自由党进行改革。在劳合·乔治（Lloyd George，公元 1863～1945 年）的领导下，自由党为获得工人的支持，开始支持工人的一些要求，并要求通过和平方式，加强工会的权利。自由党支持 1911 年工党议员提出的“国民保险法案”。该法案要求向生病的工人支付工资和发放失业救济金。为了保证这一立法得到执行，劳合·乔治进行了议会改革。

1911 年，英国下议院通过了“1911 年议会法案”。这个法案剥夺了由保守党支配的上议院讨论财政法案的权力，下院可以不经上院同意就可以征税，用于支付生病的工人的保险金和发放失业救济金。然而这些改革只是一些零碎的改革，并没有从根本上改善工人阶级的处境。因此英国工人阶级继续进行斗争。从 1910 年到 1914 年，整个英格兰都爆发了大罢工，参加罢工的工人有煤矿工人、海员、铁路工人和码头工人。他们这次罢工的目的主要是反对物价上涨，要求提高工资。

这样在工人的斗争下，英国议会被迫通过了“1913 年议会法案”，规定工人有权与资方谈判解决他们面临的问题。但是工人对此并不满意，继续罢工。只是由于第一次世界大战，才终止了英国工人的罢工。

女权运动这时也发展到高峰，由潘克赫斯特夫人所领导的争取妇女参政运动，已从合法的非暴力斗争，转向了捣毁窗户和放火烧毁邮箱等暴力斗争。这些斗争迫使英国议会考虑给予英国妇女选举权。

而爱尔兰问题则比其他问题更为严重。爱尔兰人民要求独立，并进行了长期的斗争。自由党内阁为了报答爱尔兰国民党在选举中的支持，于 1912 年提出了“爱尔兰自治法案”。但是在这个法案的实施上，引起了爱尔兰人与英国军队的冲突，导致了内战。只是由于第一次世界大战的爆发，才暂时推迟了该法案的实施，缓和了英国与爱尔兰的矛盾。

上述政治事件的发展，说明在工业革命后英国议会开始走向大众政治时代。但是西方国家在国内政治缓慢进步的同时，对外却推行侵略扩张政策。

3. 西方文明的扩张

西方文明是随着西方的殖民侵略而向外扩张的。从地理大发现后，欧洲国家为了争夺海外殖民地和海上霸权，进行了长期的殖民战争和商业战争。经过 1756 年到 1763 年的七年战争，英国最终夺得了海上霸权，成为“日不落帝国”。

西方在征服殖民地的过程中，使用了“剑与火”，进行了残酷的侵略和灭绝人性的屠杀，破坏了殖民地文明的正常发展。然而欧洲的商业扩张，也把西方文明带到了世界各地。工业革命开始后，西方的文明扩张进程加快。

19 世纪末科学技术的发展，使西方文明的扩张势头更猛。蒸汽船的出现，提高了欧洲人在海上的机动能力。交通运输工具的改进，使欧洲和世界其他地区的联系加强。在 1830 年，要花 2 年时间才能把一封信从英国送到印度。但是到 1850 年，由于蒸汽邮船的使用，从英国到印度的信，只要 2 个月到 3 个月，就可走个来回。到 19 世纪末使用电报以后，通讯业务发展更快。1870 年，一封从伦敦发到孟买的电报，只要数小时就可以收到，而且伦敦当天就可以收到回电。欧洲帝国主义国家用现代技术对不发达地区和国家进行侵略，现代技术使帝国主义国家更便于控制殖民地（图 9—5）。

但是帝国主义的侵略，也产生了一个相互依存的世界经济。以西方为中心，工业和商业资本扩大到世界各大洲，使西方国家的对外贸易大增。1800 年在世界各国生产总量中，只有 3%用于世界贸易；而到 1913 年，世界各国生产总量的 33%被用于世界贸易。经济的发展使欧洲资本家在亚洲、非洲和拉丁美洲到处寻求新的市场和原料。

图 9—5　1866 年的英帝国

非工业化国家在西方发达国家的侵略下，陷入了殖民地和半殖民地状况。这不仅破坏了他们正常的社会发展进程，而且使他们不可能发展自己的新式工业。因为这些国家变成了西方的市场和原料供应地，欧洲人是不允许这些国家发展自己的工业的。欧洲国家强迫非洲国家种植咖啡、香蕉和甘蔗等；英国在印度倾销廉价的棉布，摧毁了印度的棉织工业。中国的丝绸也很快被欧洲国家使用机器生产的丝绸所取代。世界贸易只有利于殖民国家。

西方把他们的殖民侵略美化为“文明使命”和传播西方文明。他们鼓吹文化优越论，宣称传播西方文明是白人的“责任”等。

为了扩张，殖民地需要健康的年轻白人去进行侵略和传播西方的价值观。因此在19世纪末20世纪初，西方各国政府都十分重视对儿童进行帝国主义道德的教育和种族主义教育。为了培养种族主义的后代，欧洲各国都建立了许多协会和俱乐部，强调进行交配选择，通过学习生物学来改进人种。帝国主义者和种族主义者都十分重视妇女在培养殖民主义接班人中的作用。他们强调：“帝国需要母亲！”要通过母亲来教育后代，保持白人种族主义。

德国皇帝威廉三世强调德国妇女有三个任务：生孩子、教育孩子、做好家务和上教堂。妇女做好了这三件事，就将保证德意志民族对世界的统治。英国的政治家也说过类似的话，他们强调英国的未来取决于妇女对家庭的责任。因此欧洲妇女在殖民主义者所谓向外进行“文明使命”的侵略中，充当着重要作用。除了生养殖民主义后代外，有的妇女还直接参加了殖民活动。如有的人担任传教士，有的则作为殖民官员和商人的妻子到了殖民地。她们充当了西方价值观的宣传和捍卫者。

西方文明向全世界的扩张，在客观上，有其积极的影响。为了掠夺殖民地的原料和倾销商品，殖民主义者把西方的一些科学技术和生产方式带到了殖民地。他们在殖民地修铁路、建立邮电局和一些市政服务设施等，把殖民地纳入了资本主义的经济轨道。同时在一些工业领域内迅速实现了技术的转移，使殖民地半殖民地国家出现了现代资本主义的生产方式。

但是由于帝国主义的目的是为了侵略扩张，所以西方殖民主义者是按他们的利益来灌输西方文明的。传教士、商人和军人力图改变殖民地人民的思想与习惯。因此他们带来的影响在许多方面都是消极的。帝国主义的入侵给殖民地人民带来深重的灾难，打乱了殖民地历史发展的正常进程，延缓了殖民地社会经济的发展。殖民地传统的农村生活被摧毁，传统社会解体。

西方殖民者对殖民地进行残酷的统治：有的通过当地统治者进行间接统治；有的进行直接统治。例如英国在印度实行直接统治，但是在非洲一些国家则依靠当地酋长进行统治。但是无论哪种形式的殖民统治，殖民者都残酷地压迫和剥削当地人民。

欧洲殖民者还把国内罪犯流放到一些特定的海外殖民地，一方面解决国内犯罪这一社会问题，另一方面又让刑满释放人员留居殖民地，利用他们扩大和巩固殖民地。英国把罪犯流放到澳大利亚，法国把罪犯流放到圭亚那。美国的殖民活动，在 19 世纪主要是向西扩张。从 18 世纪末到 1848 年，美国已经从原来的 13 州扩大到从阿巴拉契亚山至太平洋沿岸的整个地区。美国向西扩张，遇到当地印第安人的顽强反抗。但是他们遭到殖民者残酷的种族灭绝屠杀。剩下的少量印第安人被赶进保留地，过着原始的生活。到 19 世纪末已经工业化的美国向太平洋扩张，占领了夏威夷与萨摩亚群岛，作为向东扩张的加油站。同时美国也向加勒比海扩张，在中美洲修建巴拿马运河。到 1914 年，美国已经确立了在加勒比海的霸权地位。

帝国主义的侵略给殖民地人民带来了深重的灾难。因为帝国主义和殖民主义国家把殖民地当成原料产地和商品市场，这就使殖民地的经济依赖西方经济而存在。又由于殖民地人民被当成廉价劳工，迫使他们从乡村向城市移民。移民造成了大量贫民。帝国主义和殖民主义侵略造成的灾难，受到批判家、历史学家、经济学家等各种人士的批判。

但是由于各人的立场不同，对帝国主义的解释也就不相同。例如霍布森（Hobsen，公元 1858～1940 年）在《帝国主义论》一书中认为，资本主义国家消费低下和拥有剩余资本。但是资本家没有通过增加工人的工资，从而增加工人的消费能力；资本家也没有在国内投资，以促进生产。相反资本家为了追逐利润而向海外投资，于是产生“商业寄生虫”。霍布森认为，帝国主义仅仅是资本主义机能失调，发生故障而已，并非什么绝症。

俄国无产阶级的伟大领袖列宁在 1917 年出版了《帝国主义是资本主义的最高阶段》一书，提出与霍布森完全不同的观点。列宁认为帝国主义是资本主义的最高阶段，他尖锐地批判了帝国主义，指出帝国主义并不是什么机能失调，而是必将走向灭亡。因此列宁主张通过革命推翻资产阶级的统治，建立无产阶级专政的国家。在列宁这一思想的指引下，1917 年 10 月俄国爆发了革命，推翻了沙皇的专制统治，建立了世界上第一个社会主义国家。苏俄的建立，导致了世界上资本主义与社会主义的激烈斗争。这一斗争在第二次世界大战后发展为冷战。因此，1917 年俄国 10 月革命的建立，改写了 20 世纪的文明史。

思考题

1．19 世纪自然科学取得了哪些新发展？

2．19 世纪社会科学在哪些方面取得了显著进步？

3．试评达尔文的思想。

4．为什么说马克思主义是工人阶级最热爱的学说？

5. 什么是无政府主义，其代表人物有哪些？

6. 简述现代心理学的发展及其社会意义。

7. 试析 19 世纪末 20 世纪初的欧洲妇女解放运动。

8. 简评 19 世纪西方文化与世界其他地区文化的交流。

9. 试述 19 世纪末 20 世纪初欧美经济的发展情况。

10. 20 世纪初年英国工人运动出现了哪些变化？

11. 批判西方殖民主义者鼓吹的“文明使命”观。

第十章

近现代拉丁美洲文明

近代以来由于帝国主义和殖民主义的侵略，造成了拉丁美洲对西方经济的依赖，甚至在独立后，拉美的经济都不能独立；在政治上，拉丁美洲的土地寡头进行着腐败统治，对内对外进行战争，使拉美社会发展缓慢，文明程度较低。但是经过 20 世纪上半叶的改革，特别是经过 20 世纪 60 年代以来的努力，拉丁美洲的经济有了很大发展，社会取得了明显进步，拉美现代文明有了发展。

一　拉丁美洲独立后的社会与经济

1. 拉丁美洲独立后的社会

在 15 世纪至 16 世纪，拉丁美洲沦为西班牙和葡萄牙的殖民地，受到西葡殖民主义者的残酷剥削与压迫。拿破仑战争开始后，拉丁美洲进行了独立革命战争，到 19 世纪 20 年代，大多数拉丁美洲国家先后取得了独立。然而从独立后到 1870 年，拉丁美洲都没有取得经济独立与政治稳定。相反大多数拉丁美洲国家处于战乱和动荡之中，绝大多数人民贫穷，在饥饿线上挣扎。进入 20 世纪后，拉丁美洲各国都实行军事独裁，人民根本没有民主权利可言。

拉丁美洲的社会十分落后。独立前各国都实行以大土地所有制为主导的混合土地所有制。例如在墨西哥农村，实行两种土地制度：农民土地所有制和种植园所有制。所谓农民土地所有制，即农民拥有一小块土地。一般来说，墨西哥的男性农民都有一小块土地。这块土地对农民来说极其重要，它不仅是养家糊口的基础，而且象征着这个农民的社会地位。但是仅靠这块土地的收入是不能维持生活的，许多人必须到大种植园去打工、挣钱，以支付各种开销。这些开支有洗礼、婚嫁、丧葬和节假日的费用等。

种植园制，即大土地所有制，是拉丁美洲的基本所有制。土地由大地主占有。在人口众多的地区，种植园主压低工人工资。但是在墨西哥北部人口稀少的地区，工人工资一般较高。除了季节工外，大种植园都保留有长期工人和佃农。种植园主包工人的吃和住，并另付工资。长期工人都有一小块土地供自己使用。佃农则在种植园种地，秋后按一定的百分比与种植园主分成。

但是在拉美许多地方，推行着劳役偿债制。在这种制度下，雇工预先支取工资，以维持生活。在一些特殊的日子里，种植园主也向工人发放贷款，收取高额利息。一般来说，雇工都难于偿还这些债务。于是这些债务就由雇工的后代来还，代代相传。在没有偿清债务前，雇工是不可能离开种植园的。这种制度与奴隶制度相差无几。

独立后大多数拉美国家结束了劳役偿债制，但是大土地所有制仍然存在。大土地所有制的存在，阻碍了拉美经济的发展。由于政治动乱和经济萧条，拉美各国的统治阶级既无兴趣，也无余力去废除这种大土地所有制。因此拉美农村非常落后。到19世纪最后25年，由于世界市场对农产品的需要，使土地的价值提高，大种植园主更进一步征用农村公用土地，扩大种植园的规模，大种植园制得到进一步发展。

拉美独立后的政治变革不大。各国都没有实行民主制度，只有少数男性公民拥有选举权。妇女根本没有选举权，也不能担任公职，整个社会仍实行家长制。无论是在家中还是在社会上，妇女都要服从男人。农村妇女处境更为恶劣，她们不仅要做家务，还要下地干活，做推销员、店员和手工工人等等。

拉美独立后经济停滞不前。但是随着世界经济一体化的进行，世界市场对拉美产品的需要越来越大，拉美经济因此有了一定程度的发展。

2．拉丁美洲经济的发展

1870年后，拉美经济发展很快，成为一种出口型经济。拉美经济发展的原因很多，其中重要原因的有：

第一，欧洲人口的增长，刺激了对拉美农产品的需求。例如英国是一个小岛国，没有足够的土地发展农业，因此要从拉美进口大量的牛羊肉和羊毛等农产品。所以素有“南美大草原”之称的阿根廷成为了英国的牛羊生产基地。西方不仅需要拉美生产的牛羊肉，更需要拉美生产的香蕉和咖啡等农产品。欧洲也需要拉美的矿产。智利的硝酸盐和秘鲁的鸟粪，都是欧洲十分需要的肥料。因此，拉丁美洲的农业和矿产业得到迅速的发展。

第二，新技术的应用、新机器的发展和新能源的应用也推动了拉美经济的发展。例如电力的广泛应用，促进了智利铜工业的发展；汽车的发明和对石油的需求，也改变了一些拉美国家的经济状况。墨西哥和委内瑞拉成为了世界主要石油生产国之一。对橡胶的需求，使巴西亚马逊河流域的橡胶业特别发达。冰箱的发明和在运输中的运用，使阿根廷的食品加工业迅速发展。铁路的修建把拉美国家一些处于分裂状态的地方联系在一起。现代的公司、银行和投资机构在拉美各国也建立起来，把西方的剩余资本转移到了拉美国家，这对拉美经济的发展起到了积极作用。

第三，欧洲人口向拉丁美洲移民，是拉美经济发展不可忽视的一股力量。由于欧洲人口过多，以及一些欧洲人对新大陆美好生活的向往，许多欧洲人移民拉丁美洲。意大利人和西班牙人主要移民阿根廷；葡萄牙人、德国人以及少数意大利人则主要移民巴西。这些欧洲移民有较高的文化素养，许多人是熟练劳动力。他们在拉美经济发展中起到了重要的作用。

由于上述原因，19 世纪末 20 世纪初拉美经济有了较大发展。经济的发展，改变了拉美的社会结构。在拉美城市，产生了两大对立阶级：即工业资产阶级和工业无产阶级。在拉美农村，大地主和小地主的复杂关系被打破，产生了农业资产阶级和贫苦农业工人。这些变化孕育了人民主义和革命运动。

二 人民主义与革命

1．土地寡头的统治

从 1870 年至 1920 年，拉丁美洲仍然处于土地寡头的统治之下。但是在这一时期拉丁美洲逐步结束了数十年的内战，进入一个稳定时期。和平与稳定带来了经济的繁荣。例如在墨西哥迪亚士（Diaz，公元 1830～1915 年）独裁统治时期，墨西哥人均收入翻了一番；19 世纪末，阿根廷开垦的土地增加了 15 倍，全部种植出口农作物；巴西的咖啡产量增加了 3 倍多。

但是拉丁美洲的经济存在许多问题，特别是由于拉美经济依赖世界市场对农产品和矿产的需求，一旦世界市场价格波动，立即会引起拉美经济的萧条。例如1907年、1920年、1921年和1929年，都是由于世界经济危机而引发了拉美的经济危机。这些经济危机，使脆弱的中产阶级受到严重打击，使工人阶级遭受周期性的失业痛苦。为了争夺出口商品市场，拉美国家之间还发生了战争。在1879至1883年的“太平洋战争”中，智利打败了玻利维亚和秘鲁，给这两个国家的政治经济带来了数十年的不利影响。

在经济发展的同时，拉美的政治和社会也在发生进步。1889年巴西大地主和军官发动政变，推翻了巴西的君主制。但是拉美社会存在严重的社会问题，社会矛盾尖锐：寡头统治者与大地主和大工业家存在利益冲突；城市中产阶级要求政治和经济的平等；工人阶级则要求改善生活条件和工作条件等。此外，大批欧洲移民，不仅带来了欧洲的技术，而且带来了欧洲工人运动的经验。这些问题和矛盾，动摇了寡头政治的基础。

19世纪最后20年，拉美各国的寡头政府把拉美独立战争后存在的各种由大小军阀率领的游击队性质的军队改编为职业军队。在改编游击队时，开始时是由上流阶级的子弟担任军官。但是在1900年以后，政府允许移民子弟和中产阶级的子弟担任军官。而中产阶级的子弟都把军队当成向上爬的阶梯。这样不久军队就成为了一支独立的力量，支配着拉美的政治生活。

影响拉美历史发展的还有一个因素，即美国取代英国成为了对拉美影响最大的国家。除了阿根廷外，拉美各国的最重要贸易伙伴与投资国都是美国。美国在1823年就宣布了“门罗宣言”，开始向拉美扩张。在1898年美西战争之后，排挤了西班牙在拉美的势力。在1914年巴拿马运河修成后，美国为了保护其在拉美的利益，充当了拉美地区的警察，不断对墨西哥革命和对加勒比海地区进行军事干预。拉美各国统治者与美国的关系不断变化，有的政府反对美国的侵略与剥削，有的又与美国进行勾结，出卖国家利益，使拉美对外关系呈复杂的局面。

2. 人民主义与革命

20世纪开始时，拉美各国在政治上的进步比较缓慢。选举权要由人们的文化、财产和性别来决定。但是随着工人阶级和中产阶级力量的增大，拉美国家的寡头统治面临危机。在这种情况下，有的拉美国家的寡头政府作了让步，例如阿根廷与智利政府作了让步，给了人民较多的政治权利，开始改善工人阶级的生活条件和工作条件。在墨西哥，下层人民举行了革命。但是在巴西，由于保守势力顽固，寡头政府一直存在到第二次世界大战之后才结束。

20世纪上半叶，出现了人民主义。所谓人民主义是指中产阶级和工人阶级要求拥有选举权，参与国家政治生活。在阿根廷，人民主义的领袖是庇隆（Peron，公元1895～1974年）。庇隆是一位上校军官，得到工会、工业家和军队中中产阶级出身的军官的支持。他推翻了寡头政治制度，分配了土地寡头的土地，进行了其他一些政治经济改革，推动了阿根廷历史的发展。但是庇隆的政策损害了大资产阶级的利益，在大资产阶级的支持下，1955年阿根廷发生军事政变，庇隆被迫下台。此后阿根廷军事政变不断，直到20世纪80年代末才告结束。

从20世纪60年代开始，拉美流行"发展主义"。所谓发展主义是指不仅要发展经济，而且更要进行社会变革，要从结构上改革现存社会制度。发展主义在阿根廷不断深入人心，推动着社会的进步。20世纪90年代后，在冷战结束和国际形势变化的情况下，阿根廷与大多数拉美国家一样，军政府"还政于民"，开始了文官政府统治的时代。在文官政府统治下，拉美的政治经济都有了迅速发展。

智利走的是一条与阿根廷不同的改革道路。智利人民有光荣的斗争历史。在20世纪初，智利工人阶级就进行了10年的罢工。但是这次罢工遭到镇压而失败。于是工人运动消沉下来。1920年当选总统的阿尔萨德雷（Alessanderi，公元1868～1950年）反对一切改革，因此在1924年被一群年青军官领导的政变推翻。政变军政府推行了一些资产阶级政策，进行了具有深远历史意义的改革，为智利后来的发展奠定了基础。

1932年，智利曾宣布成立社会主义共和国，但是这个共和国仅仅存在了12天就宣告失败。在20世纪30年代末和第二次世界大战中，智利工人阶级与中产阶级联合组成人民统一战线，进行改革。但是他们的改革也因遭到土地寡头的反对而失败。

第二次世界大战后，智利共产党和社会党进行过多次联合，进行改革。但是由于美国支持智利反动势力，所以他们的改革都失败了。1970年社会主义者阿连德担任总统，实行了有利于工人阶级的政策，实行国有化和土地改革，试行智利模式的社会主义道路。但是由于当时智利的经济形势不利于阿连德政府，在美国支持下，智利军人发动政变，成立了以皮诺切特为总统的军政府。皮诺切特政府残酷镇压不同政见者，实行恐怖政策。但是皮诺切特政府实行自由市场经济政策，取得较大成功，创造了所谓"智利经济奇迹"。

与阿根廷和智利不同，墨西哥走的是一条革命道路。墨西哥的上层并没有形成统一战线来反对下层阶级。而且由于1910年的经济萧条，引起了上层人士之间的经济冲突，使统治阶级分裂。因此1911年墨西哥爆发了推翻迪亚士领导的寡头政府的革命，建立了资产阶级民主政府。墨西哥政府制定了1917年宪法，其内容包括重分土地，通过进步的劳工法，使政治制度民主化等。这部宪法的民主原则和保障人民的经济权利和文化权利等思想，对墨西哥历史和世界历史发生了深远影响。

在拉美的其他地区，也发生了变化。例如1959年古巴发生了革命，由菲德尔·卡斯特罗领导的起义者推翻了巴蒂斯塔独裁政权，建立了社会主义国家。各国统治者由于害怕共产主义革命的爆发，在古巴革命后都实行军事独裁统治。美国担心古巴革命革命传播到拉美各地，也就支持各国的独裁军政府。直到20世纪90年代冷战结束后，拉美各国才又采取文官政府的形式。

3. 当代拉丁美洲的社会和文化

拉美的出口型经济深刻地影响着拉美的社会和文化。世界经济制约着拉美经济的发展，使拉美的社会不断发生动荡。

尽管拉丁美洲经济有过一定的繁荣时期,但是从总体上看,工人阶级的生活水平没有提高,并且在不断恶化。从20世纪60年代中期以来,工人生活的恶化特别明显。为了得到发展经济所必需的资金,在20世纪70年代,拉美国家借了大量外债。拉丁美洲国家仅仅为了偿还外债就要用去国民收入的很大部分,因此留给发展工业、农业和公共工程的资金就几乎没有了。拉美国家的通货膨胀率很高,有时超过1000%。通货膨胀毁坏了人民的存款和投资,使中产阶级破产。而贫富之间的差距,在不断扩大。

目前绝大多数的拉美人口生活在城市。只有中美洲与巴拉圭有半数以上的人从事农业。但是在城市中，大量人口失业。甚至在工业化程度比较高的墨西哥与巴西，也没有足够的工作来满足就业的需要。在大城市的郊区，到处是贫民窟。许多地方没有卫生设施、公共设施或学校。这样，当这些孩子长大后，他们自然也就加入失业大军。

在政治上，虽然拉美各国都进行了改革，但是并不彻底。例如到了20世纪中期，拉美绝大多数国家的妇女仍然没有选举权。虽然在墨西哥北部，女工可挣得相当的工资，但是贫民和中产阶级妇女的社会地位并没有改变。上述拉美社会的发展，在文学艺术中有深刻的反映。

巴西小说家若热·亚马多以农村生活为题材所写的小说三部曲《天边的土地》、《黄金果的土地》和《饥饿的道路》，对下层人民的遭遇寄予深切的同情，对地主阶级的暴行和帝国主义的剥削压迫作了彻底的揭露。他的反映巴西南部社会生活的系列小说《时间与风》对地主阶级的贪婪作了入木三分的刻画。

哥伦比亚小说家加百列写了许多童话，批判了上层阶级的暴政。他的小说

《隐居的100年与主教的秋天》，描写了巴西人民在19世纪90年代起义时遭到统治阶级残酷镇压的场面，再现了巴西历史上那一痛苦的时刻。

墨西哥作家阿苏埃拉（Azuela，公元1873～1952年）共写了20部小说，几乎纪录了墨西哥历史和社会的每一方面的内容，包括从革命初期的动乱到革命引起的社会后果。他的著名作品《在底层的人们》（1916年），再现了墨西哥革命的真实情况，开了墨西哥现实主义文学的先河。在革命后，他又写了许多批判新政权的小说，其中最著名的有《财阀》（1917年）和《苍蝇》（1918年）等。从19世纪到20世纪，拉丁美洲诞生了几十个世界著名的伟大文学家。

在绘画艺术上，拉美的成就也令世人刮目。拉美绘画艺术的特点是以现实主义手法，再现历史和社会生活的发展，充满激情和鼓舞人的力量。墨西哥画家的作品堪称拉美绘画艺术的代表。西凯罗斯（Siqueiros，公元1896～1974年），是墨西哥著名的油画家和壁画家，其代表作有《只有我们这条路》等，描绘了墨西哥的革命历史。他在墨西哥城国立历史博物馆作的壁画《从波菲里奥的独裁到革命》，以及《人类的进军》都是宏伟的画卷，再现了墨西哥的历史和社会。

里维拉（Rivera，公元1886～1957年）的作品《人类在十字路口上》和他未完成的著名墨西哥史诗壁画反映了他追求社会进步的思想。而塔马约的作品《人体》和《夜间妇女》等则主要反映墨西哥社会生活。

上述三个艺术家作品的共同点，都反映了贫穷并不能摧毁墨西哥人民争取民族解放和社会进步的思想，歌颂了墨西哥人民创造历史的伟大精神。

这一时期拉美的文明在世界文明中占有重要的地位，它受到了西方文明的冲击，但是基本上是在拉美传统文明的基础上发展，因此保持了近代拉美的传统和民族特色。

思　考　题

1. 为什么拉美国家在取得独立后，社会经济的发展仍然十分缓慢？
2. 1870年后，拉美经济得到很大发展，其原因是什么？
3. 什么是人民主义，其产生的历史背景如何？
4. 独立后，墨西哥为什么没有进行改革而发生了革命？
5. 什么是发展主义？以史实加以说明。
6. 试析20世纪拉美军事独裁统治的社会历史根源。
7. 简述20世纪拉丁美洲国家文化的发展概况。
8. 20世纪墨西哥文化艺术反映了怎样的社会现实？

第十一章

近现代非洲文明

近现代的非洲，是一块多难的大陆，遭受了殖民主义和帝国主义的残酷掠夺。在近代早期，通过奴隶贸易，非洲被纳入了世界经济和贸易体系。接着欧洲殖民者开始定居非洲，特别是定居南部非洲。殖民者在非洲通过传教士进行文化活动，因此近现代非洲文明受到西方教会的较大影响。但是基督教传入非洲，却被非洲人民赋予了新的内容，成为非洲人民争取民族解放的一种工具。与此同时，伊斯兰教在非洲也得到迅速发展。欧洲文明、亚洲文明与非洲传统文明的融合，使非洲近现代文明内容丰富、绚丽多彩。

一　多难的大陆

1. 奴隶贸易

新大陆发现后，欧洲人到了非洲。然而在相当长的时间内，欧洲人只在非洲沿海地区活动，而没有深入非洲内陆。欧洲人之所以没有深入非洲大陆内地，主要原因是非洲缺乏内海，加上疾病流行，难于进入。非洲与欧洲的贸易主要由葡萄牙人来进行。到16世纪后半叶，英国和荷兰排斥了葡萄牙，在非洲海岸建立了永久性贸易据点。英国和荷兰的贸易公司主要从事黄金、胡椒、象牙和橡胶等产品的贸易。但是由于只有少数欧洲人愿到非洲，所以欧洲与非洲的贸易量不大。

1650年后，欧洲人发展了与亚洲的贸易关系，欧洲与非洲的贸易更加减少。因为欧洲人到亚洲不易生病，而欧洲人到非洲常常因患上热带病而死亡。既然欧洲与亚洲贸易可以得到同样廉价的热带产品，欧洲人对非洲的兴趣就大减。这样，非洲与欧洲的贸易就出现了赤字。非洲与欧洲的贸易需要支付黄金。但是非洲除了黄金海岸外，缺乏黄金。这时欧洲殖民者为了扩大在南美洲的种植园，需要非洲大陆的奴隶。非洲的统治者就用奴隶交换欧洲的工业品，于是黑奴贸易就发展起来。

奴隶贸易是一种三角贸易，以英国为例：英国把工业品运往非洲，换取奴隶；然后用奴隶到美洲交换糖、烟草和棉花等产品，运往英国出售，从中牟取暴利。奴隶贸易从17世界初开始，1800年达到高潮，到1860年基本结束，经过了两百多年的历史。但是奴隶贸易的结束，并不是欧洲人的慈悲，而是世界经济发展和废奴运动的结果。

由于工业革命的发展，机器很快代替了人力。欧洲不再需要黑人奴隶作为劳动力，而美洲对黑人奴隶的需求也在减少。但是使奴隶贸易结束的直接原因是欧洲开展了废奴运动。随着社会的进步，欧洲许多人看到黑奴贸易的不人道性。19世纪西欧人对人权开始重视。启蒙主义运动主张保卫人权，法国大革命更宣布了人人生而平等的原则。启蒙思想家孟德斯鸠和卢梭就公开指责奴隶贸易。他们认为奴隶贸易和在种植园中使用奴隶腐蚀了西方文明。

这时在文学作品中产生了许多反对奴隶贸易的作品。在这些作品中，作家们开始把奴隶称为人。他们认为奴隶是人，就应该有人的尊严、生命和自由。苏格兰启蒙主义者更从理论上阐明了奴隶贸易是不人道的，应该废止。他们认为奴隶贸易是非理性的，在道德上是不能容忍的，在经济上是落后的。著名经济学家亚当·斯密论证说，因为自由劳动力比奴隶工作更有积极性，因此奴隶贸易不仅在伦理上是邪恶的，在经济上也是愚蠢的。

这时过去一直支持奴隶贸易的基督教徒也开始反对奴隶贸易。过去基督教徒认为奴隶贸易是合乎自然的。但是到了18世纪，许多新教徒提出既然在天堂人类是平等的，那么在人间人类为什么会不平等呢？他们论证了在人间人类也应当平等。由于奴隶制度否认了平等，因此是罪恶的。

到1780年前后，由于工业革命已经进行到开始用机器代替劳动力的时代，于是上述三股力量就形成了反对奴隶贸易的合力，在欧洲出现了废奴运动。这一运动首先影响了英国政府，使英国政府开始考虑废除奴隶贸易的问题。1772年，英国首席大法官宣布，任何奴隶，只要踏上英国土地，就已经自动获得了自由。1783年，英国贵格派教徒组成了废奴委员会，向英国政府请愿，要求废除奴隶贸易。正在这时，发生了一件奴隶贸易史上最令人震惊的残酷事件。

英国一艘名为“踪”（Zong）的奴隶贸易船驶入大西洋后，船主以该船食物和其他物资供应告罄为名，把132名奴隶丢人大海淹死。按当时的法律，这种行为是合法的。由于船主曾把这些奴隶作为财产买了保险，因此船主要求保险公司赔偿其损失。然而调查的结果表明，船主这样做并非是由于食物短缺，而是由于船上暴发了痢疾。丢到大海的奴隶，都是病人。

“踪”号奴隶贸易船的这种不人道的做法，使英国舆论大哗，使贵格教会在废奴运动中得到了许多同盟者。1787年贵格教徒把“废奴委员会”改名为“废除奴隶贸易协会”。在舆论的压力下，1788年英国议会设立了一个委员会调查奴隶贸易。1789年，12岁时曾经被贩卖为奴，后来获得了自由的贝宁黑人作家埃奎亚诺（Equiano，公元1750～1797年）出版了其自传《奥劳达赫·埃奎亚诺一生趣闻录，或非洲人古斯塔乌斯·瓦萨》，对从事奴隶买卖的非洲人进行了抨击。该书的出版，使废奴运动掀起了高潮。

然而法国革命的爆发，推迟了英国废奴运动的步伐。法国革命后，海地黑人发动起义。海地黑人的起义吓坏了英国统治阶级，他们感到解放奴隶会带来社会混乱和恐怖。因此英国不愿实行任何改变财产关系的变革。这样奴隶贸易就仍然继续进行着。

到19世纪初年，大英帝国内经济形势发生了巨大的变化。英国在加勒比海地区的产糖殖民地的生产受到拉丁美洲的马提尼克岛、瓜德罗普岛和海地岛的强烈竞争。而且多米尼加等地所产的糖比英属圭亚那等加勒比海殖民地的糖便宜。英国感到没有必要再运奴隶去英属圭亚那等殖民地作劳工。在这种情况下，英国统治阶级认为奴隶贸易应该停止。

1805年，英国通过了禁止奴隶贸易法令。接着美国在1806年，荷兰于1814年，法国于1815年先后颁布了废除奴隶贸易的法令。1835年后英国还派出军舰巡逻，以制止奴隶贸易。

奴隶贸易虽然停止了，但是它带给世界的影响却是非常巨大的：奴隶贸易破坏了非洲正常的社会经济发展，给非洲人民带来了深重的灾难；在欧美的非洲黑人及其后代，把非洲文化带到欧洲和美国，对西方文明的发展产生了重大影响。

2．布尔人、英国人与南非

西方除了进行奴隶贸易外，还直接向南部非洲移民，建立白人统治的定居点。这一行动最先是由荷兰东印度公司开始的。荷兰东印度公司建立于1602年，主要从事对亚洲的掠夺性贸易。该公司的船只在驶往亚洲的途中，需要有一个具有战略意义的地方作为中继站，给船只增加补给。最重要的战略补给点就是南非的好望角。

17世纪中期，荷兰东印度公司决定在好望角建立定居点，让公司雇员在此种植蔬菜和水果，以供应过往的船只。于是荷兰东印度公司开始组织移民，建立了开普敦镇。1657年，东印度公司把开普敦殖民地的土地分配给公司雇员，同时大量从荷兰向开普敦移民。这些开普敦最初的荷兰人被称为自治市民。好望角的土著居民为霍姆人，从事打猎和放牧业。荷兰人入侵后，强迫他们充当农业劳工。1670年后，荷兰东印度公司为了寻求更多的肉类供应，开始向内陆扩张。

荷兰人移民开普敦给非洲人带来巨大的灾难。除了强占霍姆人的土地、对他们进行剥削和压迫外，荷兰人带给霍姆人的最大灾难是天花和其他非洲没有过的疾病。荷兰人带来天花后，由于当地的霍姆人没有免疫力，所以大批霍姆人死亡。为了躲避天花而逃到内地的霍姆人又把天花传到内地，造成南非霍姆人死亡过半的后果。荷兰人又从东非和马来西亚进口了一些奴隶，他们和霍姆人一起构成了当地的有色人群。这些变化，摧毁了霍姆人的文化，使霍姆民族走向衰落。

在上述发展中，荷兰的自治市民又发生了变化，成为一种全新的人。在他们定居后的前30年，其农业生产主要靠霍姆人和进口的奴隶，白人人口的增长很慢。然而1685年法国国王路易十四取消了南特赦令，迫害新教徒，使得成千上万的法国胡格诺教徒逃出法国，移民开普敦。在这些人中，有许多具有特殊技能的人。他们中有车辆制造工人、地毯工人、工程师、玻璃工人和各种各样的手艺人。在他们的努力下，开普敦发展成为一个以生产小麦、酒和蔬菜为主的自给自足的农业社会。

到1700年，定居者日益增多，远远超过了荷兰东印度公司的有限需要。而该公司从重商主义的政策出发，又不允许这些定居者为世界市场而生产。这样使开普敦在经济上处于困境。于是许多白人移民就离开开普敦，向其他霍姆人居住的地方扩张。他们赶走霍姆人，强占霍姆人的土地，成为新的大农场主。这些人组成新的农业社会，被称为布尔人。

布尔人主要靠经营畜牧业而生存。在宗教上，他们信奉加尔文教。他们是新教徒。但是由于他们居住之地与外界隔绝，没有受到18世纪启蒙主义的影响。加上大部分荷兰移民是农民，他们的文化水平极低，只有背诵《圣经》的水平。因此他们的管理水平和发展眼光都很低。他们既没有建立真正意义上的城市，也没有培养出自己的知识分子。但是在农业生活中，他们的语言开始变化。他们从当地霍姆人和他们的奴隶那里借用了一些词汇，发展为一种新的语言，即“南非公用语”。

特别重要的是，布尔人社会等级严格，而社会等级与种族一致：在上层的是白人；中层是低收入的霍姆人和有色人中的农场工人，他们被认为是定居白人的附庸；在社会最底层的是奴隶。在布尔人社会，每一个生于南非的荷兰人或其他国家的欧洲人都最少有一到两个奴隶。这些奴隶或者是从荷兰东印度公司得到的，或者是从国外进口的。布尔人不断扩张。到18世纪70年代，布尔人已经从霍姆人居住的地区扩大到说班图语的柯萨黑人居住的东海岬地区。布尔人派出传教士到这些地区去传教，并娶当地女子为妻。同时布尔人向这些地区扩充，不断发生与柯萨人的冲突。

但是拿破仑战争改变了南非的发展方向。英国以打击法国的世界贸易为借口，于1795年占领了开普敦。1811年英国派兵侵入柯萨人地区，杀死大批柯萨人，赶走了8万人，侵占了柯萨人大片土地。但是英国也反对荷兰定居者的陈旧制度，引进了新殖民主义的有效的官僚机构和法治。英国的这种做法引起了布尔人的愤怒。

1835年，4 000名荷兰定居者和他们的几千名有色工人和奴隶，离开开普敦到南非的东部，沿奥伦治河北上以躲避英国人。这些荷兰定居者打败了当地的祖鲁族黑人，占领了他们的土地，建立了荷兰定居者的独立政府。而英国人认为这些荷兰人占领的仅仅是一些不毛之地，没有战略价值，不必浪费钱财去阻止他们。英国人还认为这些荷兰定居者已经被封闭在内陆，构不成对英国的威胁。这就给这些定居者以机会，为布尔人在南非的发展奠定了基础。

后来英国与布尔人在1899年至1902年发生了战争。在这次战争中虽然布尔人失败了，但是在战后成立的南非联邦中，布尔人却占多数。布尔人很快取代英国人成为南非的统治阶级。在布尔人统治的南非，执行着种族主义的政策。南非黑人为了争取平等权利，进行了长期的斗争，直到20世纪90年代，南非黑人才赢得胜利。

二　近现代非洲文明

1．非洲的革命

19世纪末，欧洲各国瓜分了非洲。除了埃塞俄比亚之外，几乎整个非洲都在欧洲人控制之下。欧洲人的入侵，引起了当地社会的急剧变化。

帝国主义国家在瓜分非洲时，把1万多个非洲人家族、酋长领地和各种大小不同的国家，缩小和组成了40个左右的新领地和新国家。这种人为的领土划分，给非洲各国留下了复杂的家族、民族和社会问题，给20世纪非洲的发展带来了巨大的阻力。欧洲殖民者残酷剥削和压迫非洲人民，推销单一经济制度。在一些国家，欧洲殖民者强占非洲人民的土地，成为大农场主，经营农牧场；在另一些国家，则要非洲农民为世界市场生产，强迫他们到矿山和种植园工作。到1914年，欧洲殖民者的上述政策，彻底改变了非洲人民的生活。绝大部分非洲黑人已经告别了传统生活，成为低工资的农业工人或工人。他们没有政治地位，经济地位低下，处于社会的底层。

非洲人民不甘心受殖民者的统治，进行了英勇的斗争。到第一次世界大战时，他们的斗争已经发展成争取民族独立的斗争。到第二次世界大战结束后，非洲人民争取独立的斗争达到了高潮。欧洲殖民者由于在第二次大战中受到了严重的削弱，无力抵抗非洲人民的斗争。因此在20世纪60年代，被迫先后同意了大多数非洲国家的独立。到20世纪80年代，仍然受到白人殖民统治的少数非洲国家，如罗德西亚（津巴布韦）等也先后获得了独立。到20世纪90年代，南非黑人取得了与白人一样的平等权利。

除了政治变化之外，近现代非洲的宗教变化也极其巨大。广大非洲人民大都放弃了原始宗教，接受了基督教和伊斯兰教。这种信仰的改变，有助于非洲新民族主义的形成，使非洲人从狭隘的部族观念中解放出来，从整个民族利益的基础上去反对欧洲殖民主义的侵略。

2. 非洲的基督教

基督教并非非洲本土宗教。由于欧洲殖民者的入侵，基督教传入非洲。基督教传入非洲后，得到迅速传播。到1914年，非洲约有700万基督徒。基督教传入非洲，是西方文明影响非洲的一个表现。但是与殖民者的期望相反，非洲人没有成为基督的奴隶，反而用基督教反对欧洲人的殖民统治。

基督教对非洲人的影响，远远超过了宗教思想本身。他们接受了西方的价值观，用西方价值观去教育儿童。在可能的情况下，他们都穿西服配领带。他们也接受了基督教徒为个人经济发展而奋斗的思想。但是非洲人皈依基督教后，给予了基督教新的解释。非洲人认为，基督教教义的核心是在上帝面前人人平等，因此黑人和白人应该一样平等。但是白人并没有遵循基督教的这一原则。为了平等，非洲基督教徒要求自己的权利，要求像欧洲人一样生活。因此他们开展了反对殖民主义的斗争。

基督教是在19世纪传入非洲的。第一批非洲人皈依基督教后，就成为传播基督教的主力。皈依基督教的非洲人主要分布在西非和南非。在这些非洲人基督教徒中，操约鲁巴语的尼日利亚人传教最为得力。其中有的人是被贩卖到美洲的奴隶。由于当时英国已经宣布废除奴隶贸易，并且已经派出军舰巡逻，以制止奴隶贸易，所以这些黑人被英国海军从海上救出后，被送往西非海岸的塞拉利昂定居。在那儿，这些非洲人都皈依了基督教，受到英国式的教育，接受了19世纪英国的价值观。许多人已经西化，有的人甚至采用了英国人的名字。这些人很快成为非洲知识界的领袖。他们在非洲开办了西式学校、教堂和贸易公司。

19世纪80年代，这些约鲁巴人中的许多人决定回到自己的祖国尼日利亚。他们回去后，就把基督教传到了尼日利亚。基督教特别受到已经欧化的中产阶级和商人的欢迎。

1860年，这些约鲁巴人在塞拉利昂建立了第一所黑人中学，办起了第一家黑人医院。随着教育的发展，基督教的传播加快。非洲人西化的过程也在加快。然而矛盾的是，当英国在非洲建立了殖民统治之后，这些西化了的黑人知识分子，就成为了反对殖民统治的领导人。这一事实说明，非洲人皈依基督教，是非洲人努力学习西方文明的优秀成分，以便为非洲人的利益服务。当西方殖民者进行殖民统治时，他们就会为非洲的利益而战斗，捍卫非洲的独立和主权。

19世纪西非被解放的奴隶，不是惟一皈依基督教的非洲人。在南部非洲和东部海岬地区也发生了类似的情况。由于英国的入侵以及英国与豪萨族人的贸易，使许多豪萨人受到了英国传教士的影响，从而皈依了基督教。他们采取了西方的价值观。19世纪末在赞比亚河流域，基督教得到广泛的传播。

19世纪末，由于欧洲殖民统治的建立，加上医药的进步，特别是发明了奎宁，使大批传教士积极到非洲传教。这些传教士从种族主义出发，认为非洲人是异教徒，需要欧洲人去拯救他们。传教士受到殖民政府的保护，所以在全非洲都建立了传教点。此后基督教的传播，就主要由欧洲传教士来进行。

由于欧洲传教士同时还带去了医药、农业技术，并发展教育事业，因此吸引了许多非洲人。越来越多的非洲人放弃了原有的宗教而皈依基督教。从20世纪初开始，基督教在非洲的信徒不断增加。在非洲，白人控制的基督教会有卫理公会、浸礼教会和天主教会。但是大多数黑人都参加由非洲人自己组织的基督教会。

从19世纪80年代起，非洲人的基督教会多被称为分离主义基督教会，并且成为了非洲民族解放运动的领导力量。他们所起的作用，正如美国黑人教会在反对种族隔离斗争中所起的作用一样。作为一个集团，非洲人基督教会以“埃塞俄比亚教会”闻名于世。他们之所以得此名称，是因为埃塞俄比亚在1896年打败了意大利侵略者，捍卫了国家的独立。所以非洲人基督教会将像埃塞俄比亚一样，争取和保卫非洲的独立。

在非洲人基督教会中，最重要的教派是“锡安山教派”。这个教派得名于耶路撒冷的锡安山。该教会绝大多数人没有文化，未受过教育，大量贫苦的妇女都参加了这个教会。“锡安山教会”强调治愈不幸是基督教精神的核心，因此引起了穷人和被压迫者的共鸣。现在越来越多的黑人正在加入这类教会，从中寻求精神寄托和治愈感情所受的创伤。

埃塞俄比亚教会和锡安山教会在领导非洲人民争取独立和自由的斗争中，发挥着十分重要的作用。除了基督教外，非洲另一个重要的宗教是伊斯兰教。

3. 非洲的伊斯兰教

在非洲，比基督教更有影响的是伊斯兰教。伊斯兰教传入非洲有漫长的历史。从公元9世纪起，伊斯兰教就传入了非洲，但是其影响还比较小。19世纪伊斯兰教迅速在非洲传播开来。到1914年，非洲的伊斯兰教徒就有大约7 000万人。非洲伊斯兰教徒主要分布在西非、北非、苏丹、东非和中非。

伊斯兰教19世纪在非洲得到迅速传播的原因主要有两点：第一，19世纪在苏丹地区发生了革命，广大群众被组织到伊斯兰教的“起义”中来，反对殖民主义的统治和封建压迫；第二，东非伊斯兰教徒斯瓦希里人在开辟东非海岸的新商路中，传播了伊斯兰教。

在苏丹地区影响最大的是伊斯兰教泛神论神秘主义。这种理论认为教徒可以直接与真主交往，因而吸引了大批寻求解放、反对人间压迫的人。许多非洲人很快转向伊斯兰教泛神论神秘主义教派，其中以农村人口最多。在城市，占优势的是正统伊斯兰教，其信徒主要是城市统治阶级和商人。

由于伊斯兰教国家政教不分，而在非洲伊斯兰教又得到人民广泛的支持，因此伊斯兰教在动员人民采取政治行动、反对殖民主义和封建压迫方面，有极大的号召力。

伊斯兰教泛神主义者要求改革和纯洁伊斯兰教。在西非的伊斯兰教泛神论神秘主义教徒的活动从撒哈拉沙漠向南，通过西苏丹地区，然后沿尼日尔河流域，一直延伸到尼日利亚森林地区。在伊斯兰教神秘主义的传播过程中，伊斯兰教泛神论神秘主义变得更加政治化。他们批评以城市为基础的政治领导人为异教徒，指责他们没有实行伊斯兰教原则的热情。

由于伊斯兰泛神论神秘主义教派的政治性和革命性，使它得到了长期受压迫的广大牧人的支持。这些牧人被迫交纳沉重的税，他们认为这是统治者强加给他们的。因此他们要进行反对。泛神论神秘主义教派的主要领导人是奥斯曼·丹·弗迪奥，简称谢赫。谢赫生于豪萨族戈比尔国（今尼日利亚西北部）的马拉塔。由于他对封建统治者的批评，从而得到豪萨族农牧民的拥护。人们把谢赫看成是盼望已久的救世主"马赫迪"。

当谢赫得知戈比尔国王将要镇压他和他的教派时，就率众逃跑了。1804年他组成骑兵，成立了哈里发国家Sokoto。接着他宣布发动反对戈比尔国王的起义。1808年，谢赫的骑兵攻陷了戈比尔国的首都阿尔卡拉瓦。谢赫的胜利开始了非洲人在该地区建立伊斯兰国家的进程。各地豪萨人以谢赫为榜样，成功地组织了反对统治他们的政府的"起义"。在宗教外衣下，豪萨人开展了广泛的政治运动。

在19世纪前20年，谢赫建立的国家政治制度得到发展。这些新国家的领袖取代了过去的酋长，代表真主在世界上进行统治。虽然绝大多数豪萨人的领袖没有严格采用谢赫的伊斯兰主义，但是从1804年后他们开展了60余年的"起义"。

在东苏丹地区也发生了同样的宗教改革运动。东苏丹的历史和地理环境虽然与西部非洲不同，但是伊斯兰教泛神论神秘主义教派却早已传入这一地区，并扎下了根。在19世纪20年代，埃及为了占领东苏丹，派出一支军队侵入了东苏丹地区，并建立了殖民统治。埃及殖民当局对当地人民进行残酷的剥削和压迫。殖民政权不仅征收很高的税，还把非穆斯林居民抓来当奴隶。其中妇女作为佣人或小老婆，男子则大部分成为埃及军队的士兵和奴隶。由于该地区缺乏自然资源，所以奴隶贸易、象牙贸易成为该地区经济的一个重要组成部分。

到19世纪60年代，东苏丹的情况发生变化。埃及总督伊斯迈尔为了使东苏丹西化和结束奴隶贸易，于1869年派英国探险家贝克到苏丹担任总督，以镇压奴隶贸易。4年后，由查尔斯·戈登（公元1833～1885年）接任总督。戈登到任后，一方面下令解散用于抓捕黑人的捕奴队，另一方面又宣布由国家垄断象牙贸易。象牙是该地区最重要的商品之一，由殖民政府垄断象牙，就损害了广大东苏丹商人的利益，因而造成人们对殖民政府普遍不满。在实践中，上述两项措施引起了经济的衰落和政治局势的紧张。

于是在1881年爆发了苏丹"马赫迪"起义，起义的领导人是穆罕默德·阿赫迈德（公元1848～1885年）。阿赫迈德是一个谜一般的人物。他宣称自己是马赫迪，要求纯洁伊斯兰教。他号召受到贫困打击的苏丹穆斯林起来反对埃及人的殖民统治，很快得到了苏丹人民的拥护。1881年他宣布进行起义。英国为了其在非洲的利益，于1882年派兵占领了埃及。但是英国出兵埃及并没有吓倒阿赫迈德，他继续进行起义。1883年1月，他领导的起义军打败了驻扎在苏丹的埃及军队，控制了苏丹大部分地区。

1884年，他率军打到红海沿岸。同时他向占领埃及的英国当局提出，要求他们下令撤出残存在苏丹的埃及军队。但是戈登拒绝撤退，率军固守苏丹首都喀土穆。经过激烈的战斗，1885年1月16日阿赫迈德的军队攻克了喀土穆，戈登被起义军杀死。戈登死后的第二天，英国就直接出兵侵入苏丹。其后不久阿赫迈德不幸战死，起义军由他的助手阿卜杜拉率领继续战斗。然而由于英军装备先进，起义军武器落后，在英军的镇压下，这次起义最后失败。

阿赫迈德领导的苏丹人民大起义虽然失败了，但却对伊斯兰教在苏丹的传播起了非常重要的作用。因为这次起义是以起义的形式进行的，得到了苏丹人民的热烈响应。阿赫迈德起义失败后，他关于改革伊斯兰教的主张继续在苏丹流传，整个苏丹地区继续以起义的形式来传播伊斯兰教。

在东非和中非，伊斯兰教的传播却采取了和平得多的形式。信奉伊斯兰教的斯瓦希里商人在东非海岸进行象牙和奴隶贸易。东非商人发现与伊斯兰教徒打交道要比与非伊斯兰教徒打交道容易。因为伊斯兰教徒按照伊斯兰法规办事，更容易解决双方存在的争端和达成妥协。就这样许多东非商人和统治阶级都皈依了伊斯兰教。到1890年，伊斯兰教已经在东非建立了巩固的社会基础。到20世纪，越来越多的东非和中非人放弃原有的信仰皈依了伊斯兰教。伊斯兰教成为影响非洲社会发展的重要宗教之一。

4．非洲传统文化与世界现代文化

欧洲殖民者侵入非洲后，推行西方价值观，再加上基督教和伊斯兰教的传播，使非洲的传统宗教和文化遭到了破坏。只有在撒哈拉大沙漠以南的广大农村地区，由于偏僻和地形复杂，交通不便，所以仍然保留了自给自足的自然经济、原始宗教和文化。

非洲原始的宗教正在受到基督教和伊斯兰教的冲击，影响逐渐减小。而非洲文化在欧洲和亚洲宗教文化的冲击下，则开始发展，并且与欧亚的宗教文化开始了融合。在这个过程中，非洲传统的宗教和文化对世界文化发生了巨大的影响。

非洲文化对现代文明影响最大的是黑人音乐和舞蹈。非洲地域辽阔，各部族的文化传统各有特色。在音乐上千差万别，多彩多姿。其中西非和中非的音乐节奏复杂、富于变化。东非和南非则以鼓声为特点，其鼓声调性明确、节奏明快。在舞蹈上，黑人舞蹈丰富多彩，有面具舞、敬神舞、驱邪舞、割礼舞、葬礼舞、狩猎舞和耕种舞等。黑人的舞蹈欢乐奔放、气氛热烈，特别是有时伴以叫喊声，独具特色。黑人女性舞姿轻盈柔曼、极有韵律、动作精巧，但又有热情；男性则动作有力、强劲和骠悍。传统黑人音乐和舞蹈与现代西方音乐的融合，就产生了为世界人民热爱的新形式的音乐和舞蹈。

在西方文化冲击下，非洲产生了独特的非洲现代文学。在非洲现代文学中，最有代表性的是诗歌和小说。非洲文学受到西方文学的影响，特别是在表现形式上采取了西方的表现方法。但是非洲人民却用新的文学形式去反映他们的悲惨生活，歌颂正义的民族解放运动。非洲著名的诗人有塞内加尔的列奥波尔德·桑戈尔和莫桑比克的路易·德·诺罗尼亚（公元 1909～1943 年）等。桑戈尔 1948 年编辑出版了《黑人和马尔加什人法语新诗选》一书，该书的出版标志着黑非洲文学的诞生。桑戈尔的诗集《阴影之歌》和《夜曲》等，继承了非洲古老的文化传统，内容丰富，充满了爱国主义精神，具有浓烈的乡土气息。诺罗尼亚的诗《起来，行动吧!》，更表现了非洲人民争取民族解放的时代精神。

黑非洲的现代小说也发展得很快。黑人小说家不仅歌颂了黑人争取民族解放的斗争,而且深刻分析了在黑人争取民族解放运动中值得注意的问题,很有政治影响。例如祖鲁族作家约翰·杜贝的长篇小说《黑人的敌人就是他自己》,列举了在黑人解放运动中存在的种种问题。这部小说在非洲民族解放运动中十分有影响。黑人现代著名小说家还有巴苏托作家托马斯·莫福洛和祖鲁族作家马赫玛·富泽等人。

现代非洲的其他传统艺术也仍然在发展。例如非洲的雕刻艺术仍然闻名于世。

总之，非洲传统文化与西方文化的融合，产生了新的为非洲人民喜闻乐见的艺术形式，其中有的艺术形式和西方艺术结合，产生了为西方各国乃至世界人民喜爱的新艺术形式。爵士乐和摇滚乐就是非洲文化与西方文化融合的产物。

思　考　题

1. 什么是奴隶贸易，奴隶贸易兴衰的原因是什么？
2. 试述布尔人的社会结构。
3. 简析英布战争的经过和结果。
4. 简述 20 世纪非洲的民族解放运动。
5. 基督教在非洲传播有哪些社会后果？
6. 什么叫基督教分裂主义教会？
7. 伊斯兰教是怎样在非洲传播的？
8. 简述苏丹马赫迪起义的原因、经过及其历史意义。
9. 简述非洲现代文化的发展。

第十二章

近现代亚洲文明

近现代亚洲遭受殖民主义和帝国主义的侵略，经历了痛苦曲折的历史发展过程。在西方文明的冲击下，亚洲文明经受了考验。亚洲各国吸取了西方文明的长处，扬弃了西方文明的糟粕，发展了自己的文明。

一　伊斯兰文明与伊斯兰现代化运动

1. 中东问题

伊斯兰文明的现代化是与中东的局势变化密不可分的。在整个近代，中东奥斯曼土耳其帝国的版图，包括了今土耳其、埃及、北非、肥沃的新月地带和阿拉伯半岛。中东地处肥沃的新月地带，即从地中海到伊朗的广大地区，包括今之以色列、巴勒斯坦自治区、黎巴嫩、叙利亚、约旦、伊拉克、科威特等国家。中东地区人民绝大多数信仰伊斯兰教。

新航路的发现，极大地影响着中东的历史发展。16世纪，欧洲人在美洲发现了大量金银。这些金银运回欧洲后，引起欧洲的通货膨胀。欧洲以空前的规模向中东地区购买农产品。后来由于英国工业革命的开展和欧洲工业化的进行，欧洲把中东视为农产品和原料市场，大量购买中东的小麦、羊毛和丝绸等产品。同时欧洲又把工业品，其中主要是纺织品，大量投放中东市场。这些工业品运到中东，削弱了当地手工业的发展。到18世纪中期，奥斯曼土耳其的进出口贸易出现逆差。由于奥斯曼土耳其帝国政治上软弱无力，经济力量弱小，不可能由国家采取保护关税等办法去抵御欧洲帝国主义的经济侵略。因此奥斯曼土耳其帝国日渐衰弱，被俄国沙皇尼古拉二世称为“欧洲病夫”。

与此同时，俄国又向南地区进行扩张，在1768年的俄土战争中，俄军沉重打击了奥斯曼帝国。这次俄土战争在1770年结束，1774年土耳其被迫签订了“库楚克·开纳吉条约”。通过这个条约，俄国借势向南扩张，从西南和波斯湾东南包围着奥斯曼土耳其帝国。这个条约标志着土耳其的彻底衰落。

但是俄国向东南欧的扩张，引起了西欧各国的不安。它们担心奥斯曼土耳其帝国的崩溃，将使东地中海地区出现权力真空，影响到欧洲的权力平衡。于是西欧国家开始反对俄国向奥斯曼土耳其帝国扩张。特别是英国为了保卫其通向印度的生命线，因而全力防止俄国的扩张。

英国首相巴麦尊在19世纪上半叶制定了维持土耳其领土完整的政策，他宣布：“英国政府十分重视保持奥斯曼帝国的完整，因为英国政府认为该国是欧洲权力平衡的重要因素。”俄国要侵占奥斯曼土耳其帝国的领土，而英国为了自己的利益，要维持英国领导下的奥斯曼土耳其帝国的领土完整。围绕这个问题，英俄进行了激烈斗争。这样由于帝国主义的侵略和相互之间的斗争，就产生了“中东问题”。

奥斯曼土耳其帝国的存在，不仅受到俄国的威胁，而且受到内部矛盾的威胁。在奥斯曼土耳其内部，巴尔干民族主义迅速发展，许多少数民族要求独立，并向和他们一样信奉东正教的俄国寻求支持。同时奥斯曼帝国在北非和中东的各个省份要求独立的倾向也非常强烈，奥斯曼土耳其政府无力控制事态的发展。

为了对付国内外的挑战，奥斯曼土耳其帝国领导人在19世纪进行了几次重要的改革，以巩固中央集权的统治。例如发生了1792～1796年的苏丹塞里姆三世的改革、1834年的苏丹马赫穆德二世的改革和1839年的由奥斯曼土耳其帝国外交部长穆斯塔法·拉施特帕沙领导的“坦志麦特”改革。然而他们的改革处于不利的国际环境下，而且他们的改革主要是军事改革，没有从政治和经济等方面进行根本性的改革，所以他们的改革未能使奥斯曼土耳其帝国成为现代化世界强国。在奥斯曼土耳其帝国的一些省份，当地政府也进行了改革。例如埃及事实上的统治者穆罕默德·阿里在1807年进行了改革。他的改革虽然偏重于军事改革，但是他也进行了一些经济改革，因而使埃及经济有了一定程度的发展。

欧洲帝国主义的入侵和奥斯曼土耳其帝国内部的改革，使中东地区日益卷入世界经济体系，其社会生活和社会结构都在发生变化。奥斯曼土耳其帝国在艰难中迈向现代文明。不过到19世纪末，虽然奥斯曼帝国仍然存在，但是它是作为"欧洲病夫"而进入20世纪的。

在20世纪初年，英国仍然维持其欧洲均衡政策，阻止列强瓜分奥斯曼土耳其帝国。然而第一次世界大战后，奥斯曼帝国终于解体，1918年奥斯曼土耳其帝国已不复存在。到20世纪20年代，土耳其成为独立的共和国；埃及已经沦为英国的保护国；肥沃的新月地带由英法托管，被分为巴勒斯坦、约旦、叙利亚、黎巴嫩、伊拉克等国；而阿拉伯半岛大多数地方则联合起来成为了阿拉伯联合酋长国。

但是中东问题并未结束，反而愈演愈烈。这是因为肥沃新月地带诸国是由帝国主义国家划分的，它们在划分这些国家的疆界时，是根据自己的利益而不是根据中东的民族、文化和政治经济情况来划分。因此在各国的疆界和民族构成上留下了许多隐患。例如法国在划分黎巴嫩和叙利亚时，是根据居民的信仰来划分的。

法国政府把地中海沿岸有大量基督教人口的地区划为黎巴嫩；而把内陆地区称为叙利亚。英国则把巴勒斯坦分为两部分：约旦河以东称为约旦，约旦河以西叫巴勒斯坦。英国在划分伊拉克和约旦的边界时，是沿着一条沙漠地带把伊拉克与约旦分开的。英国这样划分的原因，是英国政府认为这条沙漠地带没有什么经济利益。就这样，在伊拉克的领土上就包括了许多不同种族和宗教信仰的人民，成为该国政治不稳定的根源。

20世纪上半叶，由于犹太移民到巴勒斯坦建立犹太人的家园，产生了与当地阿拉伯居民的矛盾。同时，第二次世界大战后各种民族主义传播到这一地区，引起这一地区局势的动荡。上述种种原因就使历史上的中东问题不仅没有解决，反而更复杂化。但是由于该地区伊斯兰教徒占人口的绝大多数，因此该地区的文明主要还是伊斯兰文明。

2. 伊斯兰现代化运动

由于第一次世界大战后英国和法国只是托管原奥斯曼土耳其帝国的肥沃新月地带，英国和法国无力控制其他地区。因此原奥斯曼土耳其帝国其他地区的国家通过民族独立运动和反对殖民主义的斗争，取得了独立。这些国家有土耳其、埃及和波斯（20世纪30年代后，改称为伊朗）以及沙特阿拉伯等国家。中东各国为了迎接现代文明的挑战，从19世纪中后期开始，进行了伊斯兰现代化改革运动。

伊斯兰现代化运动是一场改革伊斯兰教的运动。在历史上奥斯曼土耳其帝国进行过几次改革，希望通过改革来富国强兵。然而奥斯曼土耳其帝国的君臣都认为伊斯兰教比基督教优越，在改革中不能学习基于基督教的西方文化。因此他们的改革只引进西方的机器，学习西方的军事技术和管理技术，不学习西方的文化思想。然而他们的改革成效不大。在研究奥斯曼土耳其历史上改革失败的原因时，现代中东各国人民认为那是因为伊斯兰教已经陈旧的缘故。因此他们得出如下结论：要使国家的改革成功，首先要改革伊斯兰教，特别是要把科学和理性的原则补充到伊斯兰教中去。他们认为真正的伊斯兰教与西方的进步思想是兼容的。这种思想在中东地区迅速传播，影响了伊斯兰教的发展。具有上述思想的人被称为“伊斯兰现代化主义者”。他们进行的伊斯兰教改革就被称为伊斯兰现代化运动。

伊斯兰现代主义者接受了西方的思想，主张通过教育来改革政治，而不主张进行政治对抗。许多著名的伊斯兰现代主义运动都发生在帝国的心脏地区土耳其。在土耳其曾经发生过“青年奥斯曼运动”，该运动要求建立一种能激励所有人民忠诚的政治制度。但是这种制度要根据权威的伊斯兰教义来制定，并且要建立一种由协商来进行统治的政府。这一思想奠定了奥斯曼土耳其帝国1876年宪法的基础，而1876年宪法又是1908年青年土耳其党人革命和1924年土耳其革命的基础之一。但是在帝国的其他部分，伊斯兰现代化运动的发展采取了不同的形式。

系统阐述伊斯兰教现代主义思想的人是马路丁·阿富汗尼（Ai-Afghani，公元1838～1897年）。阿富汗尼的出生地有两种说法：一种认为他出生在波斯；另一种认为他出生在阿富汗。他在印度受过西式教育，游历过伊斯兰世界各地和美国、法国和俄国。因此他的伊斯兰现代化观点就比较开放。他宣传泛伊斯兰主义，提出伊斯兰教是穆斯林政治力量源泉的学说。1857年印度民族大起义时，阿富汗尼当时才10岁，正在印度读书。这次起义使阿富汗尼产生了三个思想：第一，反帝的思想。他号召穆斯林反对英国的殖民统治。第二，穆斯林必须团结起来，才能取得胜利。第三，他号召要学习西方的科学技术，用理性解决现代问题。

阿富汗尼的追随者、埃及人穆罕默德·阿布杜拉（Abduh，公元1849～1905年）坚决主张反抗英国的殖民统治。1899年阿布杜拉担任埃及伊斯兰法典诠释长时，对司法行政和宗教财政进行了改革，他要求赋予伊斯兰教新的生命，使之适应现代文明。而阿布杜拉的学生叙利亚人拉希德·里达（公元1865～

1935 年）走的是另一条路。他主张以奥斯曼苏丹作为国际伊斯兰社会的领袖和哈里发，作为全世界穆斯林的精神领袖。他号召全体穆斯林团结起来，在奥斯曼苏丹的领导下，实行伊斯兰教的政治和文化复兴。

伊斯兰现代主义者试图重新解释伊斯兰教的内容和价值，以使其社会理想与现代条件相适应。到 19 世纪中期至 19 世纪末，一些知识分子则宣传世俗化现代主义理想。这些知识分子主要是叙利亚人和黎巴嫩人，其中有一些是这两个国家逃亡欧洲和美国的政治家和文学家。他们努力复兴伊斯兰教的语言和文化。

他们通常采用西方文学形式去写阿拉伯语的诗歌、短篇小说、史诗和歌剧。有的人还把希腊剧作家索福克勒斯和英国剧作家莎士比亚的著作翻译成为阿拉伯文，并把它们搬上舞台。他们希望通过学习西方的优秀文化，形成一种新的阿拉伯文学和文化。

在贝鲁特、开罗和伊斯坦布尔，现代主义者还举办了许多文学沙龙。通过文学沙龙以及报刊杂志的宣传，伊斯兰现代主义得到传播。1908 年，奥斯曼帝国恢复了宪法，取消了新闻检查。这就为伊斯兰现代化运动创造了一个很好的环境，各国的伊斯兰现代化运动蓬勃发展。

在埃及，由于英国在 1882 年就占领了该国，并在第一次世界大战后宣布埃及为其保护国，因此埃及人民对英国占领者进行了长期的斗争。1918 年 11 月，巴黎和会召开。埃及人民派出一个 7 人代表团，向英国驻开罗高级专员请愿，要求由他们代表埃及参加巴黎和会。英国殖民当局不仅不答应这个 7 人代表团的要求，反而逮捕和驱逐了这个代表团的成员。这个事件引起了埃及全国各地的反英大示威和大罢工，迫使英国政府同意给予埃及有条件的独立。这些条件是由英国控制埃及的国防和外交，并且由英国占有苏伊士运河。英国认为在此条件下让埃及独立更有利于英国的利益。1922 年，英国宣布在上述条件下，给予埃及有限的独立。但是埃及并没有获得真正的独立。在这一时期，埃及处于半殖民地状况。到第二次世界大战之后，埃及才获得真正的独立。1957 年纳赛尔领导埃及革命后，埃及实行了所谓的社会主义，采取了计划经济、实施国有化等一系列政策。这是伊斯兰现代化运动在埃及的表现。

在土耳其和伊朗，发生了伊斯兰现代化的改革。第一次世界大战后，土耳其在凯末尔领导下，打败了希腊和法国军队的入侵，建立了土耳其共和国。凯末尔进行的改革，使政教分离，把世俗化与民族化结合起来，取得了明显的成就。而伊朗在第一次世界大战后建立的由礼萨汗领导的巴列维王朝，也进行了改革。

凯末尔与里萨汗给他们的国家带来的变化，在许多方面是相似的：两国都学习欧洲的政治、经济、法律、教育和军事制度，凯末尔还废除了哈里发制度，推行土耳其文字拉丁化，即用拉丁字母去拼写土耳其文字。

凯末尔由于在改革中使政教分离，把世俗化与民族化结合起来，所以防止了宗教民族主义，避免了因宗教而引起的政治经济的混乱状态。但是伊朗在礼萨汗领导下进行的改革实行全盘西化，脱离了伊朗国情，导致了国内动乱。这些矛盾发展终于引发了伊朗伊斯兰革命，使伊朗伊斯兰现代化运动受到挫折。

不过凯末尔和礼萨汗都是19世纪以来在中东地区进行防御性现代化的两位著名的改革者，他们的改革基本上是成功的。凯末尔通过人民解放战争建立了国家和政府，礼萨汗通过政变而建立王朝，因为他们都用强有力的军事力量作为改革的后盾，因此其改革不是通过民主方式进行的，具有一定的局限性。

3. 犹太复国主义与巴勒斯坦人民争取民族解放的斗争

当19世纪欧洲民族主义兴起时，犹太复国主义也开始兴起。犹太人自公元1世纪被罗马人从巴勒斯坦赶走后，一直怀恋着这个地方。19世纪由于欧洲各国反犹太人的行为升级，使犹太人认为如果犹太人要得到安全，就必须建立自己的民族国家。于是犹太人赫兹尔（Herzl，公元1860～1904年）首先提出了建立民族国家犹太国的设想。他的号召，得到犹太复国主义者的响应。

1897年赫兹尔参加了建立“通过公共法在巴勒斯坦建立犹太家园”的犹太复国主义活动。英国政府在第一次世界大战中，为了得到全世界犹太人的支持，宣布了“贝尔福宣言”，支持犹太复国主义计划。“贝尔福宣言”宣称：“英国政府支持犹太人在巴勒斯坦建立一个民族国家，并将尽最大的努力去促进这一目标的实现。”“贝尔福宣言”是建立以色列国家的里程碑。

在“贝尔福宣言”发表前，犹太人就开始了向巴勒斯坦的移民。第二次世界大战前，犹太人向巴勒斯坦的移民有三次高潮：第一次是19世纪末；第二次是1904年至1914年；第三次是1918年至1923年。通过这三次移民，约有6.5万犹太人从欧洲到达巴勒斯坦。这些犹太移民在巴勒斯坦建立了有关统治机构，为后来建立以色列国家奠定了基础。

这些犹太移民受到了社会主义和浪漫主义思想的影响，组织了集体农场和公社农场。这些农场是一种劳动联邦和彼此援助的社会，以色列至今还存在着这样的一些集体农场和公社农场。不过现在以色列的这些集体农场和公社农场也开始缓慢向市场经济转换。同时，犹太移民以希伯来文《圣经》的语言作为基础，复兴希伯来文，以之作为以色列国家的语言。

在影响中东未来的犹太移民政策中，最重要的是犹太移民的就业政策。为了保持犹太移民的高工资，犹太复国主义的管理机构规定，禁止阿拉伯人在犹太人的社区内工作，于是当犹太移民从阿拉伯大地主手中购买到土地后，他们就迫使耕种这些土地的阿拉伯农民离开土地，并且不给这些农民赔偿金。而当时巴勒斯坦人既没有统一的意识形态，又没有集中的行政组织，对此情况或者视而不见，或者无能为力。

到20世纪30年代，由于德国迫害犹太人，到巴勒斯坦的犹太移民数量大增。只是到了那个时候，巴勒斯坦人才感到问题的严重性。于是巴勒斯坦人组织了"阿拉伯高级委员会"，组织领导巴勒斯坦地区的阿拉伯人反对犹太人移民巴勒斯坦。但是为时已晚，因为犹太移民人数已经占了当地人口的30%。

后来犹太移民和巴勒斯坦人这两个民族的紧张关系激化为暴力冲突。冲突的根本问题是土地问题。第二次世界大战后，托管巴勒斯坦的英国无力解决犹太人与巴勒斯坦人的冲突，于是把这一问题提交联合国。在联合国安理会投票赞成以巴分治后，犹太复国主义者和巴勒斯坦人发生了战争。巴勒斯坦人反对犹太复国主义的斗争，得到了阿拉伯各国的支持。

1948年以色列国成立后，发生了第一次阿以战争，以色列取得胜利。双方停火以后，以停火线为边界线，这就又埋下更激烈冲突的种子。因为有70%的巴勒斯坦人被迫逃离家园，成为难民。这些难民居住在环绕以色列的阿拉伯国家中，难民问题成为阿以关系中最难解决的问题之一。

此后阿以之间又发生过4次战争，即1956年战争，1967年战争，1973年战争和1982年战争。这些战争造成巨大破坏和人员伤亡。例如阿拉伯人在1967年为时仅6天的战争中就伤亡2.5万至3万人。阿以冲突还成为引起叙利亚、伊拉克和埃及政变以及黎巴嫩和约旦内战的重要原因。阿以冲突严重影响了中东地区的局势，使该地区动荡不安。

1991年，中东形势发生了重大变化。当时在以色列占领下的巴勒斯坦地区的人民生活十分艰难。苏联20世纪80年代在中东的影响减弱，给予巴勒斯坦的援助减少。而巴勒斯坦民族解放组织也失去了一些海湾阿拉伯国家的财政和外交的支持，处境变得十分困难。此时以色列表示愿意与由选举产生的巴勒斯坦自治政府达成协议。

以色列和巴勒斯坦民族解放组织达成协议，宣布相互承认。以色列承认巴勒斯坦解放组织是巴勒斯坦人民惟一的合法代表，同意巴勒斯坦自治；同时巴勒斯坦宣布放弃消灭以色列国的斗争目标。然而由于许多重大问题没有得到实质性的解决，例如难民问题、耶路撒冷的地位问题等都没有得到解决，因此巴以冲突在暂时的平静后，又不断升级。

二　石油与伊斯兰革命

1. 石油与中东

中东有丰富的石油资源。丰富的石油资源使中东成为十分重要的战略要地。西方经济的增长，更增加了对中东石油的依赖。因此中东成为西方争夺的地区。英国在19世纪末迫使伊朗同意其在伊朗建立石油公司，拥有对石油的开采、销售的权利。但是英国石油公司只给伊朗政府16%的利润。英国与奥斯曼土耳其帝国政府也签订了类似的协议。英国人建立的“土耳其石油公司”包括了中东广大地区，例如包括了科威特和伊拉克全境。第二次世界大战后，土耳其石油公司由国家财团垄断。

第二次世界大战后，中东国家经过斗争，逐步收回了石油主权。但是中东地区的产油国还不能自己控制石油的价格和产量，受到西方国家的剥削。这个问题最终导致了“石油革命”。所谓石油革命，指开始于20世纪70年代，拥有石油的国家团结起来，采取措施捍卫自己的石油权利的斗争。

1960年，许多中东产油国都参加了石油输出国组织（欧佩克，OPEC），开始用石油作为武器，保卫自己的利益。1973年，油价上升。但是油价是用美元来计价的，当时美元正在贬值，因此中东石油输出国每卖出一桶油，就要受到一定的损失。于是石油输出国组织就用阿以战争作为借口，不仅自己定价，而且用减产来保证高价。这样做的结果使世界油价上涨380%，财富开始从富有的西方石油消费国流向中东地区。

石油财富给中东带来机遇，也带来问题。在中东地区，各国由于大小不同和出口石油的能力不同，因而在该地区的政治作用也就不同。例如在1967年阿以战争以后，沙特阿拉伯、科威特和利比亚给位于以色列周边的贫油的阿拉伯国家以津贴，用以增强他们的军事力量。受资助的国家有埃及、约旦和叙利亚等国家。因此，沙特阿拉伯、科威特和利比亚对埃及、约旦和叙利亚的外交政策有一定的影响。

产油国还影响着该地区穷国经济的发展。例如沙特阿拉伯人口不到1 000万，因此必须从国外进口劳动力。而外国劳工从沙特阿拉伯向母国的汇款，成为贫穷但却有丰富劳动力的国家的国民收入的一个重要组成部分。埃及就是这样一个出口劳动力的国家。1968年，只有1万埃及人在国外工作。但是在1978年，埃及在国外工作的人数就增加到50万人。劳工移民对中东穷国来说，既有积极影响，也有消极影响。在积极影响方面，出国劳工既可减少穷国的失业人口压力，又可为母国创汇。在消极影响上，由于男性劳动力出国工作，使该国妇女劳动力增多，随之引发一系列社会问题。

但是影响中东社会的主要问题不是移民劳工问题，而是现代化与传统的斗争。为了发展生产，中东石油生产国不得不进行平衡发展，即既要进行现代化石油生产，又要保持伊斯兰教传统。但有一些比较开放的国家为了吸引海湾地区有钱的休假者，采取了一些开放措施，如大力发展旅游业，投资建设现代化的旅馆和游乐场等。这就使开罗和贝鲁特等地的旅游业和建筑业十分发达。总之，中东地区正缓慢向现代化发展。

2. 伊斯兰革命与中东文明

20世纪下半叶，中东人民在伊斯兰教的旗帜下，开展了一场广泛的人民革命运动。这场革命运动的内容是反对腐败的政府、争取自己的民族权利和要求改善人民的生活。例如1978年到1979年伊朗发生了伊斯兰革命，伊朗人民推翻了巴列维王朝的统治，建立了以霍梅尼为首的政教合一的伊斯兰革命新政府。而在以色列占领的加沙与约旦河西岸，巴勒斯坦人民不断起义，要求建立巴勒斯坦人民自己的国家。

在其他一些国家，伊斯兰革命采取了和平的形式，例如成立各种组织，通过为社会服务来争取人民的支持。例如在埃及，穆斯林成立了各种民间组织，向人民提供医疗服务、紧急救援服务和教育服务等。有时，他们提供的服务比政府提供的服务还要快速和有效。例如在1992年埃及地震时，伊斯兰教组织向地震灾区提供的援助比埃及政府提供的援助更快和更有效。无论这些革命运动采取什么形式，他们都具有以下特点：第一，向中东现存的国家权威和社会制度挑战；第二，虽然有的伊斯兰革命仅仅试图接管已经由世俗国家行使的社会功能，但是许多运动则企图重建整个社会。

中东伊斯兰革命运动是由其历史发展的复杂情况所决定的，是中东国家在现代化过程中遇到了困难和挫折而引起的。

在近代，由于奥斯曼土耳其帝国的衰落，帝国的统治者曾进行了多次改革，这些改革一直延续到现代。最后土耳其在凯末尔领导下成功地进行了改革；伊朗等国家也进行了卓有成效的改革。第一次世纪大战后奥斯曼土耳其帝国解体，在中东地区形成了许多独立的国家。

然而中东国家的现代化只取得部分的成功，各国都存在许多问题，在国内政策上，由于伊斯兰传统，各国难以推行计划生育政策，使该地区成为世界上人口增长最快的地区之一。而该地区绝大多数国家经济发展的水平赶不上人口增长的要求，人口压力要求中东地区进行改革或革命。在国际上，一些突发事件往往引起中东国家社会的动乱。例如20世纪70年代的世界石油价格下跌和阿拉伯世界对以色列战争的失败等，大大削弱了世俗政府的权威。因此当中东社会矛盾尖锐时，政府就成为人民反对的对象。

中东人口增长最快的部分是城市下层阶级。他们大多数是非熟练工或半熟练工，生活十分艰难。他们对经济打击的承受能力十分脆弱。因此这部分人积极参加伊斯兰革命运动，他们希望恢复伊斯兰的价值、传统和过去曾经美好的生活。另外中东各国在现代化过程中遇到了许多困难和干扰，使中东广大穆斯林对现代化产生了迷惘、困惑乃至敌对的心态。因此从20世纪70年代开始，中东地区就开始了伊斯兰革命。中东的伊斯兰革命有广泛的群众基础，人民运动得到发展，并取得了一些成果。例如约旦人民争得了选举权。埃及政府放弃了纳赛尔时代从伊斯兰教收回的职责。

但是伊斯兰革命与现代化并非不可协调。伊斯兰革命主张建立伊斯兰教政府，但是它不可能忽视现代化问题。例如伊朗发生伊斯兰革命后，虽然伊朗政府的一系列政策带有浓厚的宗教色彩，但是它并没有完全抛弃现代化的立场。1989年霍梅尼逝世后，伊朗出现了向务实主义发展的新趋势。伊朗前总统拉夫桑贾尼任命了大批专家入阁，改组政府机构，加强总统的权力，以经济建设为中心，推行对外开放政策，向现代化的方向前进。

因此，伊斯兰革命可以被视为中东国家探索符合中东国情的现代化发展道路的一种新尝试。

在文化方面，伊斯兰教是中东地区的文化基础。现代中东文化基本上没有脱离伊斯兰教传统的宗教文化。但是由于中东已被卷入了世界现代化的过程，因此出现了伊斯兰现代化改革主义文化。这些文化强调在坚持伊斯兰信仰的前提下，提倡理性和科学，力图使宗教观点理性化，使科学与宗教协调，重现人的价值和自由意志。但是伊斯兰教将其固有的价值观视为至上，用伊斯兰教的传统伦理道德去规范穆斯林的一切言行。因此伊斯兰的文化改革仍有漫长的道路要走。

三　近现代中国文明与亚洲其他地区和国家的文明

1. 近现代中国文明

近代以来，中国文明受到西方文明的挑战。但是中国文明以其强大的生命力而傲然挺立在世界文明之林。在应对西方文明的冲击中，中国采取了洋为中用，去其糟粕，取其精华的方针，既吸收了西方文明的长处，又扬弃了西方文明的消极成分，保持和发扬了中华文明的传统。

中国疆域广大，各地的自然环境、生产和生活条件都不一样。因此各地的文化带有不同的特色。例如中国南北方说不同的方言，有不同的饮食文化。在文学艺术上，北方表现出宽广、浑厚和朴实的气度，而南方则是华丽和温柔的气质。但是由于中国从秦朝以来就推行书同文、车同轨的大一统政策，因此中国文化有着共同的文化基础，有着共同的特点。

正如在古代一样，近代中国是世界上人口最多的国家。明朝（公元1368～1644年）灭亡以后，清朝（公元1644～1911年）兴起。在清朝的统治下，经过短期的恢复，清帝国的人口比明朝增加了一倍，经济发达，社会呈繁荣兴旺局面。

近代中国文明的特点之一是农业社会的商品化性质。市场交换在中国人民的生活中，一直起着重要作用。虽然中国的经济在近代是自给自足的自然经济，然而人民的衣食和其他用品并不能完全满足自己的需要。因此，市场的交换是必不可少的补充。这就使中国的农业和手工业商品的交换非常发达。

中国的长江流域经济发达，是农产品和手工业品的集散中心。广东沿岸和东南沿海地区的农业和手工业经济也很发达。中国的北方由于自然条件差，缺少河流运输，因此商品交换赶不上长江流域。但是在大运河的周边地区和大城市，商业贸易也很发达。

到1600年，长江下游地区已经产生了相当规模的城镇商业网。其他地区虽然没有产生这种商业网，但是贸易交换也在进行。这就使得中国农村成为当时世界上商业化程度最高的农村。

从16世纪到18世纪，在中国的贸易网中，出现了两个著名的商人集团：一个是晋商，另一个是徽商。晋商的兴旺时期是在明朝。山西商人从明政府获得批准，向中国北方驻军和西北驻军提供物资和粮食。他们还可以出售由国家控制的商品食盐。但是晋商很快就发展了与中国其他地区的贸易，成为中国北方最大的贸易集团。徽商最初来自安徽，从事粮食、衣服和木材等商品的贸易。但是他们很快把贸易扩大到其他领域，并很快在大半个中国，特别是在中国南方几乎所有的城镇都建立了商业网。

中国文化崇尚科举，是一个官本位的社会。因此，一个人在社会上的地位，主要取决于他的政治地位和土地的多少。虽然商人有钱，但是他们在社会上的地位不高。因此中国的商人没有像欧洲和日本那样，发展为强大的自治社会。中国有的商人富甲天下，也爱附庸风雅。他们有的人甚至热爱诗画和文艺珍品，但是他们也没有像西方商人那样，产生反封建的新的世界观。

17世纪上半叶，中国处于明朝末年。由于宦官专权和朋党之争，政治腐败，经济发展遇到了严重的困难。由于财政困难，特别是为了筹措军费对付清兵在北部的威胁，明朝政府不断征收新税。沉重的税务负担，引起人民的反抗，导致社会的动乱，于是爆发了李自成领导的明末农民起义。明末农民起义推翻了明朝的统治，清兵乘机入关，打败了农民起义军，于1644年建立了清朝。

清政府建立后，镇压了各地叛乱，收复了台湾，实现了一系列有利于经济发展的政策。例如没收明末农民起义时被杀和逃亡的地主的土地，把这些土地进行分封，3年到5年内不征税，同时鼓励农民开垦荒地。到18世纪，有700多万英亩新开垦土地的拥有者开始向政府交税。土地增多，人口也迅速增加。到18世纪，中国人口已经从清初的1.75亿增加到3.5亿。

清政府为了巩固统治，从儒家学说出发，采取了在一定程度上关心农民利益的政策。清政府认为，如果农民处于饥饿状态，他们就会造反，就会危及王朝的统治。因此清政府派出官员监控物价，在荒年放粮赈灾等。这些政策都是有利于经济发展的。所以中国人口增加并没有构成对国家存亡的威胁。因此当17世纪英国面对人口压力和能源短缺而被迫进行工业革命时，中国并没有进行工业革命的动力。这就是为什么在古代中国有过辉煌灿烂的文明，并且科学技术处于世界领先地位，但是在17世纪中国却开始落后的原因之一。

近代中国土地辽阔、人口众多；但是全国统一，易于管理。究其原因，是因为中国有共同的文化和共同的价值观。在保卫自己的价值观的问题上，中国的情况与欧洲不同。欧洲传统的信念和价值观主要是由教会来保卫。但是在中国，传统价值观主要由封建王朝来捍卫。清王朝十分重视科举。要通过科举，就必须符合封建社会和政治的要求。这样清政府就可以按传统文化和价值观来治理国家。

在明清时期，由于社会的发展，读书人的知识都远远超过了科举的需要。因此促进了文学艺术的发展。除了吟诗作画和应对唱和外，小说和戏剧也发展起来。

在明清时期，地方社戏有了很大的发展。中国各地都有许多戏班子，他们在节日歌颂本地的神祉，并演出娱乐性的节目。一般来说，社戏都是在大的集市上演。观众形形色色，三教九流无所不有。而各种戏班子在演出时，视观众的爱好而定剧目。族长、村长和其他地主阶级分子喜欢看歌颂传统儒家价值观的剧目，而广大人民群众则喜欢看超自然的和浪漫主义的剧目。因此武侠剧目和神鬼剧目很有市场。

在明末清初，佛教和道教有了进一步的发展。一些科场失意的文人，或者一些并不热衷功名的士大夫和乡绅，大力资助佛教或道教。这就使佛教和道教在明末清初得到很大发展。

清政府为了巩固统治，全力建立一个以儒教为本的社会。由于大兴文字狱，使文人学士不敢接触现实，而埋头于故纸堆中进行研究。因此清朝的考据学十分发达。

清代政治、经济和文化的发展，影响到社会的发展。清朝前期社会繁荣，充满生气。但是这个社会又是一个等级社会，由官僚地主阶级统治着整个社会，广大人民根本没有权利，妇女更被压在社会的最底层。但是18世纪的中国不是一个停滞的社会，而是由一个有效的帝国政府统治着的、充满生命力的多民族国家。

然而到了19世纪，清朝面临内忧外患，走向衰落。由于帝国主义的侵略和清政府的政治腐败，中国经济发展缓慢。广大受压迫的人民纷纷进行起义。而这些起义与历史上的起义不同，不再是传统的改朝换代的起义。这些起义已经开始受到不同宗教和意识形态的影响，追求较高的政治目标。例如太平天国起义，就是在“拜上帝会”的领导下进行的起义。太平天国的指导思想，就从基督教中吸取了营养。

清政府实现闭关锁国的封闭政策，但是却抵挡不住西方帝国主义的侵略。鸦片战争后中国沦为半殖民地、半封建的国家。清政府为了对付西方的侵略，进行了“洋务运动”。同时中国人民还开展了维新运动，以富国强兵。这些运动由于没有触动封建制度的根基，所以都失败了。

辛亥革命后，清政府崩溃，民国成立。然而由于民国的势力只及南方和东南的一些省份，北方基本由北洋军阀控制。因此在民国时期军阀混战，中国一片混乱。此后中国又遭受日本帝国主义的侵略，处于民族危亡之中。只是在中华人民共和国成立后，中国才开始走向繁荣富强。从1949年至1976年，中国共产党领导中国人民进行了社会主义革命和社会主义建设，取得了举世瞩目的伟大成就。但是由于政策上的失误，新中国也经历了种种痛苦和磨难。到1978年，中国奉行改革开放政策，全力进行现代化建设。目前中国正在成为世界瞩目的新兴的世界强国。

近现代中国的上述变化，在文化上也有深刻的反映。在意识形态上，中国吸收了西方先进的思想，形成了不同的政治思想和经济思想，并吸收了西方的先进文化，把中国传统文化发展到了一个新高度。

在政治和经济思想上，产生了三民主义和形形色色的资产阶级思想及其他各种思想。同时先进的中国人接受了马克思主义，马克思主义对中国的进步产生了不可估量的影响。1949年中华人民共和国成立后，马克思主义成为中国人民的指导思想。

在文化上，1919年后中国开始了新文化运动，进行了文化革命。这场革命批判了封建文化，强调了科学和民主的精神。在新文化运动中产生了鲁迅、陈独秀、胡适等文化巨匠，更新了中华文化。

中华人民共和国成立后，社会主义的文化事业取得了进一步的发展。虽然在1966年至1976年的“文化大革命”中，社会主义的文化事业受到摧残，但是在1978年后中国文化的发展又回到了健康的轨道。

2. 近现代日本文明

近现代日本文明的发展取得了惊人的成就。但是日本社会在进入近代时文明程度不高，十分贫穷。例如在日本农村，农民居住的房子用木头搭成。这种木房子先用木头做支架，后用草席钉上去做墙，最后涂上泥巴。日本农村十分落后，即使在日本工业现代化取得较大成绩后，日本农村仍然很落后。直到第二次世界大战之后，日本农村的落后面貌才彻底改变。

近代日本文明深受中国文化的影响。中国儒家思想不仅影响了日本的价值观和文化艺术，还影响着日本的社会生活。

但是从19世纪开始，日本努力学习西方，逐步开始了现代化过程。日本首先学习荷兰，接着在1868年开始了明治维新。经过短期的努力，到19世纪末，日本已经发展成为一个现代资本主义强国。整个日本社会的社会生活和文化都开始变化。但是日本在吸收西方文化的同时，仍然在学习中国文化，使近现代日本文明呈混合发展的趋势。

中国文明对日本近现代文明的影响，在文学艺术上十分明显。以绘画艺术为例，中国画艺术被日本人接受并加以发展，成为日本的国宝。例如日本江户时代的园山四条画派和文人画派就是在尊崇中国山水画的传统下发展起来的。这两个画派沿着中国元、明和清的文人画的方向，潜心研究其画理和技法。他们的题材也完全是山水、花鸟和人物。池大雅（公元1723～1776年）画的《西湖图》和《五百罗汉图》最能体现中国绘画艺术对日本的影响，其主题和绘画技法都充满了中国风味。日本的书法也深受中国书法的影响。中国书法在日本被称为“唐样”。江户时期的日本著名书法家有市河米庵（公元1779～1858年）和僧人良宽（公元1758～1831年）。

然而日本文明又受到了西方文明的影响。日本开国后，学习了西方的印刷方法，发展了日本的彩色印刷业。在绘画艺术上有的日本画家也把西方画法引进日本。日本画家学习了西方的画法，特别是学习了荷兰的画法，形成了所谓的“洋风画派”。江户画家司马江汉（公元1747～1858年）所绘的西式铜版画《三围景图》就是一幅很有代表性的作品。

日本人还善于用绘画艺术来表现生活。例如江户时代画家喜多川哥磨（公元1753～1806）的名画《织女图》（图12—1），描绘了三位正在纺丝的美貌妇女。作品表现的不是纺织丝绸这一工作本身，作者要表现的是那些令人喜爱的纺织妇女：她们肩披着美丽的长发，松散地披着和服，是“飘动的世界”。“飘动的世界”是画家喜多川哥磨所擅长的专门描绘美女和娱乐的作品。他的画是在日本被称为“浮士绘”的风俗画代表作。总之，日本文化既受中国文化的影响，也受到西方文化的影响，两者融入了日本的文化，使日本的文化体现出百花齐放、绚丽多姿的气象。日本1915年展出的一幅版画（图 12—2），就生动地反映了日本文化的现代化。

图 12—1　织女图

这幅画描绘了1915年东京的著名公园上野公园（Ueno）。作者以樱花为主体，用季节的变化来隐喻日本社会文明的变化。在画中，身着日本传统和服的、头上包着头巾的欢乐的人们在唱歌跳舞。有的人背上还背着酒壶，这是传统的日本习俗。旁边有一个身穿和服的日本妇女，拉着一个小女孩。她对这些狂欢的人群感到不安，用手半遮着面。这表现了日本人仍然没有脱离过去的时代。

图12—2 日本东京上野公园

然而在这个妇女的后面，是一位身着西服的、与身穿和服的日本男子截然不同的男子。在这个男人不远的后面，又有一个身穿西式军装的军人。但是这位现代军人却又佩带着日本传统的军刀。这表现了日本正在进入西化的过程。

选择东京的这个著名公园作为反映日本文明与西方文明融合的地点，画家的构思是十分巧妙的。这是一个西式的公园，是现代人消闲的地方。这在20世纪初年，已经是一个难得的地方。在19世纪中期以前，日本到处是田园风光。即使在东京，也不缺乏观赏樱花的地方。无论在河边还是在寺庙里，到处都可看到怒放的樱花。然而到了19世纪末，由于建筑物的增多，许多地方的樱花都已消失。只有上野（Ueno）公园的樱花保护得很好，日本政府把它建设成为日本最著名的休闲公园。

在这个公园里，到处体现出现代化的气氛。在这幅版画的前面，有一辆电车。在版画的中间，竖立着西乡隆盛（Saigo Takamori，公元1828～1877年）的青铜塑像。日本人民因为他于1868年1月3日领导推翻德川幕府统治,开创了明治时代而纪念他。他的塑像从高处眺望着电车,似乎在关注着日本的现代化进程。

20世纪初，上野公园是日本欣赏樱花最理想的休闲之地。这个公园表明日本人已经接受了西方式的城市生活，标志着日本文明与西方文明的融合。无论身着和服或其他日本民族服装，还是身穿西装，20世纪初的日本，已经享受着乘坐电车这种现代的物质文明。身穿传统日本服装的日本人，在现代化公园里的狂欢，表明日本人正在适应现代化的社会。这幅画表明，日本比亚洲各国更早和更成功地适应了西方文明带来的冲击，成为一种亚洲现代化的模式。

明治维新使日本走上了世界强国之路。但是应当指出，日本进行的维新强调重工业，忽视了消费工业。因此人民生活的改善仍然缓慢。在第一次世界大战时，日本许多地区仍然是落后的农村，与工业化进程很少联系。第一次世界大战后，日本加速了工业化的步伐。为了夺取原料和市场，1931年日本发动了“九一八”事变，侵占了中国东北。尔后，日本又于1937年发动了全面侵华战争。侵略中国使日本得到了发展工业所需要的原料、市场和一定数量的资金，使日本工业迅速发展。但是日本的侵略政策，使日本的军事工业畸形发展，其他工业部门仍然十分落后。只是在第二次世界大战结束后，由于冷战和美国的扶持，日本经济才迅速起飞，到20世纪60年代发展为世界经济强国之一。

但是在日本的整个现代化过程中，日本一直坚持既接受西方文化的精华，又保留自己民族文化的方针，使日本的现代文化仍然带有民族的特点。例如在时装上，日本人设计的式样并不比巴黎或纽约的西服时装款式差。但是日本人保留着自己的民族服装，特别是日本妇女仍喜欢穿和服、白鞋和木拖鞋。有时，日本人还把西式服装与日本民族服装混合着穿。在许多日本人的婚礼上，新娘都有两种衣着可供选择：和服和婚纱。

在饮食文化上，日本也是日西混合。日本人十分喜爱欧洲风味的食品。在日本大都市，都有外国风味的餐馆。外国快餐已经成为日本人十分喜爱的食物。在外国餐馆中，十分醒目的是中国餐馆。不过日本的中国餐馆已经日本化。

在音乐上，日本保留了传统的曲调。传统日本乐器受到日本青年的喜好。但是日本人又是西方古典音乐的热心的听众。日本的爵士乐，混合了日本音乐和西方的音乐，别具一格。与现代日本相比，近现代东南亚和南亚文明更多地保留了本民族的传统。

3．近现代东南亚文明和南亚文明

近代以来东南亚国家的发展较快，泰国、菲律宾及马来半岛等国的政治、经济和文化都有较大的发展。越南则分为南北两部分，分别由郑氏和阮氏进行统治。历史上东南亚各国深受中国文化的影响，其中越南与中国的关系特别密切。但是在西方帝国主义的侵略下，越南等国与中国的传统关系逐步遭到破坏。

1771 年，越南北方发生了由阮文岳、阮文吕和阮文惠三兄弟领导的西山农民大起义，建立了西山农民政权。但是统治南方的阮福映勾结法国殖民者，进行镇压。1801 年，阮福映镇压了西山农民起义，建立了阮氏王朝(公元 1802～1945 年),越南在历史上首次出现了一个统一的国家。

但是阮氏王朝仍然受到中国政治经济的强大影响。统治者结合越南的实际情况，采用中国的典章制度，其社会文化传统，保留了浓厚的中国特色。例如越南的政治结构、科举制度、官员考核以及通讯方式等等，都沿用了中国模式。但是越南的经济并不发达，是一种农业经济。

早在 17 世纪初，法国就开始侵略越南，企图以越南作为跳板侵略中国。到 19 世纪，法国对越南发动了多次武装侵略。1862 年迫使越南阮氏王朝与法国签订了丧权辱国的“西贡条约”，使越南开始沦为法国殖民地。越南人民为了自由，进行了反对法国殖民者的英勇斗争。反法斗争一直贯穿着越南的历史，直到 20 世纪 40 年代越南人民才取得独立。

然而不幸的是，当越南人民赶走法国殖民者，取得国家的独立时，美国却插手越南事务，并在 20 世纪 70 年代发动了侵越战争，使越南饱经战火，国民经济受到严重破坏。

泰国的情况与越南完全不同。在 19 世纪初，泰国仍然是一个独立国家，并且把领土扩大到柬埔寨边界。泰国是一个王国，由强大的地方豪强势力进行统治。泰国的经济比较发达，他们向中国出口大米，换取奢侈品、铜和金银。在欧洲人入侵后，泰国也遭到了侵略。但是泰国进行了一些改革，利用帝国主义之间的矛盾，保持了国家名义上的独立。

菲律宾在16世纪就遭到西班牙殖民者的入侵，英国在1762年到1764年间也曾占领过菲律宾首都马尼拉。后来西班牙重新控制了整个菲律宾。但是菲律宾受到了中国文化的强烈影响。在菲律宾有一批很有影响的人物，被称为“中国混血儿”，他们是中国移民与菲律宾当地妇女所生的。这些中国混血儿既有其父与中国的关系，因而拥有商业资源，又拥有其当地母亲的家族关系，易于保护其商业的发展。这些中国混血儿为菲律宾的社会经济发展做出了很大的贡献。

在马来半岛，英国很早就建立了殖民统治。马来半岛最重要的英国殖民地是新加坡。但是新加坡人口中50%以上的人是中国血统，因此深受中国文化的影响。

从文化上看，历史上东南亚文化受到中国文化、印度文化、西班牙文化和法国的影响。但是越南文化则更多地受到中国传统文化的影响。越南文学中的许多古典名著都受到了中国文学的影响。例如19世纪越南著名文学家李文馥（公元1785～1849）的长篇小说《玉梨娇》就是根据中国的小说《玉梨娇》改编而成的。

东南亚其他国家，如泰国、缅甸、老挝和柬埔寨等国家，则主要受到印度文化的影响。印度尼西亚和马来西亚除受印度文化的影响外，还受伊斯兰文化的影响。当西方文化传入后，这些国家又受到西方文化的影响。菲律宾则主要受西班牙文化的影响。在现代各国又吸收了美国文化，力图适应世界文化的潮流。但是这些国家的文化都保留了各自的民族传统。

南亚的文明主要以印度和巴基斯坦为代表，前者虽然保留了印度教文化，但却力图发展世俗文化；而后者坚持发展伊斯兰文化。印度在近代沦为了英国的殖民地，开始接受英国文化。但是印度人民从一开始就进行了坚决的反英斗争，为争取民族独立而奋斗。19世纪末，印度人民举行了民族大起义。同时印度成立了国大党，领导印度的民族解放运动。20世纪上半叶，印度人民在甘地的领导下开展了非暴力不合作运动，动摇了英国殖民统治的基础。后来由于宗教之间的分歧，印度民族解放运动中又出现了由真腊领导的印度穆斯林联盟。英国利用印度国大党与穆斯林联盟的分歧，推行“分而治之”的殖民政策。这一政策的后果是当1947年印度独立时，统一的印度被分裂为印度和巴基斯坦两个国家。

印度的文明源远流长，到近代又受到西方文明影响，因此发展成为具有特色的文化。印度近代史是一部被侵略和被奴役的历史，同时也是一部反对英国侵略，争取民族独立的历史。因此其近现代文学艺术家把印度的历史与现实生活结合起来，创造了绚丽多彩的近现代文化。

近现代印度出现了许多世界著名的文学大师，其中最著名的有启蒙学者和散文大师拉姆·莫次·罗伊（公元1772～1833年），有班基姆·金德拉·查特吉（公元1838～1894年）、帕勒登杜·哈里什·钱德拉（公元1850～1885）、迪拉本图·米特拉（公元1829～1874）和罗宾德拉纳特·泰戈尔（公元1861～1941年）等文学家、戏剧家和诗人。

罗伊的散文《耶稣箴言》（1820年），风格明快流畅，对印度散文的发展贡献很大，使他享有现代孟加拉散文鼻祖的美誉。查特吉以写小说见长，他的小说《毒树》，提出了寡妇再嫁的问题，抨击了种姓制度。

米特拉则是印度孟加拉语戏剧的创始人，他的代表作《靛蓝园之镜》（1860年）对商人对农民的残酷剥削进行了尖锐的揭露和批判，唤起了印度社会对农民问题的关注。他的戏剧着重反映印度的政治腐败和社会不平等，鼓舞了印度人民进行争取平等的斗争。

钱德拉是印度作家中用印地语创作最有成就的作家。他的作品反映了印度人民反对英国殖民统治的感情和斗争，其代表作为《印度之声》。这部小说直接号召印度人民起来斗争，争取民族解放和现实国家的独立。但是印度文学最杰出的代表是诗人泰戈尔。

泰戈尔是印度著名的诗人、作家、艺术家和社会活动家。他创作了大量诗歌、短篇小说和长篇小说，反映了印度近现代的社会和历史的发展，特别是表达了印度人民反对英国殖民统治、反对印度的腐败政治、争取民族解放和国家的独立以及向往着美好生活的强烈愿望。泰戈尔的短篇小说《摩柯摩耶》（1892年）、长篇小说《沉船》（1906年）以及诗歌《吉檀迦利》、《新月集》（1913年）、《园丁集》（1913年）和《飞鸟集》（1916年），都是世界文学中的瑰宝。

思　考　题

1．什么是“中东问题”，欧洲列强是怎样在中东进行争夺的？

2．帝国主义侵略中东，给该地区带来哪些灾难？

3．什么叫伊斯兰现代化运动，其实质是什么？

4．评马路丁·阿富汗尼的伊斯兰教现代主义思想。

5．现代中东国家发生了哪些革命和改革？

6．什么是犹太复国主义？20世纪上半叶犹太复国主义在巴勒斯坦进行了哪些活动？

7. 阿以冲突的历史根源是什么？

8. 石油资源怎样影响中东国家政治经济的发展？

9. 什么是伊斯兰革命？举例说明之。

10. 中东文化有哪些特点？

11. 明清时期中国社会经济发展的特点是什么？

12. 近代日本文化是怎样发展的？

第十三章

当代世界文明的冲突与融合

世界文明是多元的，各民族的文明都有其特殊性。由于各种文明都有自己的价值观和文化取向，因此各种文明之间存在着冲突。然而由于世界文明是由多元文明所构成的，因此各民族的文明存在着相互影响和趋同的情况。世界各个文明之所以有生命力，是由于他们在历史和现实中都进行着相互接触和交流，取长补短，不断更新。不更新的文明就没有生命力。因此世界各个文明之间既存在冲突，又在进行融合。在冲突和融合中，各个民族创造了自己独特的文明，同时也就构成了绚丽多彩的世界文明。世界文明就是如此周而复始，从低级向高级发展。

一 当代世界文明的冲突

1. 资本主义文明与社会主义文明的冲突

工业革命后资本主义不仅作为一个社会形态，而且作为一种文明得到确立。资本主义文明的发展，使世界文明出现了新的面貌：无论在文化上，在生活方式上，还是在社会结构上，资本主义文明都产生了与封建文明截然不同的内容和形式。毫无疑问，建立在机器生产基础上的资本主义工业文明，要优于依靠手工和自然条件的封建主义文明。但是资本主义文明有其非常黑暗和不人道的一面，即其文明的基础是建立在资本家对工人阶级剥削的基础之上的，资本主义文明存在着种种弊端。为了克服资本主义文明的弊端，巩固资产阶级的统治，从19世纪末20世纪初开始，西方各主要资本主义国家进行了程度不等的改革。这些改革不仅有政治和经济的改革，而且包括了文化和社会的改革。通过改革，资本主义社会的矛盾得到一定程度的缓和，资本主义文明有了一定的发展。

随着当代科学技术的进步，资本主义文明又进一步发展。人类已经从工业时代进入了信息时代。最近50年来资本主义生产力的发展，超过了历史上资本主义生产力发展的总和，人民的生活水平从总体上来看有了较大提高，人们享受的精神文明与物质文明都是过去不可想象的。

但是从资本主义文明产生那天起，就孕育着一种新的与资本主义对立的文明，即社会主义的文明。工业革命的后果，不仅产生了工业资产阶级，而且也产生了工业无产阶级。虽然资本主义创造了巨大的财富，但是由于社会财富的分配不均，社会上存在严重的贫富两极分化现象。因此，资本主义带来了种种不平等的问题，存在着严重的社会弊病。如果不对资本主义社会进行改造，整个社会就会动荡不宁。为了治愈资本主义的弊病，产生了各种各样的理论，其中之一是社会主义理论。

社会主义的理论，经历了从欧文、圣·西门和傅立叶等人的空想社会主义到马克思科学社会主义的发展。由于社会主义思想的核心是要求改善工人阶级的生活和工作条件，实现平等和幸福的美好社会，所以马克思主义一诞生，立即受到欧洲工人阶级的热烈欢迎。19世纪下半叶，欧洲工人运动在马克思主义指导下，出现了高潮。1917年俄国十月革命后，社会主义理想在俄国变成了现实。虽然俄国的社会主义制度只是社会主义运动中的一种方案，或者说是一种道路，但是它毕竟是社会主义的一种实践。苏联成立后，奉行着社会主义政治、经济、社会和文化政策，开创了苏联式社会主义文明。资本主义国家为了消灭苏联社会主义，从各方面孤立和反对苏联。这样，在20世纪20年代就出现了资本主义文明与社会主义文明的冲突。第二次世界大战后，诞生了许多社会主义国家。为了反对这些社会主义国家，以美国为首的资本主义阵营对这些社会主义国家实现和平演变政策。资本主义文明与社会主义文明的冲突空前尖锐。

资本主义文明和社会主义文明的斗争，贯穿了整个冷战时期。苏联解体和东欧剧变之后，资本主义文明和社会主义文明之间的斗争并没有结束。苏联解体和东欧剧变是国际共产主义运动受到的挫折，但是这只能说明苏联模式的社会主义的失败，并不是世界社会主义运动的终结。暂时的挫折并不等于永久的失败。即使在苏联，社会主义运动仍然存在复兴的可能。同时，中国和其他社会主义国家仍然存在，并在发展。各种社会主义思想也仍然在包括西方国家在内的全世界范围内流行。

由于资本主义的内在矛盾，反对资本主义的斗争将不会停止，社会主义的美好理想对人们来说永远有吸引力。例如美国是一个发达的资本主义社会，目前有600多个亿万富翁，是世界上富人最多的国家。但是美国又是世界上穷人最多的国家。据统计，每天晚上饿着肚子上床睡觉的儿童就有1 000多万。这种状况是美国人民所不满意的，他们正在要求美国政府重视人民的经济权利和社会文化权利，社会主义的理想对美国穷人来说，是很有吸引力的。美国人民的这种斗争实际上也是资本主义文明与社会主义文明的斗争。在资本主义文明与社会主义文明的斗争中，还有许多类似的问题发生。因此资本主义文明与社会主义文明的斗争将是长期的。除了社会主义文明与资本主义文明的斗争外，世界上各个文明之间也存在冲突与斗争。

2．多元文明的冲突

目前世界上存在多种文明。不同文明之间有共同点，也有不同点。文明之间既有不同，当然就有冲突。多元文明的划分，其标准五花八门：有以文化特征和现象为标准来区分的；有以宗教来划分的；有以民族和种族来划分的；还有以纯文化来划分的。但是不管如何划分文明，文明之间冲突的根本原因是由于政治、经济、社会和文化等的矛盾而引起的。

现代的文明冲突主要是由于政治、经济和社会的不平等产生的。在同一宗教内存在冲突，就可说明这个问题。如在非洲，许多黑人都信仰基督教，接受了基督教的价值观和文明观。但是由于他们的国家遭受西方殖民主义者的统治，他们感到困惑不解：按照《圣经》的说法，除了上帝之外，人人平等。那为什么黑人就与白人不平等？为了平等，他们开始了反对西方殖民统治、争取民族独立的斗争。非洲黑人基督教徒利用基督教关于在上帝面前人人平等的思想，来动员非洲人民起来进行斗争，取得了非常好的效果。非洲民族解放运动蓬勃发展，迫使欧洲殖民者在20世纪60年代同意大多数非洲国家独立。

在美国，黑人也利用宗教来反对种族压迫和种族歧视。美国黑人很早就皈依了基督教。他们建立了黑人教堂，教堂成为他们反对种族压迫的集会地点。在历史上，许多重要的黑人运动，都在黑人教会经过商议。黑人教堂是黑人争取民族解放的斗争中心。在20世纪50年代至60年代的美国民权运动中，黑人基督教徒发挥了重要作用。黑人牧师马丁·路德·金就是一名基督教的骨干，但是他却是美国黑人反对种族歧视的领袖。

无论是非洲黑人基督教徒，还是美国黑人基督教徒，他们的反抗斗争，都是文明冲突的表现。他们的斗争都是由于白人的压迫和剥削引起的。因此引起文明冲突的根本原因是人类社会的不平等。只要存在着政治经济的不平等，文明的冲突就将继续下去。至于文化的交融，并不能消除文明的冲突。例如为了国际交流方便，英语正在广泛传播，美国式英语风靡全球。然而这并不等于说会说英语的被压迫民族就不会起来进行斗争，就不会反对美国或其他西方国家对他们的压迫剥削。

总之，文明冲突并不像一些西方学者所宣传的那样，纯粹是不同文化之间或种族之间的斗争。文明冲突有深刻的政治、经济和社会的原因。但是由于各个文明都有其灿烂辉煌之处，各个文明之间又需要交流和相互学习。因此人类文明的融合也是必然的。

二　当代世界文明的融合

1. 当代世界各种文明的扩张

由于科学技术进步，人类生产力的提高，促使人类各个文明都向深层发展。然而当代文明发展的最重要特点，是世界的一些主要文明国家试图通过经济力量的扩张，来扩大自己文明的影响。

美国通过两次世界大战，一跃而为世界第一强国。美国通过政治、经济、军事和文化等方面的扩张，企图把美国的政治制度和生活方式推行到全世界。在经济上，美国控制着联合国的有关经济机构，包括世界银行和国际货币基金组织等机构，在全世界范围内进行扩张。美国还试图通过北美自由贸易区把加拿大和墨西哥纳入自己的控制之中，进而再通过美洲自由贸易区控制整个拉丁美洲，然后一步步席卷全球，建立美国一统天下的经济模式。在政治上，美国以人权高于主权为名，到处干涉他国内政，企图颠覆其他国家的社会制度。在文化上，美国到处宣传美国价值观，力图用美国文化改造世界。

但是由于世界文明是多元的，任何文明都不可能独霸天下，因此美国企图建立以美国为中心的世界文明的梦想是不可能实现的。

第一次世界大战之后，以欧洲为中心的世界文明体系受到动摇。第二次世界大战后，欧洲的文明中心地位崩溃。欧洲为了自己的利益，希望统一起来，消除欧洲之间的矛盾，再建一个强大的欧洲。因此第二次世界大战后，欧洲就开始了联合的努力。到50 年代以法国和德国为首，订立了“罗马条约”，成立了欧共体。20 世纪 90 年代，欧共体改称欧盟。欧洲一体化取得初步成效。欧洲要重振欧洲文明，再现欧洲文明统治世界的辉煌。欧洲将是美国称霸世界的对手。

苏联解体后，俄国试图通过组织独联体来加强俄国的力量，同时调整与中国等国家的关系，以同美国抗衡。伊斯兰世界的领导人也在呼吁伊斯兰世界的团结和伊斯兰教的复兴。为此，阿拉伯联盟的活动十分频繁。此外各种区域性的经济组织也在不断扩大，其中比较有影响的区域性组织有东盟、南亚联盟和非统等组织。这些区域性组织，都希望通过发展经济来保持自己的文明。

中国在 1978 年后实现改革开放政策，正在建设有中国特色的社会主义。因此中华文明不仅是传统中华文明的继续，而且正在传统中华文明的基础上，开创新的社会主义文明。

上述各种文明都有强大的生命力，它们使美国文明不可能独霸世界。

然而尽管世界上存在多种文明，但是人类文明是一个整体。随着经济全球化的进行，人类各个文明向深度的发展，文明融合的进程就将加快。文明要向更高的层次发展，这是任何力量都不能阻挡的客观规律。在工业文明时代，所有的国家都以不同的方式，努力实现工业化。工业化是人类文明发展的方向，也是历史发展的潮流，顺之者昌，逆之者亡。任何文明无论有何特色，都必须走向工业文明。从 18 世纪到 20 世纪，经过了两个多世纪的努力，人类还没有完全实现工业化。目前一些不发达国家，还在努力实现工业化。世界走向工业化，可以说是一种文明的融合。

正当不发达国家在努力为实现工业化而奋斗时，世界发达国家又率先走向了信息文明时代。信息时代的到来，使人类文明向深层次发展。人类的衣食住行都受到了信息文明的影响，整个人类文明的习惯都在改变。现在人们在家中，就可以与万里之外的亲友聊天；电子摄影术、电子作画和电子音像设备等等，为各国的文化艺术增加了表现形式；人们乘飞机旅行，朝发东半球，夕至西半球。地球变得越来越小，人们的命运息息相关。人类文明融合的步伐正在加快，世界文明正向一个新的高度发展。

2. 当代世界文明的融合

各种文明都有共性，即由低级向高级发展。文明的融合是实现这一发展的关键。各种文明只有通过融合，才能生存和发展。故步自封，孤立于其他文明之外的文明，迟早会消亡。

文明的融合有各种方式。在古代，大帝国的建立和战争是文明融合的一种方式。通过大帝国的建立，在短期内实现了生产技术和先进文明的转移。例如古罗马帝国的建立，把罗马的建筑、文化和生活方式推广到了欧洲和中东落后的地区。罗马文明又促进了这些地区各个文明的发展。例如斯拉夫人和阿拉伯人都学习了罗马的建筑和其他一些有用的技术，从而发展了自己的文明。

近代资本主义为了商业扩张和殖民掠夺,通过殖民战争和帝国主义战争,把西方的先进生产方式带到了落后地区和国家,虽然他们只是文明进步的不自觉的工具,但是他们加速了世界文明的融合过程。应当指出,上述文明的融合是通过剑与火来实现的,是以不发达国家和地区人民的血和泪为代价的,应当加以批判。

人类文明的另一种融合方式，是在平等基础上通过贸易和文化交流等手段来实现。人类文明在历史上主要靠这种类型进行融合。例如通过中国的丝绸之路，中国文明与中亚、西亚和欧洲进行了直接或间接的交流，产生了文明的融合。从丝绸之路，中国的丝绸和其他物品传到了欧洲。中东人和意大利人很快学会了纺织丝绸，丝绸成为这些国家的主要出口产品之一。中东和意大利的丝绸在近代是十分有名的，行销西欧。中国也从上述地区和国家引进了葡萄、核桃、西瓜和各种中国没有的产品，互通了有无，发展了中国文明。中国文化也受到了这些地区和国家的影响。例如汉语中出现了许多外来词汇，外国的音乐和舞蹈也传入了中国。这些事实雄辩地说明，不同文明的交流和融合促进了文明的发展。

在西方文明与世界其他文明交流和融合的过程中，有一个特殊的群体应当提及，这就是西方传教士。西方传教士是帝国主义侵略的先头部队，他们宣传西方的价值观，为西方殖民主义和帝国主义的侵略服务。然而他们也把西方文明的一些成果普及到他们侵略的地方，客观上进行了文明融合的工作。以西方文明与中国文明的交流和融合为例，就能反映这一情况。

从明代开始，西方传教士开始在中国进行大规模的文化侵略活动。但是他们却起了双重作用。一方面他们为西方政府提供关于中国的情报和资料，为西方殖民主义者出谋划策。但是另一方面，他们的活动，也促进了西方文化与中国文化的交流和融合。传教士把中国的儒家思想和政治思想带到欧洲，促进了欧洲人文主义思想的发展，特别是促进了启蒙主义思想的发展。例如法国著名启蒙主义者伏尔泰认为中国的科举制度是任人唯贤的民主制度，中国的儒家思想充满了博爱的思想。这对伏尔泰启蒙思想的发展是很有帮助的。而传教士也把西方的科学技术带到了中国，促进了中国文明的发展。例如他们带来了近代的天文地理知识，以及物理、化学和医学知识。中国文明注入这些新的成分，有了新的发展。

进入 21 世纪后，世界各种文明融合的进程加快。就以宗教色彩十分强烈的伊斯兰国家为例，他们先后都进行了程度不等的一些改革，有的国家引进了共和制。西方国家也受到了其他文明的影响，其中社会主义文明对西方国家的影响比较明显。例如20世纪以来，西方各国都被迫采用了一些带有社会主义性质的福利政策和社会公正政策，使西方文明有了发展。

现代科学技术的发展，加快了文明融合的进程。人类进入信息时代后，文明融合的进程发展更快。各个国家产生的先进思想、发生的重大事件和其他文明的新发展，很快就会通过新闻媒介传遍世界，并对世界文明的发展产生影响。

世界上没有一成不变的文明。例如美国文明起源于欧洲。但是在印第安文化和黑人文化影响下，美国文明发生了许多变化。美式英语中就带有许多印第安人的词汇；而黑人的音乐和舞蹈发展为有美国特色的爵士乐和摇滚乐等。又以中国的绘画艺术为例。中国古代是用毛笔和墨作画。然而当西式画法传入中国后，画家们把中西画法结合起来，创造了为人民喜闻乐见的新的作品。例如画家徐悲鸿的油画《田横与八百壮士》，是用油画创作的反映中国古代历史人物的名作。现在中国人不仅用毛笔作画，而且用铅笔、钢笔和各种笔作画。他们用的可能是西方传入的画法，但是他们表现的则可能是中国的传统题材。

由于各种文明具有不同的发展历史和处于不同的社会环境之中，文明之间会有冲突或者战争。但是世界文明是一个整体，处在不断的融合之中。在文明冲突和战争之后，世界文明又会重新开始融合，由此反复不停，从低级到高级发展。因此文明的冲突是不可避免的，但是融合也是必然的。文明的冲突并不能阻止文明的融合，而文明的融合也不意味着各种不同文明的消失。世界文明将在融合中得到发展。

思 考 题

1. 为什么说世界各种文明形态之间既有冲突，又有融合？
2. 试析资本主义文明与社会主义文明冲突的根本原因。
3. 试述美国的多元文化。
4. 举例说明现代伊斯兰文明与西方文明的冲突。
5. 美国黑人在历史上是如何利用基督教反对种族隔离和种族歧视的？
6. 为什么企图建立以美国为中心的世界文明体系的梦想是不可能实现的？
7. 为什么当代世界文明的各种形态进行交流是人类进步必不可少的历史现象？
8. 人类进入信息时代后，各种文明形态之间的融合将会出现什么趋势？

主要参考文献

1．［美］L.S. 斯塔夫里阿诺斯．全球通史．上海：上海译文出版社，1992

2．［美］爱德华·麦克诺尔·伯恩斯等．世界文明史．北京：商务印书馆，1987

3．［英］斯蒂芬·F·梅森．自然科学史．上海：上海译文出版社，1980

4．［英］约·阿·克雷维列夫．宗教史．北京：中国社会科学出版社，1984

5．［美］伊迪丝·汉密尔顿．希腊方式——通向西方文明的源流．北京：商务印书馆，1993

6．［美］克里斯托弗·道森．宗教与西方文化的兴起．成都：四川人民出版社，1989

7．［苏］A. 古列维奇．中世纪文化范畴．杭州：浙江人民出版社，1992

8．［瑞士］雅各布·布克哈特．意大利文艺复兴时期的文化．北京：商务印书馆，1979

9．［美］A. 布洛克．西方文化的人文主义传统．北京：商务印书馆，1997

10．朱华龙．罗马与古典传统．杭州：浙江人民出版社，1994

11．纳忠等．阿拉伯文化．北京：中国社会科学出版社，1994

12．陈小川等．文艺复兴史纲．北京：中国人民大学出版社，1986

13．王少如，沈小红译．汤因比论汤因比．上海：上海三联出版社，1997

14．罗志也．美国文化和美国哲学．南宁：广西师大出版社，1992

15．彭树智主编．伊斯兰教与中东现代化进程．西安：西北大学出版社，1997

16．［日］村山节，浅井隆．东西方文明沉思录．北京：中国国际广播出版社，2000

17．［美］塞缪尔·亨廷顿．文明的冲突与世界秩序的重建．北京：新华出版社，1999

18．［英］理查德·格里弗斯，罗伯特·赞勒，詹尼弗·托伯特·罗伯茨．西方文明史（Civilization of the World）．伦敦：哈珀·柯林斯公司，1994

19．［英］赫兹斯坦．西方文明（Western Civilization）．波士顿：霍夫顿·米福林公司，1975

20．［美］马克·克希兰斯基等．世界历史中的社会和文化（Societies and Cultures in World History）．伦敦：哈珀·柯林斯公司，1995

21．［美］乔治·廷多，大卫·石．美国史（America，A Narrative History）．纽约：诺顿公司，1993

22．［美］卡特·芬德利，约翰·罗斯利．20世纪的世界史（Twentieth-Century World）．波士顿：霍夫顿·米福林公司，1998

23．［美］坎迪斯·L·高彻，查尔斯·A·莱几，林达·A·沃顿．均势（In the Balance）．纽约：麦克格罗—希尔公司，1988

后 记

本教材是中国人民大学素质教育系列丛书之一。本教材从项目论证到编写，都得到中国人民大学教务处的关心和帮助，得到中国人民大学出版社的指导和大力支持。中国人民大学教务处和中国人民大学出版社为编写这套丛书，曾经专门召开各种会议。同时中国人民大学出版社的有关编辑还与著者对本教材的编写进行了多次讨论，以确定较好的编写大纲。

为了使本书能提供新的内容和大量信息，编者注意广泛吸纳当今国内外关于世界文明史教学与研究的最新成果。这些新的著述，在参考书目中已经列出。

在本教材出版过程中，中国人民大学出版社的司马兰同志提出了许多宝贵意见，在此表示特别的感谢。

编者

2002.4.18

图书在版编目（CIP）数据

世界文明史/李世安，孟广林等　著
北京：中国人民大学出版社，2002
（21 世纪素质教育系列教材．文化素质课系列）
ISBN 978-7-300-04023-3

Ⅰ．世...
Ⅱ．李...
Ⅲ．文化史-世界-高等学校-教材
Ⅳ．K103

中国版本图书馆 CIP 数据核字（2002）第 007104 号

21 世纪素质教育系列教材
文化素质课系列
世界文明史
李世安　孟广林　等 著

出版发行	中国人民大学出版社		
社　　址	北京中关村大街 31 号	**邮政编码**	100080
电　　话	010－62511242（总编室）		010－62511770（质管部）
	010－82501766（邮购部）		010－62514148（门市部）
	010－62515195（发行公司）		010－62515275（盗版举报）
网　　址	http://www.crup.com.cn		
经　　销	新华书店		
印　　刷	固安县铭成印刷有限公司		
开　　本	720 mm × 1000 mm　1/16	**版　　次**	2002 年 6 月第 1 版
印　　张	16.25	**印　　次**	2023 年 9 月第 20 次印刷
字　　数	296 000	**定　　价**	38.00 元